VOCABULAIRE

DES

RACINES GRECQUES,

PAR P. GIGUET,

TRADUCTEUR D'HOMÈRE.

PARIS,

VICTOR LECOU, LIB.-ÉDITEUR, 10, rue du Bouloi.

HACHETTE, LIB. DE L'UNIVERSITÉ, 12, rue Pierre-Sarrasin.

SENS,

CH. GALLOT, IMPRIMEUR-LIBRAIRE, rue Royale, 42.

1847.

Tout exemplaire non revêtu de la signature de l'auteur, sera réputé contrefait, et poursuivi comme tel.

PRÉFACE.

Ce livre devrait avoir pour titre : *Vocabulaire des mots primitifs de la langue grecque, de leurs principaux dérivés, et de composés, ayant un sens non désigné par leurs formateurs.* Toutefois, dans l'intention de l'auteur, c'est en quelque sorte une seconde partie du *Jardin des Racines grecques* : le mot *racine* quoique impropre lui a donc semblé pouvoir être conservé.

Parmi les hommes studieux qui, depuis leur sortie du collége, ont continué à cultiver les lettres grecques, il n'est personne qui n'ait conservé un vif sentiment de reconnaissance et d'estime pour les modestes solitaires de Port-Royal, dont la profonde science s'est mise à la portée des jeunes intelligences, et s'est dévouée à servir de guide et d'appui à la mémoire hésitante des commençants.

L'ouvrage publié sous le nom de Lancelot doit à jamais rester au nombre des livres élémentaires. Mais le but que se sont proposé ses auteurs une fois atteint, les 2,000 mots dont se composent ses décades, une fois gravés dans la tête des étudiants, nous pensons que cet ouvrage peut être utilement continué, et qu'une méthode, plus en rapport avec la force des classes supérieures, peut confier au raisonnement le soin d'achever, de consolider, ce qu'un simple mécanisme mnémonique a si heureusement ébauché.

Nous n'avons pas besoin de rappeler que le *Jardin des Racines grecques* est composé de 3 parties : 1° de 216 décades de vers français, comprenant les principales racines; 2° des dérivés de ces racines, imprimés en note, au-dessous des décades ; 3° et d'un vocabulaire des racines moins importantes.

Cette triple distribution des mots présente de graves inconvénients. D'abord les deux dernières parties sont généralement négligées, ensuite la seconde est complétement inutile dans un grand nombre de cas, si l'on veut se servir du *Jardin des Racines grecques*, comme d'un dictionnaire portatif : car les dérivés ne commencent pas nécessairement par la même lettre que le radical, et, si le mot primitif a été oublié par le lecteur, il n'est pas d'indication qui puisse remettre celui-ci sur la voie.

Mais ce n'est pas tout : il se trouve parmi les décades, comme racines, une multitude de mots qui ne sont effectivement que des dérivés, et l'ordre alphabétique les a rejetés si loin de leurs primitifs, que l'on a perdu de vue l'air de famille qui les aurait liés les uns aux autres, dans la mémoire, d'une manière irrévocable.

Par exemple, de la 1re à la 27e décade, on ne compte pas moins de 20 mots, figurant tous comme racines, lesquels ont dans leur ensemble environ 80 dérivés, et qui tous sont tirés en réalité du verbe ἄω, verbe qui donne naissance à plus de 400 verbes, substantifs, adjectifs et adverbes.

Toutefois, nous le répétons, il ne faut songer ni à supplanter, ni à supprimer *le Jardin des Racines grecques* ; loin de là, il nous semble indispensable de le prendre pour point de départ, comme tout ce qu'a fait Port Royal. Mais nous proposons de mettre entre les mains des étudiants, au sortir des classes où ils en ont été imbus, le Vocabulaire que nous annonçons.

Dans ce Dictionnaire, dont le volume ne dépasse pas celui de Lancelot, les mots que l'on peut considérer comme simples, et dont le nombre est de 489, sont inscrits par ordre alphabétique, et les *dérivés* sont coordonnés, à la suite des *primitifs*, selon l'enchaînement des idées qui les ont fait naître.

L'essence de cette méthode est de faire faire au lecteur, presque à son insu, l'histoire des mots, et de faire ressortir quel rapport intime existe entre l'histoire des mots et celle des idées, et même avec celle des faits ; car les idées se reproduisent et se reflètent toujours dans les faits humains.

Homère nous apprend comment la langue grecque s'est formée : « Dans la Crète, dit Ulysse, (Odyss. 19), des hom-
« mes nombreux, infinis, habitent quatre vingt-dix cités
« où leurs langues diverses se confondent. Des Achéens
« se mêlent avec les Crétois indigènes au cœur altier, avec
« les Cydones, les Doriens en trois tribus, et les divins
« Pélasges.

Il s'est donc accompli, pendant l'âge héroïque, des faits philologiques, analogues à ce que l'on a vu, après l'invasion des Barbares, dans les diverses provinces de l'Empire romain, ou en Angleterre, après la conquête des Normands. Mais tout a marché vite en Grèce; il n'y a point eu dans cette contrée merveilleuse un travail lent, comme celui qui s'est opéré dans les sociétés modernes. Lorsqu'on lit attentivement Homère, il semble que ce grand créateur ait fait jaillir, tout d'une pièce, des éléments confondus qu'il signale, une langue propre à exprimer les événements et les idées dont il a rendu le souvenir impérissable.

Pour quelle part chacun des peuples qu'il a nommés, a-t-il contribué à cette formation subite? D'où ces tribus diverses avaient-elles, elles-mêmes, apporté leurs idiomes? c'est ce qu'il serait difficile de préciser. Mais nous avons sur ces temps reculés assez de témoignages dignes de foi, pour qu'il nous soit loisible de rechercher comment on a passé des faits aux idées, et des idées aux expressions.

Environ un siècle après le retour des vainqueurs d'Ilion, les Doriens, sous le nom d'Héraclides, chassent du Péloponèse les fils des Pélopides et de Nestor. Cette réaction, le poète (Hésiode) qui en célèbre le succès, suffisent à nous convaincre qu'ils étaient tenus jusque-là dans un état d'infériorité.

Mais qu'étaient-ils eux-mêmes? A en juger par leur affection pour la forme sanscrite du verbe et des noms, il est permis de conjecturer qu'ils venaient plus immédiatement de l'Inde que les autres occidentaux. Pendant leur long voyage jusqu'aux rives de l'Archipel, ils avaient sans doute mené la vie nomade : car leur mot *loi* dérive directement du substantif *pâturage* et se rattache au verbe *distribuer*.

La distribution des pâturages les a donc accoutumés à se soumettre à des règlements délibérés par les hommes. Ils inclinent à prendre des habitudes déterminées par l'observation de phénomènes périodiques. Ils rejettent la divination : en d'autres termes, ils ne croient pas que tous les phénomènes, que tous les accidents du monde extérieur soient le langage, la voix des dieux. Ils ne croient pas qu'il ait été donné à de simples mortels de comprendre ni d'interpréter la volonté de Jupiter. Ils ne respectent pas plus le privilége de la tribu sacrée des poëtes que celui des devins. Leur chantre divin sort de la caste des pâtres, jusque-là vouée aux outrages. Les Muses, dans des lieux sauvages où elles font entendre leurs suaves concerts, et célèbrent les divinités éternelles, les Muses elles-mêmes l'ont inspiré.

Les héros ne sont plus des rejetons de l'Olympe ; les dieux ne descendent plus sur la terre : ils y envoient d'invisibles ministres, et leur protection est le prix de l'observation de lois fixes, de règles immuables.

Enfin la restauration du sacerdoce suit de près la révolution sociale que les Doriens commencent, et qui met en relief les mœurs de ceux qu'ils ont dépossédés.

Leurs antagonistes, au contraire, soit qu'ils tirent leur origine de l'Inde, soit que, supérieurs en nombre, ils aient absorbé des émigrants orientaux, ont oublié ou répudié en grande partie les terminaisons sanscrites. Ils paraissent s'être frayé la route, l'épée à la main, au travers de terribles obstacles. Ce n'est plus une race pastorale, c'est une caste purement guerrière. Les héros qu'elle prend pour guides, les fondateurs des cités sont invariablement issus des Dieux. Autour du héros se pressent avec un amour, un dévouement sans bornes, d'intrépides compagnons. Parmi ce cortége figurent au premier rang : 1° le devin qui est doué par Apollon de l'intelligence des signes divins et qui les dévoile aux peuples comme aux rois ; 2° le chanteur, le poète qui, dans des vers improvisés, dictés par la Muse, célèbre les grandes actions des dieux et des mortels.

Le héros est sacrificateur ; il sanctifie, par l'offrande et la prière, presque tous les actes de la vie, presque tous les instants de la journée. Il sait que les dieux dont il descend peuvent seuls le protéger contre la puissante nature qui de toutes parts l'opprime, et qu'il nomme le *destin*. Mais il sait aussi qu'il leur est indispensable, car, soumis aux mêmes sens, aux mêmes besoins que les hommes, ils ne peuvent se passer de ses sacrifices. Il se croit donc fondé à réclamer d'eux, dans toutes ses entreprises, une assistance qu'en effet ils lui refusent rarement.

La loi héroïque est une coutume dictée par Jupiter, et dont les héros sont les gardiens.

Cette communication perpétuelle entre l'Olympe et la terre, cette attention constante de l'homme à observer les signes fugitifs, sur lesquels il doit se guider, impriment nécessairement à ses actions comme à ses pensées une mobilité extrême. Les héros homériques et, à leur imitation, les dieux, sont en effet, dans les actes de leur volonté, toujours à la merci des impressions du moment.

On peut concevoir jusqu'à quel point ces impressions sont vives dans une vie toute extérieure, menacée à chaque instant par les hommes, par la nature, et préservée seulement par la force physique, par la valeur du héros, par sa confiance aux signes divinatoires.

On peut concevoir quels rapports d'affection, quelle loi d'égalité liaient entre eux les héros et leurs vaillants compagnons : car, entreprises, périls, fatigues, butin après la victoire, tout leur était commun.

La foi, la vie, les mœurs, les faits héroïques de la Grèce sont d'ailleurs d'une telle simplicité, qu'il est facile de les réduire en axiomes comme l'a fait Vico pour l'antique Latium.

Vouloir (dans le sens actif,) c'est être jeté, par une impression soudaine, dans une voie imprévue.

Croire, c'est avoir *éprouvé*.

Savoir se régler dans la vie, c'est *voir* les signes des dieux.

Avoir vu, c'est *avoir des idées*.

Les idées sont des *formes*, des *apparences*.

Savoir les relations sociales, c'est être *juste*, *convenable*.

Dans l'ordre naturel, la *justice*, la *convenance*, c'est *l'égalité*.

Avoir, *posséder*, c'est être *fort*: malheur aux faibles, malheur aux vaincus ! etc., etc.

Mais, chose remarquable ! ces formules *du fait héroïque* sont identiques avec son apparence, sa forme, son *idée* recueillie par Homère. En effet les axiomes que l'on vient de lire résument, en peu de mots, toute la poétique, tout le procédé plastique du chantre de l'Iliade et de l'Odyssée.

Le sculpteur antique, qui d'un bloc de marbre faisait sortir un dieu, était enchaîné par une forme dont tout le monde était juge, puisque c'était la forme humaine. Par quel prestige pouvait-il agrandir assez sa créature pour que les peuples émus s'inclinassent devant elle ? Par la majesté de la pose, par la grâce des détails, par une parfaite exactitude des proportions.

Tel est le secret du charme des poésies homériques.

Rien d'arbitraire n'était permis à celui qui décrivait ce que chacun avait vu. La vérité était sa première règle. Non la vérité absolue, mais ce que tous les hommes tenaient pour certain : l'intervention des dieux dans les affaires humaines, soit par eux-mêmes, soit par la divination ; la mobilité des héros, celle des habitants de l'Olympe ; la facilité des mortels à se passionner; la tendance de la nature entière à se passionner pour eux.

Mais il ne suffit pas que *l'idée* soit la reproduction du *fait* héroïque, il faut encore, pour éterniser la gloire de l'artiste, il faut que *l'expression* s'adapte à *l'idée* avec autant de grâce que de force et de vigueur.

C'est ici que brille le génie homérique; sa fécondité se met au niveau de la fécondité de la nature, son modèle (*). Avec quelle promptitude il perçoit, avec quelle rapidité il passe de l'effet à la cause, de la cause à l'effet, de l'ordre moral à l'ordre physique, de l'ordre physique à l'ordre moral! Une idée complexe le transporte soudain sur deux routes diamétralement opposées. Enfin tous les caprices apparents, qui dans la conversation font voltiger l'esprit d'un sujet à un autre, se reproduisent dans son vocabulaire avec une gracieuse naïveté.

Que lui importe l'origine d'un mot; tout ce qu'il lui demande, c'est de peindre la pensée. Si ce mot se rattache à l'idiome des Doriens, pourquoi l'exclure? Les Doriens sont sans doute pressés, comprimés par les races qui se sont superposées sur leur sol; mais ni eux, ni leurs mœurs, ni leurs croyances, ne sont à l'état de proscription.

Mais où le poète puise à grands flots, c'est au fleuve de ce beau langage que les héros ont mis en usage à l'Agora, et qui a conservé le nom d'Ionien. Harmonieux et inimitable assemblage de molles syllabes, de terminaisons variées et sonores qui s'est perdu pour jamais lorsque les assemblées populaires, moins mobiles, moins impressionables, ont commencé à réfléchir, à délibérer; lorsque, pour les captiver, il a fallu recourir à d'autres artifices que le charme de la mélodie.

(*) Du 46e au 53e vers du 1er chant de l'Iliade, *flèche* est répétée quatre fois, en quatre termes différents. Elle est *portée*, son nom vient du verbe *porter*; elle est *lancée*, son nom vient du verbe *lancer*; elle *frappe*, son nom vient du verbe *frapper*; elle *vole*, son nom vient du verbe *aller vite*.

Ionien ou Dorien, Homère choisit, avec prédilection, tout mot qui tient l'onomatopée. Ce qu'il désire surtout, c'est de rattacher *ses dérivés* à un *primitif* qui rende palpable leur acception première, et il y réussit avec un tel bonheur qu'en formulant le sens grammatical des mots, on retombe sur les mêmes axiomes dans lesquels nous avons reconnu le *fait* et l'*idée* héroïques.

En grammaire, comme dans la réalité héroïque, la *volonté* est un *jet* de l'ame : deux substantifs signifiant *volonté*, dans le sens actif, sont tirés de deux verbes qui se traduisent par *jeter, lancer*.

Le vieux verbe *savoir* signifie aussi *voir*; il a pour dérivés le mot *idée* et tous ceux qui s'y rattachent. Les verbes *ressembler*, être *juste*, *convenable*, en découlent aussi, ainsi que l'adjectif *égal* qui est toujours synonyme de *juste*.

Avoir, posséder, c'est être *fort*. La *faiblesse* est compagne de la *laideur*, *du vice*, de la *honte*, des *soucis*.

Croire, c'est avoir *éprouvé*, *senti*.

Les qualités abstraites ont leur source dans les qualités positives de la vie héroïque.

Craindre avec excès, c'est *reculer*, *céder*; *céder*, c'est être *lâche*; le *lâche* est *méchant, vicieux*.

Le brave, au contraire, est *beau* et *bon*; c'est celui qu'on *admire*.

Le *héros* est celui qui *ravit*, qui *tue*.

Être *martial, courageux, fort*, c'est être *vertueux*.

Ces nuances, ces rapports, sont tellement fondés sur la nature héroïque qu'ils sont très fréquemment personnifiés ou mis en action par Homère.

Achille est le plus *vaillant* des Grecs et le plus *beau* : Bellérophon est de même *martial, beau* et *vertueux*.

Thersite est *lâche* et *méchant*; il est voué aux outrages et difforme.

Andromaque déplore l'avenir de son fils qui, privé de l'appui d'Hector, sera dépouillé de son héritage, ne *possédera* plus.

Phénix s'est ménagé l'amitié d'Achille pour avoir un défenseur dans sa vieillesse ; car la vieillesse isolée n'est pas plus respectée que l'enfance, et, de même que l'infirmité physique, elle est accablée par la force.

Quand les dieux ou les héros annoncent une résolution soudaine, ils emploient invariablement cette formule : *écoutez-moi afin que je dise les choses que l'ame, en la poitrine m'ordonne.*

Les héros, même au fort des batailles, voient les signes des dieux, et savent ou se font interpréter leurs desseins.

Dans les festins, dans le partage des dépouilles, *la convenance* exige que les parts soient *égales.*

En résumé : *les faits héroïques* ont dominé en Grèce jusqu'à ce que la révolution, commencée par la réaction dorienne, fut accomplie; *les idées héroïques* ont été magnifiquement formulées par Homère ; *les expressions homériques* se sont identifiées avec les *idées* et les *faits* qu'elles ont reproduits.

Si l'on considère que le fond de la langue grecque, quelques modifications qu'elle ait subies dans sa forme, est tout entier dans Homère, on admettra sans peine que le vocabulaire d'une langue, basée sur des faits dont nous avons relevé l'extrême simplicité, peut être singulièrement simplifié.

Tel sera le résultat de la classification que nous proposons. Malgré sa richesse, sa fécondité d'expressions, Homère n'ayant puisé que dans un petit nombre d'idées, n'a pu tirer ses *dérivés* que d'un petit nombre de mots *primitifs*, se rapportant pour la plupart à des objets naturels.

Ces mots primitifs, nous les prenons comme il les a sans doute pris, sans nous inquiéter de leur origine. Leurs *dérivés* sont, ou *primaires* (directs), ou *secondaires* (découlant des primaires.)

Les secondaires se forment selon des règles que nous supposons connues, car elles ont été si parfaitement développées par le dernier éditeur *du Jardin des Racines grec-*

ques, qu'il n'y a rien de mieux à dire sur ce sujet, que de renvoyer à son beau travail. C'est un mécanisme pareil à celui en vertu duquel *admirer*, dans notre langue, produit tout naturellement: *admirable, admirablement, admirateur, admiratif, admiration*. Comme dans notre langue, il est applicable aux mots nouveaux : *patelin* a fait *pateliner, patelinage*, à l'exemple d'une foule de mots grecs. Nous ne parlerons ici que des *dérivés primaires*; nous ferons d'abord une remarque qui confirme tout ce que nous avons dit de la spontanéité de la formation de la langue grecque.

On a très-ingénieusement divisé les consonnes grecques: en labiales ϐ, π, φ, ψ; *gutturales* γ, κ, χ, ξ; *dentales*, δ, τ, θ, ζ; *liquides*, λ, ρ, μ. (tenant aussi des labiales), ν (tenant aussi des dentales) et *sifflante*, σ.

A ces 17 caractères, les Eoliens joignaient le digamma F (notre V et notre H aspiré), supprimé depuis, ou remplacé tantôt par l'esprit rude (aspiration), tantôt vraisemblablement par le ϐ, à cause de l'analogie des sons.

Ce n'est pas seulement avec le F que le ϐ tend à se confondre, c'est encore avec le π. Mais les deux autres labiales ne sont en réalité que les deux premières renforcées : le φ par l'aspiration, le ψ par la sifflante.

Il y a de même une sorte d'affinité, 1° entre le γ et le κ, que renforcent le χ par l'aspiration, le ξ par la sifflante; 2° entre le δ et le τ, que renforcent le θ par l'aspiration, le ζ par la sifflante.

Enfin les quatre liquides ont une tendance à se substituer les unes aux autres. Mais l'une d'elles, le ρ, est une véritable onomatopée, et exprime par elle-même la rapidité de mouvement, la liquidité.

Dans la conjugaison du verbe, le son *guttural*, représenté par le κ, caractérise le parfait actif.

Le son *dental* représenté par le θ, caractérise l'aoriste passif.

La sifflante σ caractérise l'aoriste actif.

Or, dans un grand nombre d'exemples, la valeur forma

tive de ces sons se transporte de la conjugaison à la relation entre le *primitif* et le *dérivé primaire*.

L'introduction, l'intercallation d'une *dentale* (surtout si elle est renforcée par la *sifflante*), celle d'une *gutturale*, celle de la *sifflante* elle-même, suffisent pour transformer le *primitif* en un *dérivé* dont le sens est plus déterminé; ou indique tantôt une chose accomplie, tantôt une chose que l'on fait, quelquefois celle que l'on peut faire.

Le son *liquide*, représenté par μ caractéristique du passif et du parfait passif, joue un semblable rôle; en outre, représenté par ρ, il produit ce qui résulte de la force propre à cette lettre, emblême de mouvement.

Enfin le son *labial*, comme substitué au digamma, est souvent purement explétif.

Un seul exemple mettra en évidence la plupart de ces assertions : d'ἀ augmentatif vient ἆ admiratif. La *dentale* ζ en fait le verbe ἅζω, ἅζομαι *respecter*, *craindre*. La *gutturale* κ fait d'ἅζω κάζω, *orner* (sans doute tiré du culte : *orner* ce qu'on *respecte*); la *gutturale* renforcée χ en fait le verbe χάζω, *craindre avec excès, reculer, céder*, d'ou κακός, *lâche* et par extension *méchant*.

Si au lieu de ἅζομαι on a écrit, comme les Eoliens, Fάζομαι, remplacé par βάζομαι, la *sifflante* σ en fait σβάζομαι ou σεβάζομαι, craindre religieusement ; et ici la nuance est très-délicate, car σ est le signe du futur aussi bien que de l'aoriste.

Mais les règles générales de la formation des temps subissent, même dans leur application directe, plusieurs exceptions. Dans les verbes en βω, πω, φω, πτω, ce n'est plus le son *dental*, c'est le son *labial* qui caractérise le parfait premier.

Les verbes qui ont un parfait second actif, ne changent point, pour y arriver, la dernière consonne du radical.

Les verbes en λω, μω, νω, ρω imposent pareillement à leurs aoristes le λ, le μ, le ν, le ρ.

Ainsi le passé peut être représenté, tant dans des parfaits premiers, que dans des parfaits seconds et des aoristes, par toutes les consonnes.

Ce n'est pas tout : il existe, entre les consonnes de diverses natures, plusieurs affinités : la *liquide* peut, sans transition, venir de la *dentale*, (δάκρυ, lacryma); la *dentale* peut sans transition venir de la *gutturale*, (σαλπίζω, σάλπιγξ); la *labiale* attire la *liquide* (ἄμβροτος pour ἄβροτος).

On conçoit que parmi la multitude de patois (si ce mot est permis) qui se sont enfin classés en quatre dialectes principaux, des sons qui, sans doute à cause de la douceur de la prononciation, étaient si rapprochés les uns des autres, ont dû souvent être confondus.

Si donc on ne conteste pas le principe ci-dessus posé : *la valeur formative des sons labiaux, gutturaux, dentaux, liquides, se transporte de la conjugaison à la relation entre le primitif et le dérivé primaire,* on ne pourra refuser d'admettre dans la relation entre le *primitif* et le *dérivé primaire,* les mêmes variations que dans la conjugaison.

Cette règle nous donnerait une grande latitude, si nous n'étions point retenu dans des limites sur lesquelles la langue grecque porte elle-même un témoignage, confirmé par Homère. *Etymologie* en grec est synonyme de *réalité.*

Pour que nous soyons autorisé à faire dériver un mot d'un autre mot, il ne suffit donc pas que leurs contextures se rapportent, il faut qu'il y ait analogie complète ou très proche affinité entre les idées qu'ils expriment.

Ainsi nous n'hésiterons pas à présenter λάσιος comme un dérivé de δασύς; nous n'hésiterons pas à présenter δεῦκος comme un dérivé de γλυκύς, à cause de l'affinité entre le δ et le λ et de l'identité des sens.

Nous ferons dériver εἴκω, de εἴδω attendu (outre ce qui a été dit plus haut) que le κ et le δ ne sont pas antipathiques, et que de l'un et de l'autre de ces verbes découlent des idées de ressemblance : εἶδος, εἴδωλον, εἶγμα, εἰκών.

Nous ferons dériver de ἔω *marcher*, θέω *courir* et θέω *poser*, attendu que, dans le premier cas, le son dental ajoute au mouvement et que, dans le second, il le présente comme accompli.

Nous ferons dériver de ἄγω *conduire*, ἄγω *briser*, attendu que, dans la vie héroïque et dans Homère, un *chef* est *un homme qui brise* (ῥηξήνωρ).

Nous placerons κόμη entre κείρω et κορέω à cause de l'analogie entre ρ et μ, et de l'affinité entre les mots *chevelure, tondre, parer*.

De αἱρέω et de son synonyme ἕλω (sans doute le même mot diversement écrit, mais prononcé d'une seule manière) et de son sens de *prendre, saisir*, nous ferons dériver, 1° dans l'ordre moral, ἔλεος *pitié*, sentiment qui *saisit* soudainement ; 2° dans l'ordre matériel, ἐλεός *table de cuisine*, meuble qui *prend*, qui *contient* ; 3° dans l'ordre des idées héroïques, αἴρω *enlever, lever, soulever, exalter, faire périr* : tous actes de la vie des *héros*.

De ce dernier verbe découlent naturellement ἀρή *perte, malédiction* et par extension *prière* ; ἄρης, *Mars, arme, airain*, etc. etc.

Ces citations suffisent pour mettre nos lecteurs sur la voie. Ce ne sont pas les plus palpables de nos Etymologies. La plupart ne demanderont aucun effort pour obtenir un assentiment unanime. D'autres exigeront peut-être un peu plus de tension d'esprit et seront plus ou moins contestées. Mais, assentiment et discussion favorisent pareillement notre désir qui est de graver les mots dans la mémoire, à l'aide de raisonnements rigoureusement enchaînés.

Il nous reste à exposer le mécanisme de notre vocabulaire.

L'index alphabétique, quoique rejeté à la fin du volume, est en réalité le dictionnaire à consulter d'abord. C'est là que l'étudiant doit chercher le mot dont il ignore la signification. En regard de ce mot, il voit un chiffre qui le renvoie à la page où il en trouvera le sens et la racine.

Si le mot est imprimé en majuscules, il est *primitif* ou *formateur*.

Si la première lettre seule est majuscule, il est *dérivé primaire.*

S'il est imprimé tout entier en petites lettres, c'est un *dérivé secondaire.*

S'il est marqué en marge d'une croix †, il y a retour, après une digression, au *formateur* ou *primitif.*

S'il est marqué en marge d'un astérisque *, il y a retour, après une digression, au plus prochain dérivé marqué d'une croix †.

Ainsi ΠΛΑΞ, étant imprimé en majuscules, est un *primitif,* qui veut dire *vaste plaine, plateau* etc.

Πλάζω, dont l'initiale seule est majuscule, en dérive et veut dire *faire errer, égarer;* en mémoire de la vie errante que les tribus hellènes ont menée dans les vastes plaines de l'Asie.

Πλατύς, *large,* en dérive aussi par le même motif.

Πλάγιος, *oblique,* dérive de πλάζω tout naturellement; la ligne *oblique* s'écarte de la ligne droite, elle *s'égare,* elle *erre.*

Ces quatre mots, leurs significations, celles de leurs *dérivés secondaires,* sont invariablement liés dans l'esprit du lecteur par le souvenir historique auquel le premier se rapporte.

Quel que soit celui pour lequel on commence la recherche, la rapidité de l'œil à les embrasser tous à la fois, rappelle à l'instant même à la pensée la relation qui existe entre eux.

Φλάζω, marqué d'une croix †, indiquant le retour au formateur, et ayant pour initiale le Π de Πλάζω, renforcé par l'aspiration, a un sens analogue à celui de Πλάζω.

Si l'on cherche ἐλεύθερος, *libre,* on le trouvera parmi les *dérivés secondaires* ; le *dérivé primaire* † Λυθεὶς est l'un des temps du formateur ΛΥΩ, *délier. Liberté, délivrance* chez les peuples antiques étaient donc une seule et même chose. Il y avait partout de l'*Exitus Israël de Egypto.*

La position synoptique des *formateurs* et de leurs *dérivés* a l'avantage d'empêcher de perdre jamais de vue le principe et les conséquences de leurs relations.

L'étude de ces relations entre le *formateur* et les *dérivés* pourrait être imposée aux étudiants comme exercice de mémoire aussi bien que les décades de Lancelot; mais nous pensons qu'il serait préférable de leur inculquer ces relations dans l'esprit, au moyen d'une méthode plus incisive.

Dans notre Vocabulaire, le nombre des mots *primitifs* est réduit à 489, sur lesquels 277, ou sont sans *dérivés*, ou n'ont que peu de *dérivés* qui en découlent aussi naturellement que *admirable, admirablement* et *admiration* découlent *d'admirer*.

Restent donc deux cent-douze mots *primitifs* ayant des *dérivés* plus ou moins compliqués, plus ou moins nombreux.

En d'autres termes, il n'y a, selon nous, dans la langue grecque que deux cent douze rapports ou enchaînements d'idées analogues à ceux qui nous ont servi d'exemples.

Or, si l'écolier était accoutumé à analyser les auteurs qu'il traduit, de manière à remonter toujours du mot, à son formateur *primitif*, il en résulterait qu'à chaque phrase il retomberait sur plusieurs de ces deux cent douze enchaînements d'idées.

De la sorte, en très-peu de temps, il saurait par cœur, de manière à ne pouvoir plus les oublier : les *formateurs*, leurs principaux *dérivés* et les origines, soit historiques, soit naturelles, soit métaphysiques de leurs relations.

De plus il se familiariserait, non moins rapidement, avec les modifications que les diverses manières d'être impriment aux terminaisons ou à la composition des mots.

Enfin, il aurait toujours la mesure de la force et de la justesse de l'expression.

EXEMPLE D'ANALYSE.

μῆνιν, de μῆνις, colère, *racine immédiate* Μένος, ardeur, désir, colère, mouvement de l'ame; *formateur* ΜΆΩ, se porter avec ardeur. ἄειδε, de Ἀείδω, chanter, *dérivé primaire* de ἌΩ, souffler, exhaler. θεά; déesse, *racine immédiate* Θεός, dieu; *racine intermédiaire* Διός, genitif de Ζεύς, Jupiter; *formateur*

ΖΆΩ, vivre. οὐλομένην, de οὐλόμενος, pernicieux, funeste, *racine immédiate* ὀλέκω ; *racine intermédiaire* Ἀπόλλυμι, perdre, détruire, tuer ; *formateur* ΛΎΩ, délier, dissoudre. ἥ, fém. de ὅς qui, lequel, *formateur* ὁ le. μυρία, de Μυρίος, nombreux, infini, au nombre de dix mille, *comme la rosée que distille le matin ; racines immédiates* Μύρω et μορμύρω, pleurer et distiller ; *formateur* ΜΎ, son imitatif d'un gémissement. ἄλγεα, de ἄλγος, souffrance, mal, *formateur* ἀλγέω, souffrir. ἔθηκε, de Θέω, poser, faire, *formateur* ἝΩ, être, se mouvoir, marcher. πολλάς de πολλός, *formateur* ΠΟΛΎΣ, nombreux. ΑΕ racine. ἰφθίμους, de ἴφθιμος, fort, courageux, *racine immédiate* ἴς, nerf, (*qui lance le trait*) ; *par extension* force, vigueur ; *racine intermédiaire* ἵημι, lancer ; *formateur* ἕω, jeter, et ἝΩ, se mouvoir. ψυχάς de ψυχή, âme, *formateur* ΨΎΧΩ, souffler, respirer. Ἄϊδι, de Ἀΐδης, Pluton, *racines immédiates* ἀ privatif, et ἰδεῖν, avoir vu ; *formateur* ΕἼΔΩ, voir, savoir. προΐαψεν de πρό ἰάπτω, lancer, *racines immédiates* : (pour πρό) Περάω, surpasser, *formateur* ΠΕΊΡΩ passer, (pour ἰάπτω) ἰάλλω et comme ci-dessus ἵημι et ἝΩ. ἡρώων de Ἥρως, héros, *racine immédiate* Αἴρω ; *formateur* ΑἹΡΈΩ. αὐτούς du *formateur* αὐτός, soi-même. ἑλώρια, de ἑλώριον, *racine immédiate* ἕλω ; *formateur* ΑἹΡΈΩ. τεῦχε de τεύχω, faire, *racine immédiate* Θέω ; *formateur* ἝΩ. κύνεσσι, de κύν ou κύων, chien, *racine immédiate* Κύω, concevoir, être enceinte ; *formateur* ὝΩ, féconder.

En quatre vers d'Homère, on a eu déjà quatre fois recours au *formateur* ἝΩ et deux fois au *formateur* ΑἹΡΈΩ. C'est en dire assez pour faire concevoir avec quelle rapidité on passerait en revue les quatre cent quatre-vingt-neuf *formateurs*, et les modifications de sens que l'addition de *dentales*, de *gutturales*, ou d'autres consonnes, apporte aux deux cent douze *formateurs* qui ont chacun une famille complexe de dérivés.

On s'est toujours plaint de l'infériorité des études grecques sur les études latines, et l'on a cherché le remède sans approfondir assez la cause du mal.

Les classes latines roulent sur une langue faite, sur une littérature appartenant ou se rapportant au siècle de la perfection. Il n'en est point de même en grec : on commence par des écrivains de l'époque de civilisation raffinée, de là on passe à la langue primitive, telle qu'Homère l'a créée, enfin on arrive à la langue de renaissance, qu'ont employée, avec des nuances très-variées, les grands poètes tragiques.

Il faut une rare vocation pour se prêter à cette diffusion d'efforts; mais si l'on met largement l'étudiant en possession du trésor commun à ces idiomes, si disparates, il passera facilement de l'un à l'autre.

Tel a été le but du livre de Lancelot, et ce but sera plus efficacement atteint, selon nous, si, à leur entrée en quatrième ou en troisième, quand les écoliers ont déjà été nourris des décades, on les accoutume à se servir de notre Vocabulaire, et surtout, si, à l'aide de ce Vocabulaire, on les astreint aux analyses que nous venons d'indiquer.

Le nombre des *formateurs* peut encore être réduit ; c'est un exercice que nous recommandons à nos lecteurs, et nous leur signalons dès à présent ὀρόδαμνος, qui doit être rapporté à ὄρω; πορφύρα, qu'il est permis de rapporter à φύρω; comme ὑσσός, à ἵημι, et φέρω à ἕλω ou αἱρέω. Parmi les dérivés nous avons compris assez de mots composés, pour familiariser avec les règles de leur composition et de leur décomposition.

Formateurs, dérivés, composés : tout cela nous donne un total de onze mille et quelques mots, qui sont ceux que l'on retrouve, le plus fréquemment, dans Homère et dans les classiques en prose et en vers.

Pour renfermer autant de mots dans un volume in-12, dont le texte n'a que deux cent soixante-deux pages, il a fallu nous borner au sens direct de chaque mot, sauf quelques exceptions indispensables : pour le sens figuré ou étendu, nous renvoyons aux dictionnaires.

Nous avons admis quelques formes de mots et quelques sens un peu surannés mais consacrés par les anciens lexiques et très propres à mettre sur la trace des Etymologies. Le seul sens que nous proposions, et qui est en quelque sorte justifié par l'épithète de *uëtès* donnée à Bacchus, comme principe de la fécondité humide, est celui de *féconder* pour le verbe ὕω; en nous accordant ce sens, on nous autorise à tirer de ὕω une multitude de dérivés dont le formateur, sans cette concession, nous échapperait.

Tel est le livre élémentaire que nous offrons aux étudiants qui ont atteint les classes de grammaire. Ce livre n'est autre chose que l'échafaudage à l'aide duquel nous avons mené à fin un grand travail: notre traduction d'Homère. Nous avons la conviction qu'il sera aussi utile aux jeunes gens studieux qu'il nous l'a été à nous-même.

RECAPITULATION des définitions et signes.

Le *formateur* ou *primitif* est imprimé en majuscules.

Le dérivé *direct* ou *primaire*, c'est-à-dire dérivant immédiatement du *formateur* ou commençant un nouvel ordre d'idées, a pour première lettre une majuscule.

Le *dérivé secondaire* est imprimé en lettres ordinaires.

La † indique le retour au *formateur*, après une digression.

L'* indique le retour au *dérivé* marqué d'une †.

VOCABULAIRE

DES

RACINES GRECQUES.

A.

Ἀ, *privatif.*
ἀν, *devant une voyelle, id.*
ἄνευ, ἄνις, } *adv.*, sans, hormis, outre, hors de, à l'écart.
ἄνευθε-θεν, à l'écart, au loin.
ἀπάνευθε-θεν, à l'écart, hors de.
ἄτερ, sans, hors de.

Ἆ, *interj.*, ah! ah!
ἄζω, *poét.*, *s. f.*, se lamenter, gémir.
αἴ ou αἶ, aie! ah ciel! hélas!
αἴαγμα, gémissement, plainte.
αἰάζω, *f.* ξω, gémir, se lamenter, déplorer.
αἰβοῖ, ah ciel!
αἴγιθος, linotte, αἰγωλιός, hibou, αἰσάλων, émerillon, } *oiseaux à chant ou à cri plaintif.*
σαλαΐζω, *f.* ίσω, se lamenter.

Ἀνιάζω, *f.* άσω, affliger; s'affliger.
ἀνία, chagrin, affliction.
ἀνιαρός, affligeant, affligé.
ἀνιάω, *f.* άσω, *c.* ἀνιάζω.

Αἷμα, carnage, sang, *en tous sens.*
αἱμακτός—τόεις, ensanglanté.
αἱμασιά, haie d'épines.
αἱμάσσω, *f.* ξω, ensanglanter.
αἱματία, brouet noir des Spartiates.
αἱματίτης, qui a rapport au sang.
αἱματόω, *f.* ώσω, ensanglanter.
αἱματώδης, sanguinolent.
αἱμός, buisson.
αἵμων, sanglant.

Ἀμύσσω *f.* ξω, égratigner, effleurer.
ἀμυγδάλη, amande, [*fruit amer*].

ἀμύγδαλος, amandier.
ἄμυγμα, déchirure, égratignure.

Ἀλαλά, *interj.*, cri de guerre des combattants.
ἀλαλάζω, *f.* άξω, pousser des cris de guerre.
ἀλαλαγή, ἀλαλαγμός, ἀλαλή, } cris de guerre, de victoire.
ἀλαλητῷ, à grands cris.

Ἀ, *augmentatif.*
ἆ, *interj. adm.*, ah!
ἅζομαι, ἅζω, } *s. f.*, respecter, craindre, éviter.
ἁζητός, vénérable.
ἀτύζω, *f.* ξω, troubler, égarer, terrifier.
ἀσπάζομαι, *f.* άσομαι, embrasser, saluer, chérir, accueillir avec tendresse.
ἀσπάσιος, aimable, chéri.
ἀσπασμός, embrassement, salut.
ἀσπαστός, aimé, bienvenu.
ἐμπάζομαι, *s. f.*, prendre soin de.
σεβάζομαι, *f.* άσομαι, craindre, être retenu par une crainte religieuse, honorer d'un culte.
σέβας, étonnement, vénération, culte.
σέβασμα, objet de culte.
σεβάσμιος, auguste.
σεβασμιότης, la majesté impériale.
σεβαστιάς, l'impératrice.
σεβαστικός, qui vénère.
σεβαστός, honoré, vénéré, l'empereur.
σέβω, *s. f.*, honorer d'un culte religieux.
σεπτός, saint, divin.

Πρέσβυς, *adj.*, vénérable, ancien; *subs.*, vieillard, chef, ambassadeur.
πρεσβεία, considération, ancienneté, ambassade.
πρεσβεῖον, honneurs, droit d'ainesse.
πρεσβεύς, *c.* πρέσβυς.
πρέσβευσις, ambassade.
πρεσβευτής, ambassadeur.
πρεσβεύω, *f.* εύσω, être le plus respectable, le plus âgé; respecter; être ambassadeur, négocier.
πρέσβις, ambassadrice.
πρέσβιστος, *poét.*, *pour* πρεσβύτατος, *sup. de* πρέσβυς.
πρεσβυτέριον, conseil des anciens, presbytère.

πρεσβύτερος, *compar. de* πρέσβυς *et* prêtre.
πρεσβύτης, vieillard, presbyte.
πρεσβυτικός, de vieillard.

Κάζω, orner, *inus., sauf au temps suiv.* :
κέκασμαι, *ou* κέκαδμαι, je suis orné ; j'excelle.

Χάζομαι, χάζω, } *f.* σομαι, } éviter, reculer, s'abstenir.
κακός, *prim.*, lâche ; *par ext.*, méchant ; *au n.*, le mal.
κάκη, κακία-κότης, lâcheté.
κακίζω, *f.* ίσω, blâmer ; être blâmé, faire une lâcheté.
κακόω, *f.* ώσω, κακύνω *f.* υνῶ, } maltraiter, gâter, opprimer.
κακῶς, *adv.*, mal.
κάκωσις, action de maltraiter.
χατεύω-τέω, *s. f.*, manquer de.
χατίζω, *f.* ίσω, *même sens.*

Ἅγος, chose sacrée, objet de vénération, souillure ; crime, criminel.
ἁγιάζω, *f.* άσω, sanctifier.
ἁγίζω, *f.* ίσω, brûler sur l'autel.
ἅγιος, saint, pur.
ἁγιότης, sainteté.
ἁγιστεύω, *f.* εύσω, être saint.
ἁγιωσύνη, sainteté.

Ἁγνός, pur, chaste, innocent.
ἁγνεία, pureté, chasteté.
ἁγνεύω, *f.* εύσω, être pur.
ἁγνίζω, *f.* ίσω, purifier.
ἁγνισμός, purification.
ἄγνος, agnus castus *ou* gatillier, *arbrisseau.*
ἁγνότης, pureté.

Αἰδέομαι, *f.* έσομαι, *c.* ἅζω, *de pl.*, rougir, être touché de.
ἀναίδεια, impudence.
ἀναιδής, impudent, funeste.
αἰδέσιμος, respectable ; modeste.
αἰδοῖος, honorable ; déshonorant.
αἰδώς, honneur, pudeur, honte.

† Ἄγαν, beaucoup ; trop.
ἀγάζω, *f.* άσω, ἀγάζομαι, *f.* άσομαι, ἀγαίομαι, ἀγαύομαι, } envier, haïr, admirer, louer, approuver, vénérer.

ἄγαμαι, *et poét.* ἀγάαμαι, } envier, haïr, admirer, louer,
ἀγάω, *inus.*, } approuver, vénérer.
ἄγα, admiration; étonnement.
ἀγαῖος, qui excite l'envie.
ἀγανός, doux, agréable.
ἄγασμα, objet d'admiration.
ἀγάστός, admiré.
ἀγατός, *poét.*, *même sens*.

Ἀγαθός, brave, bon, vertueux.
ἀγαθόω, *f.* ώσω, rendre bon.
ἀγαθύνω, *f.* υνῶ, être bon.
ἀγαθωσύνη, bonté.

Ἀγαύος, admirable, magnifique, fier, insolent.
ἀγαυριάω *et* γαυριάω, *f.* άσω, être insolent.
ἀγαυρός *et* γαῦρος, fier, superbe, sauvage.
ἀγήνωρ, *même sens*, brave, vaillant.

Ἀγάλλω, *f.* γαλῶ, orner, embellir, faire le fier; *au moyen*, se féliciter; s'énorgueillir.
ἀγάλλοχον, aloës.
ἄγαλμα, sujet de joie; ornement, offrande.
ἀγλαΐα, élégance, beauté, éclat.
ἀγλαΐζω, *f.* ίσω, faire briller.
ἀγλαός, élégant, beau, illustre.
ἀγλαυρός, *poét.*, beau, splendide.
αἴγλη, splendeur.
αἰγλήεις, brillant.
αἰγλήτης, *épithète d'Apollon*, qui envoie la lumière.
γαίω, *sans f.*, se glorifier, s'énorgueillir.
γάνος, sérénité, joie, blancheur.
γάνυμι, *f.* γανύσω, rejouir; *au moy.*, se réjouir.

Γάλα, lait.
γαλαθηνός, qui tette.
γαλαξίας, galactite, *voie* lactée.
γάλως, sœur du mari.
γαυλός, terrine à traire.
γαῦλος, vaisseau, sentine de vaisseau.
γλάγος, *poët.*, lait.
γλαγάω, *s. f.*, regorger de lait.

Γαλήνη, sérénité.
γαληνιάω, *f.* άσω, être calme.
γαληνίζω, *f.* ίσω, } calmer.
γαληνόω, *f.* ώσω, } calmer.
γαλήνιος, calme.

Γελάω, *f.* άσομαι, être serein, briller, rire.
γελάσιμος, risible.
γελασῖνος, contraction du rire.
γέλασμα, ris, rire, ondulations.
γέλως, rire, moquerie, dérision, ridicule.
Γελοιάζω, *f.* άσω, faire le bouffon.
γελοῖος, bouffon, ridicule.
ἠγηλάζω, *f.* άσω, passer tristement le temps, traîner.
γηθέω, *f.* ήσω, *et* γεγαθέω, se réjouir.
γῆθος, } joie.
γηθοσύνη, }
γηθόσυνος, joyeux.
Γεύω, *f.* σω, goûter.
γευθμός, } action de goûter.
γεῦσις, }
γεῦμα, goût.
κρήγυος, agréable, (*qui réjouit le cœur*).
Γλήνη, jeune fille, prunelle de l'œil, brillant.
Γλαύσσω, *s. f.*, briller, voir.
γλαυκιάω, *f.* άσω, regarder avec des yeux bleus et brillants; bleuir.
γλαυκός, azuré; glauque.
γλαυκωπός, aux yeux bleus.
*Ἀγαπάζω, *f.* άσω, embrasser avec tendresse.
ἀγαπάω, *f.* ήσω, aimer, s'en tenir à.
ἀγάπη, tendresse.
ἀγαπητός, aimé; chéri.
ἈΓΑΡΙΚΌΝ, champignon.
ἌΓΓΑΡΑ, relais de poste.
ἀγγαρεύω, *f.* εύσω, envoyer en estafette, en corvée, imposer une corvée.
ἄγγαρος, estafette, courrier, portefaix, rustre.
ἈΓΓΈΛΛΩ, *f.* ελῶ, annoncer, rapporter.
ἀγγελία, annonce, message, nouvelle, rapport.
ἄγγελμα, *même sens.*
ἄγγελος, *id. et* messager; ange.
ἐπαγγέλλω, déclarer; promettre, assigner en justice, briguer.
εὐαγγέλιον, l'évangile.
ἈΓΚΏΝ, coude, courbure, angle.
ἀγγεῖον, } vase, urne.
ἄγγος, }

ἀγκάζομαι, *f.* άσομαι, embrasser.
ἀγκάλαι, les bras.
ἀγκαλίζομαι, *f.* ίσομαι, prendre, porter, serrer dans ses bras.
ἀγκαλίς, brassée, botte, fagot.
ἀγκαλίδες, les bras.
ἀγκάς, *adv. poét.*, dans les bras.
ἀγκοῖναι, les bras.
ἄγκος, fond, vallée.
Ἄγκιστρον, hameçon.
ἀγκιστρεία, pêche à l'hameçon ; *au fig.*, séduction.
ἀγκιστρεύω, *f.* εύσω, pêcher à l'hameçon.
ἀγκιστρόω, *f.* ώσω, *id. et*, garnir d'un hameçon; courber en hameçon.
Ἀγκύλος, crochu, recourbé.
ἀγκυλέομαι, *f.* ήσομαι, balancer le javelot.
ἀγκύλη, pli du bras, jarret, courroie à lancer le javelot, javelot, cordon, ankylose, filet de la langue.
ἀγκύλιον, anneau d'une chaîne, filet de la langue.
ἀγκυλόω, *f.* ώσω, courber, ankyloser.
ἀγκύλωσις, action de courber, ankylose.
ἄγκυρα, ancre, appui.
ἀγκυρίζω, *f.* ίσω, donner un croc en jambe.
ἀγκυρόω, *f.* ώσω, jeter l'ancre.
Ἀγκωνίζω, *f.* ίσω, prendre à bras le corps.
Ἄγχω, *f.* ξω, étreindre, serrer, étrangler.
ἀγχονάω, *f.* ήσω, étrangler, pendre.
ἀγχόνη, action de pendre, corde pour pendre.
Ἀγχι *et* ἀγχοῦ, *ion. et poét.*, *adv.*, près, auprès, proche.
ἀγκτῆρες, le nœud de la gorge.
ἀγκτηριάζω, *f.* άσω, rapprocher.
ἀγχεῖος, voisin.
ἄγχιστα, *superl. adv.*, le plus près.
ἀγχιστεία, parenté.
ἀγχιστεύς, proche parent.
ἀγχιστεύω, *f.* εύσω, être parent.
ἄγχιστος, *superl. adj.*, le plus proche.
ἀγχότερος, plus voisin, plus proche.
ἆσσον, *comp. adv.*, plus près.

Σφίγγω, *f.* ξω, serrer, étreindre, étrangler.
σφιγγία, avarice sordide.
σφίγγιον, bracelet.
σφίγξ, sphinx.

σφίγξις, action de serrer, étranglement.
Σφενδόνη, bandelette, bande, *et par ext.*, fronde.
σφενδονάω, σφενδονέω, } *f.* ήσω, lancer avec la fronde.
Σφήν, coin pour fendre.
σφηνόω, *f.* ώσω, fendre, serrer, torturer.
Σφήξ, guêpe.
κηφήν, frelon, bourdon.
σφηκεῖον, guêpier, rayon de guêpe.
σφηκιά, guêpier.
σφηκίον, rayon formé par les guêpes.
σφηκισμός, bourdonnement.
σφηκός serré par le milieu du corps.
σφηκόω, *f.* ώσω, serrer, rétrécir.
σφηκών, guêpier.
† Ὄγκος, crochet, barbe d'une flèche, tumeur, vaine enflure, poids.
ὀγκηρός, gros.
ὀγκίον, carquois.
ὀγκότατος, le plus gros.
ὀγκότερος, plus gros.
ὀγκόω, *f.* ώσω, grossir.
ὀγκύλλω, *f.* υλῶ, *même sens.*
ὄγκωμα, gonflement.
Ὀγκάομαι, *f.* ήσομαι, braire, crier, rugir, (*gonfler la voix.*)
ὄγκημα, le braire d'une âne.
ἈΓΛΙΣ, gousse d'ail.
ἌΓΝΥΣ, pierre tendant le fil de la chaîne du tisserand.
ἈΓΟΣΤΌΣ, paume de la main, *par ext.*, coude, bras.
ἈΓΡΌΣ, champ.
ἀγέρωχος, qui a des champs; fier?
ἄγρα, chasse, pêche, capture, butin.
ἄγραυλος, qui passe la nuit aux champs, qui parque.
ἀγρεύω, *f.* εύσω, prendre à la chasse, à la pêche.
ἀγρέω, *f.* ήσω, prendre.
ἀγρία, houx, *arbre sauvage.*
ἀγριαίνω, *f.* ανῶ, effaroucher, aigrir.
ἄγριος, rustique, grossier, dur, sauvage, farouche.
ἀγριότης, rusticité, dureté, férocité.
ἀγριόω, *f.* ώσω, rendre sauvage.
ἀγροικία, vie rustique, rusticité.
ἄγροικος, campagnard, rustique.

ἀγρονόμος, qui reste à la campagne.
ἀγροτήρ—ότης, villageois, rustique.
ἌΓΩ, *f.* ξω, conduire, élever, exciter, peser, se marier.
ἄγδην, *adv.*, en entraînant.
ἄγε, *imp. adverbial*, allons! eh bien! voyons!
ἄγημα, troupe d'élite.
ἀγινέω, *s. f.*, mener, apporter, se mouvoir.
ἀγός, *poét.*, chef, guide.
ἀγυιά, rue, route, canal, conduit.
γύα, chemin, fossé, champ, portion de champ.
ἀγωγεύς, bride, laisse, conducteur, guide.
ἀγωγή, conduite, action de conduire; conduit.
ἀγώγιον, cargaison.
ἀγωγός, *subs.*, conducteur; *adj.*, qui sert à conduire.
ἄκτωρ, *poét.*, guide.
ἔπακτος, importé, intercalé, *au plur. fém.*; les épactes.
ἄξων, axe, essieu.

Ἀνάγω, *f.* ξω, *inus. remplacé par*:
ἀνάσσω, régner, commander, gouverner.
ἄναξ, *poét.*, roi, prince, chef, maître.

τυραννεύω, *f.* εύσω, } être tyran, *être roi à la manière de Tyr,*
τυραννέω, *f.* ήσω, } *ou roi qui opprime. V.* τείρω.
τυραννίζω, *f.* ίσω, être partisan de la tyrannie.
τυραννίς—νία, tyrannie.
τύραννος, tyran, prince absolu.
ἄνωγα, *f.* ἀνώξω, commander, conseiller, persuader, exhorter.

Ἀνάγκη, nécessité, contrainte, calamité, mort.
ἀναγκάζω, *f.* άσω, nécessiter, forcer.
ἀναγκαῖος, nécessaire, fatal.
ἀναγκαίως, nécessairement, fatalement.
ἀναγκαστός, forcé, contraint.

Ἡγεμών, chef, souverain, commandant, guide, (ἄγω-μόνος).
ἡγεμονεύω, *f.* εύσω, ouvrir la marche, guider, être chef, commandant, montrer le chemin.
ἡγεμονία, commandement, action de conduire.
ἡγέομαι, *f.* ήσομαι, *c.* ἡγεμονεύω.
ἡγεσία, action de commander.
ἥγησις, direction.
ἡγήτωρ—ητήρ, chef.
ὀγμεύω, *f.* εύσω, tracer en ligne droite, sillonner, labourer.

ὄγμος, ligne, rangée, sillon, rang de javelles, sentier.

οἴγνυμι, s. f., } ouvrir.
οἴγω, f. ξω, }

ἄνοιγμα—ξις, ouverture.

ἀνοίγω, f. ξω, ouvrir, déboucher, déployer.

Ἀγείρω, f. ερῶ, assembler, amasser, quêter, (ἄγω—εἴρω).

ἀγελαῖος, assemblé en troupeau.

ἀγέλη, troupeau de grand bétail.

ἄγερσις, rassemblement.

ἀγορά, marché, assemblée sur le marché, trafic, tribunal, barreau, éloquence.

ἀγοράζω, f. άσω, trafiquer, fréquenter l'agora.

ἀγοραῖος, relatif à l'agora, vulgaire, trivial.

ἀγοράομαι, f. ήσομαι, haranguer, délibérer, parler.

ἀγορεύω, f. εύσω, dire ; haranguer, parler.

ἀγορητής, orateur.

ἀγορητύς, talent de la parole.

ἀγυρέω, f. ήσω, } rassembler.
ἀγυρίζω, f. ίσω, }

ἄγυρις, rassemblement, assemblée, foule.

ἀγυρμός, quête, collecte.

ἀγυρτάζω, f. άσω, quêter, mendier.

ἀγυρτέω, f. ήσω, } faire le métier de charlatan.
ἀγυρτίζω, f. ίσω, }

ἀγύρτης, mendiant, charlatan.

ἀγών, assemblée, assemblée aux jeux, jeux, combats, épreuve, débat.

ἀγωνία, lutte, angoisse, agonie.

ἀγωνιάω, f. άσω, soutenir une lutte ; être en angoisse.

ἀγωνίζομαι, f. ίσομαι, combattre dans les jeux, entrer sur la scène, disputer.

ἀγώνισμα, combat, concours, rivalité, prix du combat, débit théâtral.

ἀγωνιστής, combattant, champion, comédien.

† Τάσσω, f. ξω, régir, ordonner, imposer, taxer.

ταγεία, commandement.

ταγεύω, f. εύσω, ranger, commander.

τάγμα, ce qui est arrangé, arrangement.

ταγός, chef.

τακτικός, capable de ranger, tacticien.

τακτός, rangé, fixe.

τάξις, ordre, rang, taxe.

† Ἄγω, f. ξω, *inus.*, *remplacé par* :

ἄγνυμι, rompre, casser, briser.
ἀγή, fracture, brisement, écueil.
ἄγμα, fragment, débris.
ἀγμός, rupture, *au plur.*, escarpements.
Ῥάσσω, *f.* ξω, heurter, casser, détruire.
ῥήγνυμι, ῥηγνύω, ῥήσσω, | *f.* ῥήξω, | rompre, briser, arracher, forcer, faire jaillir, jeter, frapper avec force.
ῥαγάς, fente.
ῥαγδαῖος, impétueux.
ῥάγδην, brusquement.
ῥαγή, fente.
ῥάθαγος, fracas.
ῥάκος, lambeau, guenille.
ῥακόω, *f.* ώσω, mettre en lambeaux.
ῥακώδης, déguenillé.
Ἀράσσω, *f.* ξω, frapper, heurter.
Ἄραβος, craquement, bruit du choc.
ἀραβέω, *f.* ήσω, entrechoquer avec bruit, faire du bruit en tombant.
ἀράγδην, *adv.*, en heurtant avec bruit.
ἄραγμα, choc, fracas.
ἄραδος, agitation, mouvement violent.
Ὀρύσσω, *f.* ξω, fouiller, déterrer, creuser, enfouir.
ὀρύκτης, pionnier, fossoyeur, soc de charrue.
ὀρυκτός, creusé, tiré de la terre, minéral.
ὀρυμαγδός, *poét.*, fracas, bruit, tumulte, foule.
ὄρυξ, instrument pour fouiller, pioche.
ῥαίω, *f.* ίσω, casser, briser, détruire.
ῥαιστήρ, marteau.
ῥαιστός, brisé.
ῥᾶξις, choc de deux armées.
ῥαχία, brisant, rochers, flux, bruit des flots.
ῥάχις, épine dorsale, dos *dans tous les sens.*
ῥαχίζω, *f.* ίσω, fendre l'épine dorsale, sacrifier, tuer.
ῥάχος, buisson, clôture en épines.
ῥῆγμα, rupture, crevasse.
ῥηγμίν, roc à pic, rivage, mort.
ἄῤῥηκτος, entier, inébranlable.
ἐρείκω, *f.* ἐρείξω, *ou* ἐρέξω, broyer, briser.
ἐρέσσω, *f.* έσω, ramer (*briser les flots*), agiter, s'agiter.
ἐρέτης, rameur.
ἐρετμός, rame.

ἔῤῥωγα, j'ai été brisé, déchiré.
ῥωγαλέος, déchiré, fendu, déguenillé.
ῥωγάς, *adj.*, *même sens*, *subst.*, fente, crevasse, grotte.
ῥωγή—γμός, *subst.*, *même sens.*
ῥώθων, narine.
ῥώξ, fente, crevasse.
*Ακτή, brisant, rivage, blé moulu.
ἀκτάζω, *f.* άσω, être mobile (*comme les flots.*)
ἀκταίνω, *f.* ανῶ, mouvoir.
ἀκταία, sureau.
ἀκταῖος, littoral.
ἄκτινος, de sureau.
*ἀκτίς, rayon de lumière, rayon d'une couronne, d'une roue, éclat, splendeur.
*ἀξίνη, hache, cognée.
ΑΕΊ, αἰεί, *poét.*, toujours, à fur et mesure.
ἀέναος, qui coule toujours, éternel.
αἰών, éternité, temps, siècle, vie, génération.
αἰωνίζω, *f.* ίσω, éterniser, être éternel.
αἰώνιος, éternel, antique.
Αἰ, *conj.*, plût à Dieu que.
αἴκα, αἴκε, αἴκεν, si.
Αἱ, *fem.*, les.
Αἵ, *fem.*, lesquelles.
ΑΙΡΈΩ, *f.* ήσω, ἕλω, *inus.*, s'emparer de ; prendre, saisir, gagner, séduire, condamner, préférer, choisir, tuer.
αἴνυμαι, *s. f.*, prendre.
αἱρέσιμος, prenable, préférable.
αἵρεσις, prise, choix, opinion, hérésie, secte.
αἱρετής, celui qui choisit, sectateur.
αἱρετίζω, *f.* ίσω, choisir, être d'un parti, être hérétique.
αἱρέτιστης, sectateur, sectaire.
αἱρετός, pris, enlevé, désirable.
ἄρνυμαι, *s. f.*, prendre, recevoir, choisir, défendre, protéger.
ἀπαυρίσκομαι, ἐπαυρίσκω, enlever, recueillir le fruit, (*en bonne et mauvaise part*), *le dernier* atteindre.
εἵλως, ilote.

ἕλωρ, ἑλώριον, } proie, butin, capture.
Ἔλεος, compassion, pitié.
ἐλεαίρω, *f.* αρῶ, avoir pitié.
ἐλεγεία, élégie.
ἐλεγεῖον, poème, mètre élégiaque.
ἔλεγος, chant lugubre, deuil, élégie.
ἐλεεινός, qui inspire la pitié, attendrissant.
ἐλεέω, *f.* ήσω, s'apitoyer et apitoyer.
ἐλεημοσύνη, pitié, aumône, miséricorde.
ἐλεήμων, compatissant.
ἐλεητός, digne de pitié.
νηλεής, impitoyable, cruel.
Ἐλεός, table de cuisine.
ἐλέατρος, maître d'hôtel.
† Αἴρω, *f.* ἄρω, ἀείρω, *f.* ἀέρω, } enlever, lever, soulever, élever, exalter, exagérer, faire périr.
ἀερσί, *inséparable*, qui lève, qui élève.
αἶρα, ivraie, marteau.
αἰώρα, ce qui sert à suspendre.
αἰωρέω, *f.* ήσω, élever, suspendre.
αἰώρημα, suspension.
ἄορ, épée.
ἀορτήρ, baudrier.
ἄρδην, hautement, de fond en comble.
ἄρμα, ce qu'on prend, tribut, corvée.
Ἀρή, ἀρά, } *ion.*, perte, mort, imprécation, malédiction. prière.
ἀραῖος, maudit, funeste.
ἀραιός, faible, *et par ext.*, mince, rare, poreux.
ἀραιόω, *f*, ώσω, raréfier.
ἀραίωμα, porosité, pore, dilatation.
ἀραιῶς, *adv.*, à rangs ouverts.
ἀραίωσις, relâchement.
ἀράομαι, *f.* άσομαι, prier, souhaiter, maudire.
ἀράσιμος, maudit, exécrable.
ἀρατός, *même sens*, *et quelquefois*, désiré.
ἀράχνη, araignée, (*insecte maudit?*)
ἀρειά, menace.
ἀρητήρ, prêtre.
ἀρητός, maudit, funeste.
Ἄρης, Mars, arme, airain.
ἀρεικός, martial.

ἄρειος, *et ion.* ἀρήϊος, *id. et* consacré à Mars.
ἀρείων, meilleur, plus brave, plus vertueux.
ἀρετάω, *f.* ήσω, prospérer, se signaler.
ἀρετή, force, vigueur, courage, vertu.
ἀρετίζω, *f.* ίσω, accueillir, agréer.
ἀριστεία, vaillance.
ἀρίστευμα, exploit.
ἀριστεύς, héros, chef.
ἀριστεύω, *f.* εύσω, exceller.
ἄριστος, le meilleur, le plus brave, le plus vertueux.
Ἄριστον, le dîner, (*le meilleur repas*).
ἀριστάω, *f.* ήσω, dîner.
ἀριστίζω, *f.* ίσω, donner à dîner.
Ἀριστερός, gauche, sinistre, (*le plus mauvais côté*).
ἀριστερεύω, *f.* εύσω, être à gauche, être gauche.
* Ἀρι, *particule, insép. et augm.*
* Ἄρσις, élévation, action d'élever, d'ôter, d'enlever.
ἀρσενικόν, *subs.*, le masculin ; arsénic.
ἄρσην, *et plus usité l'att.* :
Ἄῤῥην, mâle, du sexe masculin, viril.
ἀῤῥενικός, masculin.
ἀῤῥενότης, sexe masculin, virilité.
ἀῤῥενόω, *f.* ώσω, rendre viril.
Ἀνήρ, homme, guerrier.
ἀνδρακάς, par tête, par homme.
ἀνδραποδίζω, *f.* ίσω, faire esclave, (*garotter un homme*).
ἀνδράποδον, esclave.
ἀνδράριον, homme chétif, pauvre hère.
ἀνδρεία, *poét.* ἠνορέα—ρέη, courage, vertu.
ἀνδρεῖος, viril, courageux.
ἀνδρείως, *adv.*, en homme.
ἀνδρεύομαι, *f.* εύσομαι, atteindre l'âge viril.
ἀνδριάς, statue.
ἀνδρίζω, *f.* ίσω, donner et prendre la force d'un homme.
ἀνδρικός, viril, courageux.
ἀνδρόθεν, *poét. adv.*, d'un homme.
ἀνδρόμεος, *poét.*, d'homme.
ἀνδροσύνη, virilité.
ἀνδρόω, *f.* ώσω, } rendre homme.
ἀνδρύνω, *f.* υνῶ, } rendre homme.
ἀνδρών, appartement des hommes.
Ἄνθρωπος créature humaine, homme, femme, (*qui a visage d'homme*).

ἀνθρωπάριον, petit homme.
ἀνθρώπειος, qui concerne l'espèce humaine.
ἀνθρωπεύομαι, *f.* εύσομαι, vivre à la manière des hommes.
ἀνθρωπίζω, *f.* ίσω, *même sens et, au passif*, être incarné.
ἀνθρωπικός, qui appartient à la nature humaine.
ἀνθρωπικῶς, humainement.
ἀνθρώπινος—ωπίνως, *mêmes sens.*
ἀνθρωπισμός, humanité, incarnation.
ἀνθρωπόομαι, *f.* ωθήσομαι, devenir homme, agir en homme.
ἀνθρωπότης, humanité.

Ἄρς, *inus. au nom, et remplacé par:*
ἀμνός, agneau, *accus.* :
ἄρνα, *gén.* ἀρνός, agneau mâle.
ἀρνακίς, ἄρνεα, peau d'agneau, toison.
ἄρνειος *et* ἀμνεῖος, d'agneau.
ἀρνειός, bélier.
ἀρνευτήρ, plongeur.
ἀρνεύω, *f.* σω, bondir, plonger.
ἀρνίον, petit agneau.

Θάρσος, Θάῤῥος, mâle assurance, fermeté, confiance, (*provenant de la virilité*).
θαρσέω, *f.* ήσω, être en pleine confiance.

Θαρσύνω, *f.* υνῶ, encourager.
θαρσαλέος, θαρσήεις, θάρσυνος, plein de confiance.
θράσος, audace.
θρασύς, hardi, audacieux, téméraire.
θρασύτης, hardiesse.
θρασύνω, *f.* υνῶ, enhardir.

Θραύω, θλάω, φλάω, *f.* σω, briser, rompre, broyer ; *le* 2e, froisser.
θλάσις-φλάσις, action de meurtrir.
θλάσμα-φλάσμα, contusion.
θλαστός-φλαστός, meurtri.
θραυλός, rompu, friable.
θραῦσις, action de briser.
θραῦσμα, fragment.
θραυστός, brisé, facile à rompre.
φλαδιάω, *f.* άσω, pétrir.

Θλίβω *et* φλίβω, *f.* ψω, presser, étreindre, faire souffrir.
τρίβω, *f.* ψω, *id. et comme* θραύω.
θλίμμα, ce qu'on presse, suc.
θλιμμός, θλίψις, } action de presser; affliction.
τριβή, frottement, triture.
τρίβος, chemin battu, chemin.
τρίβων, usé, vieux, *au fig.* retors.
τρίμμα, ce qui est frotté, usé.
τριμμός, frottement, chemin frayé, sentier.
τριπτήρ, celui qui broie, mortier.
τριπτός, frotté, usé.

Στείβω, *f.* ψω, fouler aux pieds; *au moyen*, marcher, suivre.
ἀστεμφής-φῶς-φέως, fermement.
στειπτός, foulé aux pieds.
στέμφυλον, marc de raisin.
στία, *ou* στεία, petite pierre.
στιβαρός, épais, (*comme ce qui a été foulé aux pieds*), robuste, fort.
στιβάς, herbe dont on jonche les rues.
στιβεύς, voyageur.
στιβεύω, *f.* εύσω, fouler en marchant.
στίβη, gelée blanche, (*qu'on foule?*).
στιβιάω, *f.* άσω, souffrir de la gelée blanche.
στίβος, chemin battu.
στῖφος, troupe à rangs serrés.
στιφρός, épais, dense; ferme, sec, serré.
στοβάζω, *f.* άσω, outrager.
στοιβάζω, *f.* άσω, entasser.
στοιβή, herbe à bourrer les matelas.
στόμφος, outrage; forfanterie, bavardage.

Στείχω, *f.* ξω, marcher, marcher en ordre.
στίξ, *inus. au nom.*, rang, rangée.
στιχάω, *s. f.*, marcher en rang.
στιχηδόν, en rang, en ligne, en vers.
στίχος, rang, ligne, vers.

Στοχάζομαι, *f.* σομαι, s'appliquer, viser à, conjecturer.
στοχάς, qui devine.
στόχασμα, but où l'on vise.
στοχασμός, στόχασις, } action de viser à un but.

Τλάω, ταλάω, τλῆμι, } *f.* τλήσω, *inus.*, } oser, souffrir, supporter.

ἄτλας, Atlas, (*qui porte beaucoup*), *et c.* τάλας.
ἐσθλός, vaillant; bon, probe.
ἐσθλότης, bonté, probité.
ὀτλέω, *f.* ήσω, souffrir, endurer.
ὄτλος, douleur, mal.
ταλαιπωρέω, *f.* ήσω, souffrir.
ταλαίπωρος, misérable.
τάλας, malheureux, misérable.
ταλαύρινος, qui résiste, fort.
τλημόνως, misérablement.
τλημοσύνη, courage, patience.
τλήμων, courageux, patient.
τλῆσις, courage, patience.
τλητικός, courageux, patient.
τλητός, supporté, enduré.
Τάλαντον, poids, balance.
ἀτάλαντος, égal, semblable.
ταλαντάω, *f.* ήσω, } peser, (*en tous sens*), essayer.
ταλαντεύω, *f.* εύσω, }
Τάλαρος, corbeille, (*à porter de la laine*).
Τελαμών, baudrier, (*qui porte l'écu*).
Τέτληκα, *parfait employé comme présent*, oser, souffrir, supporter.
Τόλμα, audace.
τολμάω, *f.* ήσω, oser; entreprendre; endurer.
τολμήεις, hardi, patient.
τόλμημα, trait d'audace.
τολμηρία, audace.
τολμηρός, audacieux, hardi.
τολμητής, celui qui ose.
Τείρω, *s. f.*, user par le frottement, fatiguer, vexer.
τέραμνος, } tendre; *les* deux 1ers facile à cuire; le 3e friable; frêle, délicat.
τεράμων, }
τέρην, }
τέρετρον, tarière.
τιτραίνω, *f.* τρήσω, trouer, percer.
τιτρώσκω, *f.* τρώσω, blesser, entamer.
τορεῖν, *inf. aor.* 2, avoir percé, troué.
τόρευμα, ciselure.
τορεύς, ciseau, burin.
τορευτός, ciselé.
τορεύω, *f.* εύσω, ciseler.
τόρος, *subs.*, burin, ciseau.

τορός, *adj.*, perçant, pénétrant.
τορῶς, d'une manière aiguë.
τρανής—νός, perçant, pénétrant, clair.

Ταρσός, claie, (*à claire voie*), natte; rangée de rames, rame; ailes, plumes; rangée *en général*.
ταρσόω, *f.* ώσω, garnir d'une claie; sécher sur la claie.
τερσαίνω, *f.* ανῶ, | sécher, essuyer, étancher, faire
τέρσω, *s. f.*, | égoutter.

Τορμή, tour, circuit, borne *du stade*.
τόρμος, écrou, moyeu, borne.
τορνεύω, *f.* εύσω, travailler au tour.
τόρνος, tour, *métier*.
τορνόω, *f.* ώσω, arrondir.
τορύνη, cuiller à broyer.
τορύνω, *f.* υνῶ, broyer avec une cuiller.

Τρυχόω, *f.* ώσω, | *c.* τείρω.
τρύχω, *f.* ξω, |
τρύω, *f.* ύσω, *inus.*, *id.*
ἀτρυτώνη, *épith. de Minerve*, infatigable.
τρῦμα-τρύμη, trou.
τρύπα, trou, tarière.
τρυπάνη, instrument pour creuser.
τρύπανον, tarière, trépan.
τρυπάω, *f.* ήσω, trouer.
τρύπημα, trou.
τρύσις, fatigue, tourment, épuisement.
τρυχηλός-ρός, usé, déguenillé.
τρυχιόν, | haillon, guenille.
τρύχος, |
Τρύγη, sécheresse (*épuisement*), maturité, récolte, vendange.
ἀτρύγετος, stérile, inépuisable.
τρυγάω, *f.* ήσω, récolter, vendanger.
τρυγητήριον, pressoir.
τρυγητής, vendangeur.
τρυγητός, vendange.
τρύξ, lie de vin.
τρυγών, tourterelle, (*couleur de lie*).

Τρύζω, *f.* σω, | le 1er roucouler, le 2e gazouiller.
τρίζω, *f.* σω, |
τριγμός, petit cri aigu.
τρυσμός, murmure.

Τρώγω, *f.* ξομαι, brouter, ronger; croquer, manger.
τρωγάλια, friandises.
τρώγλη,
γωλεά, *plur. n.* } caverne; creux.
τρωγλοδύτης, troglodyte.
τρώκτης, celui qui mange.
τρωκτός, mangeable.
τρῶξις, action de manger.

* Ἀρτάω, *f.* ήσω, pendre, suspendre.
ἀρτανή, corde, lacet.
ἀρτέμων, voile.
ἄρτημα, tout ce qui est suspendu.
ἀρτητός, suspendu ; qui tient en suspens.
ἠερέθομαι, *poét.*, être suspendu ; voler ; être en suspens.

* Ἄρω ou ἄρω, *inus.*, *prête ses temps à* :
ἀραρίσκω, *f*, ἄρσω? ajuster, mettre en rapport, serrer, presser, garnir, équiper, fournir, satisfaire, préparer, méditer.
ἄραρα, *parf. employé comme présent*, être ajusté, *etc.*
ἄρηρα, *parf. employé comme présent*, être ajusté *etc.*
εὐήρης, bien joint, commode.
ἦρα, plaisir satisfaction.

Ἀρέσκω, *f.* έσω, plaire, être agréable, rendre favorable, faire approuver, arranger.
ἀρέσκεια, amabilité, grâce.
ἀρεσκεύομαι, *f.* εύσομαι, chercher à plaire ; flatter.
ἄρεσκος, gracieux, caressant, flateur.
ἀρεστός, qui plaît, agréable, convenable.

Ἀρθμός—μία, liaison; amitié, contrat.
ἀρθμέω, *f.* ήσω, être uni, d'accord.
ἄρθμιος, uni, ami.

Ἄρθρον, jointure, articulation.
ἀρθρικός, articulé.
ἀρθρῖτις, maladie des jointures.
ἀρθριτικός, gouteux.
ἀρθρόω, *f.* ώσω, emboiter, ajuster, articuler.

Ἀριθμός, nombre.
ἀριθμέω, *f.* ήσω, compter.
ἀρίθμησις, numération.
ἀριθμητός, qu'on peut compter, facile à compter.
ῥυθμός, nombre, justesse, rime, rhythme.

Ἀρμόζω, *f.* ώσω, ajuster, attacher, ranger, gouverner, cadrer, convenir.
ἅρμα, attelage, char.
ἁρμαλιά, nourriture.
ἁρματεύω, *f.* εύσω, conduire un char.
ἅρμενος, attaché, préparé ; décent, convenable, équitable.
ἅρμη, *ion.*, assemblage.
ἁρμογή, ajustement, proportion, symétrie, rapport, ordre.
ἁρμόδιος, symétrique.
ἁρμοδίως, convenablement.
ἁρμοῖ, *poét.*, sur le champ.
ἁρμονία, harmonie.
ἁρμονικός, harmonique, musical, musicien.
ἁρμόνιος, qui est en harmonie.
ἁρμός *et* ἅρμοσις, emboîtement, ajustement.
ἁρμοστής, celui qui règle ; magistrat.
ἁρμοστός, assemblé, uni, ajusté.

Ἄρτι, *adv.*, précisément, tout-à l'heure.
ἀρτεμής, entier, sain et sauf.
ἄρτεμις, Diane.
ἀρτιάκις, *adv.* en nombre pair.
ἀρτίζω, *f.* ίσω, rendre précis, arranger.
ἄρτιος, bien arrangé, complet, entier, juste, convenable.
ἀρτιότης, intégralité.

Ἀρτύνω, *f.* υνῶ, *poét.*, *pour :*
ἀρτύω, *f.* ύσω, arranger ; assaisonner, tramer.
ἄρτος, pain.
ἄρτυμα—σις, assaisonnement.

* Ἐναίρω, *f.* αρῶ, tuer, dépouiller, ravager.
ἔναρα, *plur.*, dépouilles.
ἐναρίζω, *f.* ίξω, tuer, dépouiller.

Ἥρως, héros.

Καθαίρω, *f.* αρῶ, purifier, nettoyer, expier.
καθαρεύω, *f.* εύσω, être pur, innocent.
καθαρίζω, *f.* ίσω, purifier.
καθάριος—θαρός, pur, propre.
καθαριότης, pureté, propreté.
καθαρισμός, purification, expiation.
κάθαρμα, ordure, rebut ; scélérat.
καθάρσιος, lustral, expiatoire.

† Αἶνος, parole, fable, louange, allusion, (*se reporter à* αἴνυμαι).

αἰνέω, *f.* ήσω, } parler, louer, exhorter, recommander,
αἴνημι, *poét.*, } approuver, accepter.

αἴνιγμα, énigme, parole ambiguë.

αἰνίζομαι, *f.* ίσομαι, louer.

αἰνίσσομαι, *f.* ίξομαι, parler obscurément, faire allusion.

ἀναίνομαι, refuser, nier.

ἀρνέομαι, *f.* ήσωμαι, renier, méconnaître.

ἄρνησις, négation, dénégation, refus.

ἀρνητικός, négatif.

Ἀμύνω, *f.* υνῶ, défendre, protéger, écarter, repousser, venger, (*se reporter à* ἄρνυμαι.).

ἄμυνα, défense.

ἀμυντήρ—μύντωρ, protecteur, vengeur.

μύνομαι, *f.* οῦμαι, s'excuser, protester, (*se défendre de*).

† Ὄρω, *inus.*,
ὀρνύω, *poét.*, } faire lever, éveiller, faire naître,
ὄρνυμι, *f.* ὄρσω, } émouvoir, troubler.

ὀρίνω, *f.* ινῶ, exciter, émouvoir.

ὄρνυμαι, *f.* σομαι, *ou* ὀροῦμαι, s'élancer, s'élever ; naître.

ὄρωρα, *parf. emp. com. prés.*, *même sens.*

ὀροθύνω, *f.* υνῶ, exciter.

ὀρούω, *f.* ούσω, s'élancer, s'élever.

ὀρσός, rejeton.

Ὀρθός, droit, *au prop. et au fig.*, escarpé.

νοθεύω, *f.* εύσω, abâtardir, altérer.

νόθος, bâtard, altéré.

ὀρθιάζω, *f.* άσω, monter en ligne droite, pousser de grands cris.

ὀρθίασμα, cri.

ὄρθιον, *adv.* à haute voix.

ὄρθιος, roide, escarpé; aigu, (*en parlant de la voix*), haut, disposé en file.

ὀρθότης, direction droite ; rectitude, justesse.

ὀρθόω, *f.* ώσω, dresser ; ériger, diriger, réussir.

ὀρθῶς, bien.

ὄρθωσις, action de dresser ; direction.

Ὀρθρεύω, *f.* εύσω, se lever de bonne heure ; être matinal.

ὀρθρινός, } matinal ; qui se fait le matin.
ὄρθριος, }

ὄρθρος, le point du jour ; l'aurore.

Ὄρνις, oiseau, poule ; augure.

ὄρνεον, volaille.
ὀρνιθεῖον, volière.
ὀρνίθειος, d'oiseau.
ὀρνιθευτής, oiseleur.
ὀρνιθεύω, *f.* εύσω, être oiseleur ; prendre les augures.
ὀρνιθικός, d'oiseau.
ὀρνίθιον, petit oiseau.

Ὄρος, montagne ; hauteur.
ὀρειάς, *fem.*, de montagne,
ὀρεινός, ὄρειος, ὀρείτης, } *id. et* montagnard.
ὀρέσκοιος—κοος—εσκῷος, sauvage ; de montagne, (*en parlant des bêtes*).
ὀρέστερος, sauvage ; de montagne.
ὀρεστιάς, orestiade, (*nymphe des montagnes*), montagnarde.
ὀρικός, montueux, montagnard.
ὄριον, monticule.
Ὀρεύς, montagnard ; mulet.
οὐρεύς, *poét.*, mulet.

Ὅρος, limite ; borne, cippe *et, au fig.*, fin, objet.
ὁρίζω, *f.* ίσω, borner, déterminer, définir.
ὁρικός, qui borne.
ὅριον, borne, but.
ὅριος, qui concerne les limites ; qui borne.
ὅρισμα, borne *et, au fig.*, détermination.
ὁρισμός, action de borner.
ὁριστής, qui fixe les bornes,
οὖρον, borne ; espace franchi, sa mesure.
Οὐρανός, ciel (*borne d'en haut*).
οὐρανίδης—νίων, habitant du ciel.
οὐράνιος, céleste.

† Σπανός, (*se reporter à* αἴνυμαι), de prix, d'élite, rare ; *par extens.*, menu, chétif.
σπανιάκις, rarement.
σπανίζω, *f.* ίσω, être rare.
σπάνιος, *c.* σπανός.
σπανιότης, rareté.
σπάνις, pénurie.

ΑΙΞ, chèvre, bouc.
αἰγάγριος, chèvre sauvage.

αἰγανέα, javelot léger (*à chasser aux chèvres*).
αἴγειρος, peuplier noir (*à faire des javelots*).
αἰγῆ, peau de chèvre.
αἰγίζω, *f.* ίσω, déchirer, mettre en pièces.
αἰγίλιψ, à pic (*que laissent les chèvres*).
αἰγίς, bouclier de peau de chèvre; égide.
αἰπολέω, *f.* ήσω, garder les chèvres.
αἶπος, hauteur, sublimité.
αἰπύς—πεινός, haut, suprême.

† Ἀΐσσω, *f.* ξω, s'élancer, bondir; agiter.
ἀετός, *poét.* αἰετός, aigle.
ἀΐγδην, *adv.*, en s'élançant.
αἶγες, les grosses vagues (*bondissantes*).
αἰγιαλός, le rivage de la mer (*où elle bondit*).
ἀϊκή, élan.
ᾄσσω *et* ἄττω *pour* ἀΐσσω.
ἐπαιγίζω, *f.* ίσω, fondre sur.

Αἰσυήτης *et poét.* ητήρ, adolescent, *et comme*:
Αἰσυμνήτης *et poét.* ητήρ, chef des pâtres, des jeux; roi.
αἰσυμνάω, *f.* άσω, régner.
σημαίνω, *f.* ανῶ, être chef, commander, donner le signal, faire signe, indiquer.
σῆμα, signe, enseigne, monument, tombeau.
σημαία, enseigne, drapeau, compagnie.
σημαντήρ, chef, maître.
σημεῖον, signe, marque, prodige, monument.
σημειόω, *f.* ώσω, noter, marquer d'un signe.
Σεμνός, grave, saint, vénérable, emphatique.
σεμνεῖον, temple des furies, temple.
σεμνότης, sainteté, gravité.
σεμνόω, *f.* ώσω, honorer.
σεμνύνω, *f.* υνῶ, *id. et au moy.*, se vanter, être fier.
σέμνωμα, dignité.

*Αἰχμή, combat, guerre, armée *et, plus souv.*, javelot; pointe de javelot.
αἰχμαλωσία, captivité.
αἰχμαλωτεύω, *f.* εύσω, être captif; faire prisonnier.
αἰχμάλωτος, captif.
αἰχμητής—τήρ, guerrier, brave.

Μάχη, combat, bataille; querelle, dispute.
ἀμαιμάκετος, invincible; infini.
μάχαιρα, *poét.* combat *et, plus souv.*, épée, coutelas, rasoir.
μαχήμων, belliqueux.

μαχητής, guerrier, combattant.
μάχιμος, belliqueux, guerrier.
μάχομαι, *f.* μαχήσομαι, έσομαι *et* οῦμαι, combattre.
μαχομένως, *adv.* contradictoirement.

*Αἶψα, soudain, sur-le-champ.
αἰψηρός *et* λαιψηρός. prompt.
Αἰφνίδιος, soudain, subit.
αἰφνιδίως, subitement.
ἄφαρ, aussitôt, à l'instant, facilement, beaucoup, vite.
ἄφνω, subitement.
ἐξαίφνης, *id.*
κραιπνά, vite, rapidement.
κραιπνός, prompt, rapide.

*Ἀκή, pointe, tranchant.
ἀκιδωτός, aiguisé.
ἀκινάκης, cimeterre des Persans.
ἀκίς, pointe aiguë ; aiguillon.
Ἀκμή, pointe, extrémité ; maturité, jeunesse, moment décisif, instant.
ἀκμάζω, *f.* άσω, être dans sa force, dans sa fraîcheur, être mûr, être urgent.
ἀκμαῖος, qui est dans sa force, *etc.*
ἀκμαστής, jeune.
Ἀκονάω, *f.* ήσω, aiguiser ; exciter.
ἀκόνη, pierre à aiguiser ; incitation, verve.
ἀκόνημα, excitation.
ἀκόνιτος, aconit.

Ἄκρα, extrémité, bout, sommet, promontoire ; citadelle.
ἀκραῖος, extrême.
ἄκρεα, les hauteurs.
ἀκρέμων, sommet, grosse branche ; fenouil, *plante.*
ἀκρία, sommet, hauteur.
ἀκρίζω, *f.* ίσω, être au sommet.
ἀκρίς, sauterelle.
ἄκρις, sommet.
ἀκρόπορος, aiguisé.
ἄκρος, haut, sublime, extrême.
ἀκρότης, extrémité.
ἄκρων, extrémité d'un membre.

Ἄκων, dard.
ἀκοντίζω, *f.* ίσω, lancer le javelot ; frapper, blesser.
ἀκοντίον, petit javelot.

Ἄχος, douleur.
ἀκαχίζω, *f.* ίσω, affliger.
ἀχεύω *f.* εύσω, s'affliger.
ἀχεών, affligé.
ἄχνυμαι, *f.* ἀκαχήσομαι, être affligé, s'affliger.
ἀχνύς, chagrin.

Ἄχνη, brouillard, vapeur, rosée, duvet.
λάχνη, duvet, poil, toison.
λαχνήεις, laineux, velu.
χλαῖνα, manteau.
χλαινόω, *f.* ώσω, revêtir d'un manteau.
χλοάζω, *f.* άσω, se couvrir de duvet.
χνόος, duvet.

Ἄχυρον, paille, paillette.

Ἀχλύς, chagrin, brouillard, ténèbres.
ἀχλυόω, *f.* ώσω, obscurcir.
ἀχλυόεις, ténébreux.
ἀχλύω, *f.* ύσω, être sombre.
ὀμίχλη, brouillard, obscurité.
ὀμιχλήεις, ténébreux.

Ἄχθος, douleur, poids, charge.

Ἄχθομαι, *f.* ἀχθήσομαι, être affligé; être accablé sous le poids.
ἀγανακτέω, *f.* ήσω, s'indigner.
ὀχθέω, *f.* ήσω, *même sens et* gémir.
ὄχθη, gonflement, tumeur, rive escarpée, hauteur.
ὄχθος, peine, fatigue, hauteur escarpée.

Ὀξύς, aigu, aigre, perçant, rapide, vif, fort, fin, rusé.
ὀξέως, *adv.*, en pointe aiguë.
ὄξος, vinaigre.
ὀξύα, lance de hêtre; hêtre.
ὀξύϊνος, de hêtre.
ὀξυντήρ, celui qui aiguise.
ὀξύνω, *f.* υνῶ, aiguiser.
ὀξυόεις, aigu.
ὀξύτης, pointe, tranchant; aigreur, pénétration.
ὦκα, vite.
ὠκύς, aigu, perçant *et, plus souv.*, rapide.
ὠκύτης, vitesse.
Ταχύς, vite, rapide.
θᾶσσον, *adv.*, plus promptement.

θάσσων, θάττων, ταχίων, } plus rapide.
τάχα vite, bientôt, aisément, peut-être.
ταχέως, promptement, aussitôt.
ταχινός, rapide, agile.
τάχιστος—τα, le plus rapide; le plus rapidement.
τάχος—αχυτής, promptitude.
ταχύνω, *f.* υνῶ, accélérer.

Ἀκριβάζω, *f.* άσω, (*se reporter à* ἄκρα); rechercher exactement; prouver (*être pointilleux*).
ἀκρίβεια, exactitude.
ἀκριβής, exact, précis.
ἀκριβόω, *f.* ώσω, régler exactement; approfondir.
ἀκριβῶς, *adv.*, exactement, parfaitement.

Ὄκρις, pointe, élévation.
ὀκρίβας, estrade, échafaud, théâtre; *qfois* âne, bélier.

ΑἸΤΈΩ, *f.* ήσω, demander, prier.
αἴτημα, chose demandée, demande.
ἀΐτης, amant.
αἴτησις, demande, prière.
αἰτητός, demandé, souhaitable.
αἰτία, accusation, imputation, sujet, cause, principe; reproche, crime.
αἰτίαμα, grief.
αἰτιάομαι, *f.* άσομαι, accuser, rendre responsable.
αἰτίζω, *f.* ίσω, demander, mendier.
αἴτιος, qui est cause de, coupable, accusé.

ἈΚΚΏ, femme grimacière, épouvantail.
ἀκκίζομαι, *f.* ίσομαι, faire des façons.

ἈΚΟΣΤΉΣΑΣ, *Hom.*, nourri d'orge.

ἌΚΥΛΟΣ, gland comestible.

ἈΛΆΒΑΣΤΡΟΣ, vase d'albâtre, albâtre.

ἈΛΓΈΩ, *f.* ήσω, souffrir, être affligé.
ἀλγεινός, douloureux, affligeant.
ἀλγηδών, souffrance, chagrin.
ἄλγημα, douleur ressentie, peine éprouvée.
ἀλγινόεις, *poét.*, douloureux.
ἄλγιστος, très-douloureux.
ἀλγίων, plus douloureux.
ἄλγος, souffrance, peine, mal.

ἀλγύνω, *f.* υνῶ, causer de la douleur.

Ἀλέγω, *s. f.*, ⎫ se soucier, s'inquiéter de; avoir
ἀλεγίζω, *f.* ίσω, *poét.*, ⎭ égard à; respecter.

ἀλεγεινός—λεεινός, pernicieux.

ἀλεγύνω, *f.* υνῶ, donner ses soins, préparer.

ἀργαλέος, pénible, terrible.

Ἀλκή, secours, *et, par ext.*, courage, force; élan, *animal.*

ἀλέξω, *f.* εξήσω, secourir, défendre, chasser.

ἀλαλκεῖν, *aor. 2, inf., employé poét. dans le même sens.*

ἀλέξημα, défense, abri, secours, remède.

ἀλέξησις, *même sens et* action de repousser.

ἀλεξητήρ, défenseur, qui repousse.

ἀλθαία, guimauve, *plante médicinale.*

ἀλθήεις, médicinal.

ἄλθητο, il fut guéri, *imp. moy. d'un verbe inusité.*

ἀλκάθω, *poét. s. f.*, secourir.

ἀλκαία, queue du lion; queue.

ἄλκαρ, secours, remède.

ἀλκέα, *sorte de* mauve.

ἀλκήεις, fort, vaillant.

ἀλκηστής, défenseur, champion.

ἄλκιμος, fort, vaillant.

ἀλκτήρ, défenseur.

ἄλξις, retranchement, rempart.

ἔπαλξις, créneau, parapet.

Ἀκέω, *inus., rempl. par :*

ἀκέομαι, *f.* έσομαι, guérir, réparer.

ἄκεσις, cure, réparation.

ἄκεσμα, remède.

ἀκεστήρ—τής, qui guérit.

ἀκεστός, qu'on peut guérir.

ἀκέστωρ, médecin.

ἄκος, *poét.*, remède, ressource.

ἀνήκεστος, incurable, extrême.

Ἀρκέω, *f.* έσω, secourir, éloigner, repousser, persister, durer, fournir, apporter, suffire à: se contenter de:

ἄρκεσις, secours, subvention, utilité.

ἀρκετός, suffisant.

ἄρκιος, secourable, utile, suffisant.

ἀρκούντως, suffisamment.

Ἄρκτος, ours, (*quadrupède qui résiste, qui repousse?*) grande ourse, *constellation.*

ἀρκτεῖος, d'ours.
ἀρκτῆ, peau d'ours.
ἀρκτικός, arctique, septentrional.

Ἀρήγω, *f.* ξω, repousser, secourir.
ἀρηγών, auxiliaire, défenseur.
ἀρωγή, secours.
ἀρωγός, secourable.

ἍΛΣ, grain de sel, sel.
ἅλς, *fem.*, la mer.
ἁλιά, boîte au sel.
ἁλιάς, *subs.*, nymphe de la mer, *adj.*, qui vit dans la mer.
ἁλιεία, pêche.
ἁλίευμα, *id.*
ἁλιεύς, pêcheur.
ἁλιευτής, *id.*
ἁλιευτικός, concernant la pêche.
ἁλιεύω, *f.* εύσω, pêcher, être pêcheur.
ἁλίζω, *f.* ίσω, saler.
ἅλιος, de mer, maritime.
ἁλκυών, alcyon (*oiseau de mer*).
ἀλλᾶς, saucisse (*mets salé?*)
ἁλμεύω, *f.* εύσω, saler.
ἅλμη, saumure.
ἁλμυρίς, *id. et* eau salée ; terre stérile.
ἁλμυρός, salé, amer, piquant.
ἁλυκίς, eau salée.
ἁλυκός, salé.
ἁλυκότης, salure.

Θάλασσα, mer, eau de la mer, pièce d'eau.
θαλάσσιος, marin, maritime.
θαλασσόω, *f.* ώσω, inonder d'eau de la mer.

Σάλος, agitation des flots; *au fig.* agitation.
ζάλη, tempête, ouragan, tourbillon.
σαλαγέω, *f.* ήσω, remuer avec bruit.
σαλάγη, bruit.
σαλάσσω, *f.* άξω, agiter.
σαλεύω, *f.* εύσω, être agité (*comme un vaisseau*), être inquiet.

Ἄλυκη, état d'agitation, d'inquiétude.
ἀλύζω, *f.* ύξω, être agité, inquiet, errer çà et là ; s'éloigner, fuir, éviter.

ἀλυκτάζω, *f.* άσω,
ἀλυσκάζω, *f.* άσω,
ἀλύσκω, *f.* ύξω *et* ύξομαι,
ἀλυσταίνω, *f.* ήσω,
} *même sens.*

ἀλύω, *s. f.*, *même sens et de plus*, être incertain, désœuvré, perdre son temps.
ἄλυκτος, agité, *et plus souv.* importun.
ἄλυξις, agitation, inquiétude.
ἄλυς, désœuvrement.

† Ἄλλομαι, *f.* ἁλοῦμαι, bondir, s'élancer, s'agiter.
ἅλμα, saut, bond.
ἁλτῆρες, *plur.* balancier d'un sauteur.
ἁλτικός, agile, bondissant, qui concerne le saut.

Ἄλλος, autre.
ἀλλά, *adv.*, mais.
ἀλλαγή, changement, échange.
ἄλλαγμα, troc, objet d'échange.
ἀλλακτικός, concernant l'échange, commercial.
ἀλλάξ, *adv.*, en troc.
ἀλλάσσω, *f.* ξω, changer, troquer.
ἀλλάττα, d'autres choses.
ἀλλαχῆ, *adv.*, ailleurs, autrement.
ἀλλαχόθεν, d'un autre côté.
ἀλλαχοῦ, ailleurs.
ἄλλῃ, *adv.*, ailleurs, autrement.
ἀλληλίζειν, *f.* ίσειν, se rendre la pareille.
ἀλλήλων, l'un l'autre ; les uns les autres.
ἄλλην, d'un autre côté.
ἀλληπαλληλία, continuité, succession.
ἀλληπάλληλος, continuel, alternatif.
ἀλλοδαπός, étranger.
ἄλλοθεν, d'un autre côté.
ἄλλοθι, ailleurs.
ἀλλοῖος, différent, divers.
ἀλλοιότης, diversité.
ἀλλοιόω, *f.* ώσω, modifier, diversifier.
ἀλλοιωτός, muable.
ἀλλοκοτός, monstrueux.
ἄλλοσε, autre part.
ἄλλοτε, une autre fois.
ἄλλοτι, autre chose.

ἀλλότριος, étranger, d'autrui.
ἀλλοτριότης, étrangeté.
ἀλλοτριόω, *f.* ώσω, rendre étranger, séparer.
ἄλλυδις, ailleurs.
ἄλλως, autrement, d'ailleurs, en vain.
Αἰόλος (*se reporter à* ἀλλοῖος), bigarré, mouvant, mobile.
αἴολος, Eole, *dieu du vent.*
αἰόλλω, (*poét.*, αἰολάω, *et* λέω,) balancer en l'air, bigarrer.
Μεταλλάσσω *c.* ἀλλάσσω, *et* mourir, (*troquer la vie.*)
μεταλλάω, *f.* ήσω, chercher, demander.
μεταλλεία, mine, fouille.
μεταλλεύω, *f.* εύσω, rechercher, creuser une mine.
μεταλλίζω, *f.* ίσω, condamner aux mines.
μέταλλον, mine, produit des mines; métal, minéral.
† Ἀολλής, dru, serré.
ἀολλήδην, en foule.
ἀολλίζω, *f.* ίσω, ramasser en foule.
* Ἄλης, *poét. et* ἀλής, rassemblé, fréquent.
συναλίζω, *f.* ίσω, rassembler.
Ἀλίη—λία, assemblée du peuple.
ἅλις, assez, abondamment, en foule.
Ἀλῆναι, *inf. aor.* 2. *pass. de* ἴλλω, avoir été pressé, serré, tourné (*comme les flots*) *d'où :*
ἐάλην *ou* ἑάλην, je fus pressé, serré, tourné *et :*
εἰλέω, *f.* ήσω, | εἴλλω, *même f.*, | ἴλλω, *s. f.*, } agglomérer, presser, resserrer, rouler, agiter, entortiller, envelopper, tourner; *le dernier* lier.
ἀπειλέω, *f.* ήσω, menacer.
ἀπειλή, | ἀπείλημα, } menace.
ἀπειλητήρ—τής, celui qui menace, fanfaron.
εἶλαρ, abri.
Εἴλη, | ἴλη, } troupe, troupe de cavalerie, escadron.
εἰλαπίνη, festin nombreux.
εἰληδόν, par troupes, *et* en se roulant.
εἰλυθμός, tanière des animaux (*qui les enveloppe*).
εἴλυσις, l'action de rouler ; de se rouler.
εἰλυσπάομαι, *f.* άσομαι, ramper.
εἰλυφάζω, *f.* άσω, | εἰλυφάω, *f.* ήσω, } faire tournoyer, tournoyer.
εἰλύω, *f.* ύσω, rouler, traîner en roulant, envelopper, couvrir, cacher.

Ἑλίσσω, *f.* ίξω, rouler, faire tournoyer, lancer en rond, entortiller, cintrer, voûter; méditer.
ἀνελίσσω, *f.* ξω, rouler, dérouler, faire tourner sur les gonds, ouvrir, dévoiler.
ἐλελίσσω—λίζω, *f.* ξω, tourner, faire tournoyer, brandir, ébranler.
ἑλιγμός, tour, rotation.
ἑλίκη, hélice, la grande ourse.
ἑλικτήρ, collier, bracelet,
ἑλικτός, roulé, sinueux.
ἑλικών, fil roulé (autour du fuseau); Hélicon.
ἑλικωπός, aux yeux mobiles, étincelants, noirs.
ἕλιξ, spirale; tout ce qui roule sur soi-même et son mouvement, vis, voute.

Ἥλιος *et* ἠέλιος, soleil; *par ext.*, midi, chaleur du jour.
ἀλέα—λέη, chaleur du soleil; chaleur.
ἀλεάζω, *f.* άσω, } chauffer au soleil, échauffer.
ἀλεαίνω, *f.* ανῶ, }
δείελος, du soir.
δείλη, l'après-midi, le soir, le crépuscule.
εἵλη *ou* ἕιλη, chaleur, éclat du soleil, hâle.
σέλας, éclat, feu, éclair.
σεληναῖος, lunaire.
σελήνη, la lune.
σεληνιάζομαι, *f.* σομαι, être lunatique.
σεληνιακός, lunaire; lunatique.
σελήνιον, clair de lune; petite lune.

Ἱλάσκομαι, *f.* άσομαι, (de ἵλλω), apaiser; se rendre favorable, *au passif*, devenir favorable.
ἵλαμαι—ἱλαόμαι, *poét.*, *même sens.*
ἵλαος—ἵλεως, propice, joyeux.
ἱλαρός, *même sens et* gai.
ἱλαρότης. gaîté, hilarité.
ἱλαρόω, *f.* ώσω, } égayer, réjouir.
ἱλαρύνω, *f.* υνῶ, }
ἱλάσμα, sacrifice propitiatoire,
ἱλασμός, cérémonie expiatoire.
ἱλέως, favorablement.

Ἰλιγγιάω, *f.* άσω, avoir le vertige.
ἴλιγγος, vertige, perplexité.
ἴλιγξ, tournant d'eau, gouffre.

Ἰλλάς, lien tordu, *sorte de* grive.

Ἰλλός, œil; louche.

Ἰλύς, bourbier, lie, ordure.
* Ἀλινδέω, *f.* ήσω, rouler, vautrer.
ἀλίνδησις, action de se rouler dans la poussière.
ἀλινδήθρα, lieu où se roulent les athlètes; lavoir, bouge, bourbier.
κυλινδέω, *f.* ήσω, faire rouler.
κύλινδρος, cylindre.
κύλιξ, coupe, vase à boire.
κύλισις, action de rouler, de se rouler.
κύλισμα, ce qu'on roule.
κυλίω, *f.* ίσω, rouler.
ἈΛΌΗ, aloës.

ἌΛΦΩ, *inus.*, *remplacé par:*
ἀλφάνω, *f.* ήσω, valoir, gagner, obtenir, inventer.
ἄλφα, principe des choses; commencement; alpha.
ἀλφεσίβοια, *épith. **Homér***, *fém.*, qui gagne des bœufs; attrayante.
ἀλφηστήρ—τής, inventeur.
ἄλφι, *indé.* farine, (*invention par excellence.*)
ἀλφιτεία, fabrication de la farine.
ἀλφιτεῖον, moulin.
ἀλφιτεύς, farinier.
ἀλφιτεύω, *f.* εύσω, faire de la farine.
ἄλφιτον, farine; *au plur.*, les vivres.
ἀλφός, blanc ; dartre blanche.

ἌΛΩ, *inus.*, nourrir.
ἀλδαίνω, *f.* ήσω, engraisser, fortifier, faire croître.
ἀλδέω, *f.* ήσω, *même sens*; *forme inus.*
ἀλδήσκω, *poét.*, *s. f.*, croître, s'engraisser.
ἄλσος, bois sacré, bois.
ἄναλτος—αλδος, affamé, insatiable.

Ἀλέω, *f.* έσω, *att. et*, } moudre.
ἀλήθω, *f.* ήσω, }
ἄλεσις, mouture, action de moudre.
ἀλεστής, celui qui mout.
ἀλέτης, pierre meulière.
ἄλετος, mouture; temps *et* action de moudre.
ἀλετρεύω, *f.* εύσω, moudre, tourner la meule.
ἀλετρίς, esclave tournant la meule.
ἀλετών, moulin.
ἄλευρον, farine.
Ἅλως, grange, aire, disque, halo.

ἀλοάω, *f.* ήσω, battre en grange, rouer de coups.
ἀλόησις, action de battre en grange.
ἀλοητός, *id. et* temps de battre en grange.
ἀλοιάω, *f.* ήσω, *poét.* battre en grange.
ἅλωα—λωή, aire, halo, champ, vignoble, verger, moisson.
ἀλωαῖος, relatif aux travaux des champs.
ἀλωεύς, batteur en grange, laboureur, vigneron.
ἀλωνεύομαι, *f.* εύσομαι, battre en grange.
ἀλωνία, aire, grange.

Ἀλώπηξ, renard (*toison touffue, v.* πείκω), homme fin.
ἀλωπεκῆ, peau de renard.
ἀλωπεκία, alopécie, chute des cheveux.
ἀλωπεκίας, fourbe.
ἀλωπεκίασις, chute des cheveux.
ἀλωπεκιάω, άσω, perdre ses cheveux.
ἀλωπεκιδεύς—πείκς, renardeau.
ἀλωπεκίζω, *f.* ίσω, tromper, ruser.

Ἄρδω, *f.* όσω, arroser, abreuver ; *au fig.*, nourrir, ranimer.
ἄρδα, souillure, éclaboussure.
ἄρδαλος, souillé, sale, impur.
ἀρδαλόω, *f.* ώσω, souiller.
ἀρδεύω, *f.* εύσω, arroser, abreuver.
ἀρδμός, action d'arroser.

Ἔρση, rosée, *par ext.* tout ce qui est jeune et tendre.
δρόσος, *id. et* aspersion, humidité, eau, gouttes.
ἔρσω, *s. f.*, arroser, mouiller.
ἐρσώδης, couvert de rosée.

Ἀρόω, *f.* οσω, cultiver, labourer, semer, féconder ; s'accoupler.
ἄρομα, champ labouré.
ἀρόσιμος, labourable.
ἄροσις, labour, champ.
ἀροτήρ—ότης, laboureur ; père.
ἄροτος, labour, culture, temps de labour.
ἀροτός, le temps du labourage *et adj.*, labouré, labourable.
ἀροτρεύς, laboureur.
ἀροτρίασις, labourage.
ἀροτριάω, *f.* άσω, labourer.
ἄροτρον, charrue.

ἄρουρα, champ, terre.
ἀρουραῖος, concernant les champs.
Ἅμα, en même temps; ensemble; *dans Hom.* : de même que.
ἄμυδις, ensemble.
Ἀμάμαξυς, *sorte de* vigne.
Ἅμαξα, chariot, voiture, charrue, (*unis par un même axe*).
ἁμαξεία, voiturage.
ἁμαξεύς, charretier.
ἁμαξεύω, *f.* εύσω, voiturer, conduire un char.
ἁμαξιτός, route voiturable.

Ἀμάρα, conduit, canal, aqueduc, rigole.
ἀμαρεύω, *f.* εύσω, couler par une rigole.

Ἀμάρακος, marjolaine, *plante*.
Ἀμάω, *f.* ήσω, amasser, moissonner, couper, abattre.
ἀμάλη } ἄμαλλα, } gerbe, moisson.
ἀμαλλεύω, *f.* εύσω, engerber.
ἀμαλλοδετήρ, —έτης, botteleur, moissonneur.
ἄμη, faucille, vase à puiser de l'eau.
ἄμης, *sorte de* gâteau, *des moissonneurs?*
ἀμητός, moisson.
ἀμίς, pot de chambre.
Ἀμείβω, *f.* ψω, *et poét.* } ἀμεύω, *f.* εύσω, } changer, échanger, (*faire un marché sanctionné par des libations*), *par ext.*, alterner, répondre, punir, récompenser, rendre la pareille, passer.
ἀμεύσιμος, perméable.
ἀμοιβάδιος — βαῖος, commutatif, équivalent, mutuel, alternatif.
ἀμοιβαδίς, alternativement, mutuellement.
ἀμοίβη, échange, changement, vicissitude, retour.
ἀμοιβήδην, alternativement, mutuellement.
ἀμοιβός, mutuel, qui alterne.

Ἅμιλλα, combat d'émulation, rivalité, ardeur.
ἁμιλλάομαι, *f.* ήσομαι, combattre, rivaliser.
ἁμίλλημα, objet de rivalité, rivalité, lutte.

Ἀμορβός, pasteur, suivant, personnage obscur.
ἀμορβαῖος, obscur.
ἀμορβάς, compagne.

ἀμορβεύς, compagnon.
ἀμορβεύω, *f.* εύσω, accompagner.
ἀμορβής, obscur.
ἀμορμός, *même sens.*

Ἄμπελος, vigne, (*arbre dont les rameaux s'entrelacent, v.* πέλω), vignoble.
ἀμπέλειος—λινος, de vigne, de vignoble.
ἀμπελόεις, riche en vignes.
ἀμπελώδης, de vigne, abondant en vignes.
ἀμπελών, vignoble.

Ἀμπρὸν, trait de chevaux.

Ἄμπυξ, bandeau à retenir les cheveux.

Ἄμφω, tous deux, tous les deux.
ἀμφί, prép. aux environs de, au sujet de, au nom de, autour de, auprès de, dans, sur, entre, vers. *En composition, idée d'ambiguité, d'équivoque, d'hésitation ; action d'envelopper.*
ἀμφιάζω, *f.* άσω, revêtir.
ἀμφιβαίνω, *f.* ήσομαι, marcher autour, défendre, protéger, posséder.
ἀμφίς, des deux côtés.
ἀμφισβητέω, *f.* ήσω, douter, contester.
ἀμφοτεράκις, toutes les deux fois, l'une et l'autre fois.
ἀμφοτερίζω, *f.* ίσω, pencher des deux côtés, entourer.
ἀμφότερος, l'un et l'autre, tous les deux.
ἀμφοτέρωθεν, des deux côtés.
ἀμφοτέρωθι, dans l'un et l'autre endroit.
ἀμφοτέρως, des deux manières.
ἀμφοτέρωσε, vers l'un et l'autre endroit.

† Θαμά, fréquemment.
θαμειός, nombreux, fréquent, épais.
θαμίζω, *f.* ίσω, être nombreux, fréquenter.
θαμινός, fréquent, nombreux, épais, touffu.
θαμινῶς, fréquemment.
θάμνος, touffe de verdure, buisson, arbuste, bouture.

Θάλλω, *f.* αλλήσω—αλήσομαι, pousser, être dans sa fleur, être jeune, fort.
ἀτάλλω, *s. f.*, croître, grandir, sauter, sauter de joie, nourrir avec soin.
ἀταλός, jeune, tendre, frais.
θαλάμη, tanière, *au plur.*, les narines.
θαλαμός, lit nuptial, hymen, chambre à coucher.
θαλερός, verdoyant, abondant, jeune, fort, joyeux.

θαλία, jeune branche, fête, festin.
θαλλός, rameau, jeune branche, rejeton.
θάλος, *même sens*, *et* réjouissance, plaisir.
θαλύσια, prémices de fruits, fête de Cérès.

Θάλπος, ardeur, chaleur.
θαλπιάω, *f.* άσω, échauffer, s'échauffer, réjouir, charmer.
θάλπω, *f.* ψω, échauffer, exciter, passionner.
ἔλπω, *s. f.*, ἐλπίζω, *f.* ίσω, espérer, croire.
θαλπωρή, chaleur, espoir, joie, consolation.
ἐλπωρή—πίς, espoir.

Θηλέω, τηλεθάω, θαλέθω, *formes poét. de* θάλλω.
Θηλή, bout du sein, mamelle.

Θάομαι, *f.* ήσομαι, sucer, traire, allaiter, nourrir.
ἀθέλγω, *f.* ξω, *forme ionienne, remplacé par :*
ἀμέλγω, traire, sucer, *et au fig.* escroquer.
ἀμέργω, exprimer, *le suc.*, pressurer, cueillir.
ἀμέρδω, *f.* σω, frustrer, priver, dépouiller.
θέλγω, *f.* ξω, charmer, adoucir, soulager.
ἀμολγεύς, vase à traire.
ἀμολγός, temps où l'on trait ; la nuit.
ἀμόργη, lie, marc.
ἀμοργμός, pressurage, *au fig.*, extrait, compilation.
ἀμοργός, pressureur, exacteur.
θέλγηθρον, θέλγμα—ξις, } adoucissement, charme, douceur.
θελκτήριος, adoucissant, charmant.
θηλάζω, *f.* άσω, allaiter, téter.
θηλασμός, action d'allaiter, de téter.
θηλαστής, père nourricier.
θηλάστρια, nourrice.

Τιτθός, mamelle.
τιθαίνω, *f.* ανῶ, nourrir, allaiter.
τιθασεύω, *f.* εύσω, apprivoiser.
τιθασός, apprivoisé.
τιθή, τιθήνη, } nourrice.
τιτθεύω, *f.* εύσω, allaiter, élever.
τίτθη, bout de mamelle, nourrice.

* Θῆλυς, féminin, femelle, mou, fertile.
θηλυδριάς, efféminé.
θηλυκός, de femme, féminin, faible.
θηλύνω, *f*, υνῶ, amollir, énerver.

Θοίνη, festin, banquet, nourriture, mets.
θοινάω, f. ήσω, faire festin, manger.

Ὀμόργνυμι, f. ξω, (*se reporter à* ἀμέργω) exprimer, essuyer, nettoyer, imprimer.
ὀμοργάζω, f. άσω, *même sens.*
ὄμοργμα, ce qu'on essuie.

Ὁμῆ, *poét. pour,* } ensemble, en même temps, pareillement, à peu près.
Ὁμοῦ, }

ὁμαδέω, *poét.*, f. ήσω, rassembler à grand bruit.
ὅμαδος, rassemblement, foule, bruit, combat.
ὁμαλίζω, f. ίσω, rendre égal ; unir, aplanir, adoucir, être égal,
ὁμαλισμός, action d'égaliser.
ὁμαλός, uni, plane, médiocre, pareil.
ὁμαλῶς, uniformément.
ὁμαρτέω, f. ήσω; aller avec, suivre, s'accorder.
ὁμαρτῆ, ensemble, à la fois.
ὁμάς, le tout.
ὁμηγερής, rassemblé.
ὁμηρεία, action de donner des otages.
ὁμήρευμα, gage, caution.
ὁμηρεύω, f. εύσω, } donner otage, être otage, être uni, causer, chanter ensemble.
ὁμηρέω, f. ήσω, }
ὁμήρης, qui est uni, qui est d'accord.
ὅμηρον, gage, caution.
ὅμηρος, otage, *poét.*, époux.
ὁμιλέω, f. ήσω, avoir commerce avec, fréquenter, conserver.
ὁμιληδόν—αδόν, en foule.
ὁμιλία, réunion, assemblée.
ὅμιλος, foule, réunion, tumulte, combat.
ὄμνυμι, f. ὀμόσω *et* ὀμοῦμαι, jurer.
ὁμόθεν, du même endroit ; de près.
ὁμοιάζω, f. άσω, ressembler.
ὅμοιος, semblable.
ὁμοιότης, similitude.
ὁμοιόω, f. ώσω, assimiler, proportionner.
ὁμοίωμα, image, représentation.
ὁμοίως, semblablement.
ὁμοίωσις, imitation, comparaison.
ὁμός, semblable, commun à plusieurs.
ὁμόσε, vers le même lieu.
ὁμόω, f. ώσω, unir.

ὁμῶς, semblablement, ensemble, également.
ὅμως, cependant, toutefois, néanmoins.

Ὦμος, épaule.
ὠμαδίς—δόν, *adv.*, sur l'épaule.
ὠμία, épaule.
ὠμιαῖος, huméral.
ὠμίας, qui a de larges épaules.

Ὠμότης, crudité, verdure (*compacité*): *au fig.*, cruauté.
ὄμφαξ, raisin vert.
ὠμός, cru, vert, *au fig.* aigre.
ὠμῶς, cruellement.

† Σύν *et* ξύν, *prép.*, avec, *en compos. idée de simultanéité.*
ξυνός, commun.
ξυνόω, *f.* ώσω, réunir.

Κοινός, commun, impur.
κοινῇ—νῶς, *adv.*, en commun.
κοινόβιος, qui vit en commun, religieux, cénobite.
κοινότης, communauté.
κοινόω, *f.* ώσω, mettre en commun, rendre commun.
κοινόομαι, *f.* ώσομαι, communiquer, partager.
κοινωνέω, *f.* ήσω, être associé ; être en rapport.
κοινωνία, association.
κοινωνικός, relatif à l'association.
κοινωνός, participant, associé.

ἈΜΊΑ, *sorte de* thon.

ἌΜΜΑΣ, *Eol.*, } nous, *à l'acc.*
ἄμμε, *poét.*, }
ἄμμες, nous, *au nom.*

ἌΜΜΙ, *sorte de* cumin.

ἌΜΜΙΟΝ, vermillon.

ἈΜΌΡΑ, pâte, *pétrie avec du miel.*

ἈΜΌΣ, *poét. pour* ἡμέτερος, *et en comp. pour* τίς, quelqu'un.
ἀμῆ—μοῦ—μῶς, *en comp.*, *avec des particules,* quelque.
ἀμόθεν, de quelqu'un, *avec mouvement.*
μηδαμός, personne.
μηδαμοῦ, nulle part.
οὐδαμὸς, personne.
οὐδαμοῦ, nulle part.

ἌΜΩΜΟΝ, amome, *arbrisseau.*

Ἄν, *adv. dubitatif exprimant le conditionnel.*
ἄν, *pour* εἰ ἄν, *conj.*, si.
Ἀνά, *prépos.*, par, à travers, sur, *en composition, elle exprime l'ascension ou la proclamation.*
ἄνα, debout, lève-toi.
ἄνω, en haut, là-haut, au haut de ; autrefois, anciennement.
ἄνωθεν, d'en haut, du ciel ; autrefois.
Ἄμβη, bord élevé.
ἄμβων, *même sens et* hauteur, estrade.
Ἄνδηρον, terrasse, levée, couche, carreau (*de jardin*).
Ἀνεψιός, cousin, parent (*que l'on place au haut bout à table*).
Ἄνηθον, ἄνισον, | anis ; fenouil, *plante.*
Ἀντί, *prépos.*, au lieu de, en échange de ; à l'égal de ; en face de ; contre ; *en composition, elle exprime l'opposite et la réponse.*
ἄντα, en face, par devant ; en comparaison de.
ἀνταῖος, adverse, opposé, placé en face.
ἀντάω, *f.* ήσω *ou* ήσομαι, rencontrer, aller à la rencontre, tenir tête, partager.
ἄντην, en face, ouvertement.
ἀντία, à l'opposite, en face, contre.
ἀντιάζω, *f.* άσω, rencontrer, aller à la rencontre, prier, supplier.
ἀντιάσας, le premier venu.
ἀντιάω, *f.* άσω, *ion.*, αντιόω, rencontrer, aller à la rencontre, prendre part, obtenir, jouir, résister, prier.
ἀντίβιος, adverse.
ἀντίθεος, divin, semblable à un Dieu.
ἀντικρύ, en face, en avant, tout-à-fait.
ἀντικρύς, *même sens et* aussitôt, sur-le-champ, ouvertement.
ἀντίον, en sens contraire, en face, contre.
ἀντιόομαι, *f.* ώσομαι, marcher à la rencontre, résister.
ἀντίος, contraire, adverse, qui va au devant.
ἄντομαι, *s. f.*, rencontrer, aller à la rencontre ; demander, implorer.
ἀντοχή, résistance, adhérence, tenacité.
ἄντυξ, cercle d'un char à attacher les rênes ; jante, roue, cercle, orbite, bord du bouclier.

ἈΝΤΛΊΑ, sentine d'un vaisseau; immondices; limon; fond de la mer.

ἄντλος, *même sens et* mer; vase à puiser.

Ἄντρον, antre.

ἀντραῖος—ώδης, caverneux.

ἈΝΎΩ, ἀνύτω, ἄνω, f. ἀνύσω, continuer, achever, détruire, tuer.

ἀνύομαι, f. σομαι, obtenir.

ἀνύσιμος, efficace, utile.

ἄνυσις, achèvement, effet, utilité.

ἀνυστικός, qui achève, efficace, utile.

ἐλινύω—ννύω, f. ύσω, rester oisif.

Θάνω—θανέω, θνάω—θνήσκω, f. θανοῦμαι, mourir, *le dernier seul est usité.*

θανάσιμος, mortel.

θανατικός, capital.

θάνατος, la mort.

θανατόω, f. ώσω, condamner à mort.

θανάτωσις, action de condamner à mort.

θνησιμαῖος, mort naturellement.

θνητός, mortel.

Τέθνηκα, *parf., empl. com. présent*, être mort.

τεθνειώς—νεώς, mort.

Κτάνω, *inus.*, κτείνω, f. ενῶ, κτῆμι, *inus.*, tuer.

καίνω, f. ανῶ, κτίννυμι, *même sens.*

κτόνος, meurtre,

† Ὄνημι, ὀνίνημι, f. ὀνήσω, être utile, aider, secourir, réjouir.

ὄνειαρ, utilité, biens, aliments, mets.

ὀνήμενος, fortuné.

ὀνήσιμος, utile, secourable.

ὄνησις, utilité; jouissance, bonheur.

ὀνήτωρ, bienfaiteur.

ὄνθος, engrais, fumier.

Ὄνος, âne.

ἡμίονος, mulet.

ὀνικός, d'âne.

ὀνίσκος, ânon ; cabestan, scie.

† Σβέννυμι, σβεννύω, | f. έσω, | détruire, épuiser, éteindre.

ἄσβεστος, infini ; inextinguible.

σβέσις, extinction.

Σπληδός, σποδός, | cendre.

σποδέω, *f.* ήσω, balayer la cendre ; chasser, battre.

σποδιά, cendre, amas de cendres.

σπόδιον, scorie.

σποδιός, cendré.

σποδόω, *f.* ώσω, réduire en cendres.

σποδώδης, cendré.

ἈΟΡΤΉ, grande artère.

ἌΠΙΟΝ, poire.

ἄπιος, poirier.

ἈΠΌ, ἄπο, ἀπαί, *poét.*, | *prépos.*, de, hors de, loin de, par ; *en composition exprime la séparation, le contraire, l'origine.*

ἀφ, *pour* ἀπό, *devant une aspirée.*

ἀφίημι, *f.* ἀφήσω, lancer, faire jaillir, permettre, accorder, faire cesser, omettre, négliger, congédier, renvoyer.

Ἄψ, en arrière, à rebours, de nouveau.

αὖ, *même sens et* à reculons, à son tour, or, alors.

αὖθις et *ion.*, αὖτις, *même sens.*

αὐτάρ *et* ἀτάρ, mais, or, au reste, ensuite.

αὖτε, de nouveau, de rechef, ensuite, or.

ἐξαῦθις, de nouveau.

ἌΠΤΩ, *f.* ψω, nouer, attacher, allumer, entreprendre, atteindre.

ἄαπτος, invincible.

ἅμμα, nœud.

ἁπτικός, qui a la propriété de toucher.

ἁπτός, tangible, palpable.

ἅπτρα, mèche d'une lampe.

ἁφή, toucher, contact, prise, coup ; jointure.

ἅψις, tact, toucher.

ἀψίς, nœud *ou* maille d'un filet, clé de voûte ; voûte, arc de triomphe, arc de cercle, jante ; abside.

Ῥάμμα, ce qui est cousu.

ῥάπτω, *f.* ψω, coudre, raccommoder ; compiler.

ῥαπτός, cousu, raccommodé, piqué.
ῥαφή, couture.
ῥαφιδεύς—δευτής, couturier, brodeur.
ῥαφιδευτός, cousu, brodé.
ῥαφιδεύω, *f.* εύσω, coudre, broder.
ῥάφιον, petite aiguille, alène, poinçon.
ῥαφίς, aiguille.
ῥαφος, *en comp.*, cousu.
ῥάψις, couture.

Ῥάβδος, verge, bâton, baguette, (*d'abord attaché à l'arbre?*)
ῥαβδεύω, *f.* εύσω, ῥαβδίζω, *f.* ίσω, battre avec une baguette.
ῥάδαμνος, rejeton, jeune branche.
ῥαδινός—δαλός, tendre, délicat.
ῥαπίζω, *f.* ίσω, battre avec une baguette, souffleter.
ῥαπίς, verge, bâton, baguette.
ῥάπισμα, coups de baguette, soufflet.

Ῥάδιξ, branche.

Ῥάμνος, blanche épine.

Ῥάξ, grain de raisin.
ῥαγίζω, *f.* ίσω, grapiller.

Ῥάπυς, navet (*attaché au sol*).
ῥαφάνη—άφανος, chou.
ῥαφανίς, rave, radis, raifort.

†Σκήπτω, *f.* ψω, s'appuyer, appuyer.
σκηπάνιον, σκῆπτρον, σκήπων, bâton, *le* 2ᵉ sceptre.
σκηπτός, lancé avec force, *subs.*, coup de foudre.
σκηρίπτω, *f.* ψω, appuyer, enfoncer.

ἈΠΦΆ, papa.

ἌΡΑ, *adv.*, donc.
ἆρα, *adv. pour* ἦ ἄρα, est-ce que?

ἌΡΒΗΛΟΣ, tranchet du cordonnier.
ἀρβύλη, *sorte de* chaussure.

ἈΡΓΌΣ, blanc.
ἀργαίνω, être blanc, blanchir.
ἀργεινός—γεννός, *poét.* blanc.
ἀργέστης, vent du nord-ouest.

ἀργήεις—γῆς, blanc.
ἀργινόεις, blanc, éclatant.
ἀργύφεος, ἄργυφος, } blanc.
Ἄργυρος, argent, blanc *dans Hom.*
ἀργυρεῖον, mine d'argent; comptoir de changeur.
ἀργύρεος, d'argent.
ἀργυρίζω, *f.* ίσω, demander, apporter de l'argent.
ἀργυρικός, pécuniaire.
ἀργύριον, argent monnayé.
ἀργυρισμός, spéculation, trafic.
ἀργυρίτης, qui contient, qui rapporte de l'argent.
ἀργυρόω, *f.* ώσω, argenter.
ἀργυρώδης, qui contient de l'argent.
ἀργύρωμα, ornement, vase d'argent.
ἌΡΔΙΣ, pointe de javelot, dard.
ἌΡΚΕΥΘΟΣ, genièvre.
ἈῤῬΑΒΏΝ, arrhes.
ἌΡΧΩ, *f.* ξω, commander, guider, commencer.
ἀρχαῖος, du commencement, antique.
ἀρχεύω, *f.* εύσω, commander, régner.
ἀρχή, commencement, principe, pouvoir.
ἀρχός, chef, guide.
ἄρχων, magistrat, archonte.
ὄρχαμος, chef.
ἈΣΆΜΙΝΘΟΣ, baignoire.
ἈΣΕΛΓΉΣ, lascif, fier.
ἀσελγαίνω, *f.* ανῶ, ἀσελγέω, *f.* ήσω, } être déréglé.
ἀσέλγεια, vie déréglée.
ἈΣΚΛΗΠΙΌΣ, Esculape.
ἈΣΠΆΡΑΓΟΣ, asperge.
ἈΣΤΑΚΌΣ, homard.
ἌΣΤΥ, ville, la ville (*Athènes*), politesse de la ville.
ἀστεῖος, élégant, poli, spirituel.
ἀστειότης, urbanité, grâce.
ἀστείως, élégamment.
ἀστικός, urbain, spirituel, poli.
ἀστικῶς, avec urbanité.
ἀστός, citoyen, citadin.

ἄστυρον, bourgade, petite ville, ville.

ἈΣΦΌΔΕΛΟΣ, asphodèle, *plante*.

ἌΤΡΑΚΤΟΣ, fuseau, flèche.

ἌΤΤΑ. père, frère, *nom enfantin*.

ἈΤΤΑΓΑ͂Σ, francolin, *oiseau*.

ΑὙΤΌΣ, même, soi-même, le même, de soi-même, il, elle, eux, seul.

αὐθεντέω, *f.* ήσω, prendre de l'ascendant sur; se faire garant de.

αὐθέντης, qui agit de soi-même, suicide, homicide, qui se porte garant.

αὐθεντικός, authentique.

αὖθι, ici même, là même.

αὖτι, *même sens*.

αὐτίκα, aussitôt, à l'instant même.

αὐτόθεν, d'ici même, de ce moment même, aussitôt, dès-lors.

αὐτόθι, ici même, dans ce lieu même.

αὐτόματος, spontané.

αὐτομάτως, spontanément.

αὐτόσε, là même, ici même.

αὐτοῦ, *même sens, mais sans mouvement*.

αὔτως, naturellement, de soi-même.

ἑαυτοῦ, de soi-même.

ἐμαυτοῦ, de moi-même.

ἐξαυτῆς, à l'heure même.

σεαυτοῦ, de toi-même.

ὡὑτός, celui-ci, ce, cet.

ἌΦΛΑΣΤΟΣ, ornement de l'extrémité d'un vaisseau.

ἈΧΆΤΗΣ, agathe.

ἈΧΡΆΣ, poirier, sauvage.

ἌΨΙΝΘΟΣ, absinthe.

ἌΩ, *inusité sauf à l'imparf.*, souffler, *et en outre comme les verbes qui en dérivent.*

Ἀάω, *inus. rempl. par :*

Ἀάομαι, nuire à ; tromper, faillir.

ἀάατος, nuisible, intact, inviolable.

ἀάσκω, nuire à, tromper.

ἄατος, nuisible, intact.

ἀτασθαλία, méchanceté, folie, perversité.

ἀτάσθαλος, méchant, injuste, impie, insensé.
ἀτάω, *f.* ήσω, nuire, affliger.
ἀπατάω, *f.* ήσω, tromper.
ἀπατεών, trompeur.
ἀπάτη, tromperie.
ἀπατηλός, trompeur, décevant.
ἀτέμβω, *s. f.*, affliger.
ἀτέων, téméraire, (*qui afflige?*)
ἄτη, malheur, fatalité, Até, *dans Hom. déesse de l'injure,* égarement, erreur.
ἀτηρός—αρτηρός, nuisible, injurieux.
οὐτάζω, *f.* άσω, } blesser, frapper de près.
οὐτάω, *f.* ήσω, }
ὠτειλή, blessure.
Ἀάζω, exhaler, respirer.
ἀασμός, haleine, respiration.
ἄζα, résidu desséché, suie.
ἀζαίνω, *f.* ανῶ, ἀζάνω, *s. f.*, *et* ἄζω, *s. f.*, sécher, dessécher, brûler.
ἀζαλέος, brûlé, brûlant, aride, noir, desséché.
ἀσβόλη, } jet de suie, fumée.
ἄσβολος, }
Ἄδω, *inus., remplacé par :*
ἄαμαι, se rassasier de, *et par :*
ἀδέω, *poét., inus. sauf au parf., et à l'aor.,* être rassasié, dégoûté.
ἀδδηκότες, *poét. p.* ἠδηκότες, rassasiés.
ἀδημονέω, *f.* ήσω, être inquiet, affligé.
ἀδημονία, inquiétude, affliction.
ἀδήμων, inquiet, affligé.
ἄδην, assez.
ἀδήν, glande engorgée, glande.
ἀδινός, dru, fort, profond, fréquent.
ἀδινῶς, à rangs serrés, profondément.
ἄδος, satiété, dégoût.
ἀδρέω, *f.* ήσω, mûrir.
ἄδρησις, maturité.
ἀδρός, mûr, dru, compact, dense.
ἀδρότης, maturité, densité, vigueur.
ἀδρόω, *f.* ώσω, } épaissir, développer, mûrir.
ἀδρύνω, *f.* υνῶ, }
ἀσάω, *f.* ήσω, rassasier, dégoûter.
ἄση, satiété, dégoût, chargrin, cause de dégoût, saleté.

ἄσιος, limoneux.
ἄσις, fange, limon.
ἔδω, ἐσθίω, ἔσθω, *f*, ἔδομαι, *mêlent leurs temps avec ceux de* φάγω, manger.
ἔδεσμα, nourriture,
ἐδεστής, mangeur.
ἐδητύς, aliment, nourriture.
ἐδωδή, *id.*
ἐδώδιμος, mangeable.
ἐδωδός, vorace.
εἶδαρ *et* ἔδαρ, mets.
ἑστία *et* ἐσχάρα, foyer.
ἑστίασις, festin, nourriture.
ἑστιάω, *f.* άσω, donner un festin.
ἔστιος, du foyer.
Νηστεία, le jeûne.
νηστεύω, *f.* εύσω, jeûner.
νῆστις, qui est à jeûn.
τένδω—θω, manger, sucer.
τενθεύω, *f.* εύσω, être friand.
Ὀδούς, dent.
ὀδάξ, avec les dents; en mordant.
δάκνω, *f.* ήξομαι, mordre.
δάκος, morsure.
δάξ, en mordant.
δῆγμα, morsure.
ὀδάξω, *f.* ξήσω, picoter, causer des démangeaisons, sentir des démangeaisons.
ὀδοντόω, *f.* ώσω, garnir de dents.
ὀδυνάω, *f.* ήσω, causer de la douleur, troubler; se troubler.
ὀδύνη, douleur, trouble.
ὄδυρμα, } plainte, lamentation.
ὀδυρμός, } plainte, lamentation.
ὀδύρομαι, se plaindre, pleurer, regretter.
ὀδυρτικός, plaintif.
ὀδυρτός, pleuré, regretté.
ὀδυσσεύς, Ulysse, (*irrité*).
ὀδύσσομαι, *f.* ύσομαι, s'irriter, être irrité.
ὠδίνω, *f.* ινῶ, éprouver les douleurs de l'enfantement; enfanter.
ὠδίν—δίς, douleur de l'enfantement; douleur; enfantement.

οὖθαρ, mamelle, sein, fécondité (*de* εἶδαρ).

† Ἀείδω, *f.* ίσω, *et en prose* :
ᾄδω, *f* σω, chanter.
ἀηδών, rossignol, musicien, chantre.
ἀοιδή, chant.
ἀοίδιμος, sujet de chant, chanté.
ἀοιδός, poëte, chanteur,
ἀοιδοσύνη, art du chant, poésie.
ᾆσμα, chanson.
Ὕδης, poëte.
ὑδείω, ὑδέω, ὕδω, } chanter en vers, célébrer.
ὑμνέω, *f.* ήσω, *id.*
ὕμνος, hymne.
ᾠδείον, odéon.
ᾠδή, chant, ode.
ᾠδός, poëte, chanteur.

† Ἄημι, *s. f.*, souffler, agiter, troubler.
ἄελλα, tempête.
ἀελλώδης, orageux.
ἀεσί, *inséparable*, léger.
ἄημα—σις, vent.
ἀήρ *et* ἠήρ, l'air, brouillard.
αής, *insép.*, qui souffle.
ἀήτη—της, souffle, vent.
ἄητος, *et poét.*, αἴητος, exposé au vent ; impétueux.
ἄνεμος, vent, souffle.
ἀνεμόω, *f.* ώσω, exposer au vent.
ἀνεμώνη, anémone, *fleur*.
ἆσθμα *et* ἶσθμα, souffle, respiration.
ἀσθμαίνω *et* ἰσθμαίνω, *f.* ανῶ, être hors d'haleine.
ἀσθματικός, qui respire difficilement, asthmatique.
ἀτμή—μός, vapeur, haleine, vent.
ἀτμήν, homme de peine (*que ses travaux essoufflent*), esclave, sujet.
ἀτμιάω—μίζω, exhaler une vapeur.
ἀτμιδόω, *f.* ώσω, vaporiser.
ἀτμίς, vapeur.
ἔαρ, le matin, le printemps.
ἐαρίζω, *f.* ίσω, passer le printemps, avoir la fraîcheur du printemps.
ἐαρινός, printanier, jeune.

ἑωθινός, matinal.
ἕωλος, matinal; de la veille, reste de mets; mets réchauffé.
ἑῷος et ἠῷος, matinal, oriental.
ἕως, et poét,, ἠώς, aurore, matin.
ἠέριος et ἀέριος, matinal, à travers l'air, aérien.
ἠεροειδής—ρόεις, vaste comme l'air, immense, ténébreux.
ἠνεμόεις, venteux, agité par les vents, rapide.
ἦρ, le printemps, le matin.
ἥρα—ἥρη, Junon.
ἦρι, au matin.
ἠῶθεν et ἕωθεν, dès l'aurore.
ἠῶθι, le matin.

Ἄεθλος, *contracté en* ἆθλος, lutte, combat, fatigue.

ἀθλεύω, *f.* εύσω, ἀθλέω, *f.* ήσω, } combattre, travailler.
ἀθλητήρ—τής, athlète.
ἀθλητικός, athlétique, propre au combat.
ἆθλον, prix du combat.

† Αἴθω, *s. f.*, brûler, être ardent.
αἰζήεις—ζήϊος—ζηός, jeune homme.
αἰθαλέος—λόεις., brûlé, noirci par le feu, noir.
αἰθάλη, braise, cendre, suie.
αἰθαλόω, *f.* ώσω, noircir par le feu, brûler.
αἰθέριος, éthéré.
αἰθήρ, l'éther.
αἰθίοψ, Ethiopien, (*figure brûlée*).
αἶθος, brûlure.
αἰθός, brûlé, brûlant, noirci.
αἴθουσα, portique, (*exposé au midi*).
αἴθοψ, noir.
αἶθρα, ciel serein.
αἴθρη, *ion.*, *même sens.*
αἰθρία, sérénité, ciel serein, fraîcheur du matin, gelée blanche.
αἰθριάζω, *f.* άσω, exposer à l'air, à la fraîcheur de l'air.
αἴθριος, pur, serein, exposé à l'air.
αἶθρος, gelée blanche.
αἴθυγμα, jet de flamme.
αἴθυια, plongeon (*oiseau de mer*), *et par ext.* vaisseau.
αἰθύσσω, *f.* ύξω, allumer, exciter.
αἴθων, noir, brûlant, enfumé.
ἠΐθεος, *subs.*, jeune garçon, *adj.*, *et, par ext.*, virginal.

Ἀίω, *avec l'accus.* exhaler, souffler.
καίω, *f.* καύσω, *et att.* :
κάω, brûler, incendier, enflammer.

Κάμινος, fourneau, fournaise.
καμινεύς, forgeron.

Ἀκμών, enclume.
ἀκμόθετον, base d'enclume.

κάμνω, *f.* καμοῦμαι, travailler avec fatigue, se fatiguer, fabriquer.
καματηρός, laborieux, robuste, pénible.
κάματος, fatigue, peine, travail.
καματόω, *f.* ώσω, travailler; se fatiguer.
καμόντες, les morts.
κμητός, travaillé.

Καῦμα, chaleur.
καυματίζω, *f.* ίσω, brûler, *au prop. et au fig.*
καύσιμος, combustible.
καῦσις, action de brûler, chaleur brûlante.
καῦσος, fièvre, ardeur du soleil et du sol.
καυσόω, *f.* ώσω, consumer de chaleur, de fièvre.
καυστηρός, ardent.
καυστικός, brûlant, caustique.
καυστός, combustible.
καύσων, la chaleur du jour, de l'été ; fièvre.
καυτήρ, fer à cautériser, cautérisation.
καυτηριάζω, *f.* άσω, cautériser.
καυτήριον, cautère.

Κεάζω, *f.* άσω, *poét.* κέω, séparer, fendre en éclats.

Κηλόω, *f.* ώσω; brûler, consumer, saillir, prostituer.
κήλων, cheval entier ; homme débauché.

Κηλέω, *f.* ήσω, charmer, attirer, tromper, nuire.
κηλαίνω, *f.* ανῶ, *même sens.*
κηληθμός, plaisir, enchantement, fraude.
κήλημα, charme, tromperie.

Κηλιδόω, *f.* ώσω, tacher, salir.
κήλη, tumeur, hernie.
κηλίς, tache.
κηώδης, *poét.*, odoriférant (*comme des parfums brûlés*).
κηώεις, *id.*

† Αἴσθω, souffler, exhaler, entendre.
αἰσθάνομαι, *f.* ήσομαι, entendre, sentir, être intelligent.
αἴσθημα, objet que saisissent les sens.

αἴσθησις, sensation, sens.
αἰσθητικός, sensitif.
αἰσθητός, perçu, perceptible par les sens.
ἀΐω, *avec l'acc.* écouter, entendre, sentir.
Ἀϊών, *Dor.*, rivage (*qui retentit, qu'on entend.*)
αἰονάω, *f.* ήσω, asperger, arroser.
αἰόνησις, arrosement, distillation.
διαίνω, *f.* ανῶ, arroser, humecter.
ἰαίνω, *f.* ανῶ, amollir par la chaleur, échauffer, apaiser, réjouir, guérir.
ἴαμα, médicament.
ἰάομαι, *f.* άσομαι, guérir, remédier, réparer.
ἴασις, guérison.
ἰατρεύω, *f.* εύσω, guérir, être medécin.
ἰατρός—ητήρ—ητρός, médecin.
μιαίνω, *f.* ανῶ, souiller, tacher, teindre.
μίανσις, profanation.
μιαρία, impureté.
μιαρός, impur, criminel, scélérat, funeste.
μίασμά, tache, mauvaise exhalaison ; miasme.
μιασμός, action de tacher, de souiller.
μίλτος, vermillon.
μιλτόω, *f.* ώσω, teindre en vermillon.
ῥαίνω, *f.* ανῶ, asperger, arroser, mouiller, éclabousser, faire jaillir ; semer.
ῥανίς, goutte, rosée.
ῥαντίζω, *f.* ίσω, arroser, asperger.
ῥαντόσ, aspergé, arrosé, mouillé.
ῥαθάμιγξ, goutte.
Ἠϊόεις, qui a de hautes rives.
ἠϊών, rivage, bord.
*Ἠΐων, bruit, nouvelle.

Οὖς, oreille.
ἀκοή—κουή, ouïe (*perce-oreille*), audition, action d'entendre ; bruit, nouvelle, *au plur.*, les oreilles.
ἀκουάζομαι, *f.* άσομαι, entendre, écouter.
ἄκουσις, audition.
ἄκουσμα, ce qu'on entend.
ἀκουστής, auditeur.
ἀκουστικός, qui sert, qui aime à entendre ; acoustique.
ἀκουστίζω, *f.* ίσω, enseigner.
ἀκουστός, entendu.
ἀκούω, *f.* σομαι, ouïr, apprendre, entendre, *dans tous les sens,* écouter, *de même.*

ἀκρόαμα, ce qu'on écoute, leçon.
ἀκροάομαι, *f.* άσομαι, écouter, entendre, se faire disciple.
ἀκροατής, disciple.

Ἠχέω, *f.* ήσω, rendre un son.
δυσηχής, qui sonne mal, sinistre ; ennemi.
ἠχή, bruit, son, renommée, parole, cri, clameur.
ἠχήεις, retentissant.
ἦχος, son, bruit, bourdonnement.
ἠχώ, *c.* ἠχή, *et de plus* écho.
ἠχώδης, retentissant, sonore.

Ὦας, *Dor.*, oreille.
ὠτάριον, petite oreille.
ὠτικός, auriculaire.
ὠτίον, oreille.
ὠτίς, outarde.
ὦτος, duc, *sorte de hibou.*
ὠτώεις, à oreilles ; à anses.

† Ἀστήρ, étoile, astre.
ἀστερίζω, *f.* ίσω, changer en étoile ; parsemer d'étoiles.
ἀστέριος—τερόεις—τερώδης, étoilé.
ἄστρον, constellation, astre.

Ἀστράπτω, *poét.* στράπτω, *f.* ψω, lancer des éclairs, briller.
ἀστεροπή, *poét.* στεροπή, éclair.
ἀστεροπητής, qui lance des éclairs.
ἀστραπή, éclair, foudre.
ἄστρις, toton, *jeu, morceau d'ivoire à six faces et six angles.*
ἀστράγαλος, vertèbre, osselet, talon.
ἀστραγαλίζω, *f.* ίσω, jouer aux osselets.
ἀστραγαλισμός, jeu des osselets.

† Ἄυω, { *f.* αὔσω, dessécher, allumer. / *f.* ἀΰσω, crier, appeler, retentir. }
ἀπύω, *f.* ύσω, crier.
αὐαίνω, *f.* ανῶ, sécher, dessécher.
αὐαλέος, desséché, sale.
αὐασμός, dessèchement, sécheresse.
αὐγάζω, *f.* άσω, éclairer, voir, briller.
αὔγασμα, αὐγασμός, } action de briller ou d'éclairer, éclat, lumière.
αὐγή, éclat, lumière, les yeux.
αὐδάω, *f.* ήσω, parler, dire, exhorter.
αὐδή, la voix ; voix, discours.

αὐδήεις, qui parle.
αὐλακίζω, *f.* ίσω, sillonner.
αὖλαξ, sillon, (*pour dessécher le terrain*).
αὐλέω, *f.* ήσω, jouer de la flûte, (*souffler dans un tube long et creux comme un sillon*).
αὐλή, cour, la cour, étable, bergerie.
αὐλητής, joueur de flûte.
αὐλίζομαι, *f.* ίσομαι, parquer, habiter, camper.
αὐλικός, de cour.
αὔλιον, étable, bergerie, hutte, grotte.
αὖλις, station, camp, étable.
αὐλός, flûte, tuyau, siphon, vallon, ravin, espace creux et allongé.
αὐλών, ravin, vallon, canal, aqueduc.
αὐλῶπις, oblong.
αὐλωτός, fait en forme de flûte.
αὖος, sec, aride; perçant (*son*), épouvanté.
αὔρα—ρη, souffle, vent, brise ; matin.
αὔριον, demain, le lendemain.
ἀϋτέω, *f.* ἀΰσω, *poét.*, crier, appeler, retentir.
ἀϋτή, clameur, cri des combattants; combat.
ἀϋτμή, *poét.* vapeur, souffle brûlant.
αὐχμέω, *f.* ήσω, être desséché, être sale, crasseux.
αὐχμηρός, desséché, hérissé, sale, crasseux, pauvre.
αὐχμόομαι, *f.* ωθήσομαι, se dessécher, devenir sale, crasseux.
αὐχμός, dessèchement, crasse, saleté.
αὐχμώδης, desséché, sale, pauvre.
Οὖρος, vent favorable.
οὐρέω, *f.* ήσω, naviguer par un vent favorable.
οὐρίζω, *f.* ίσω, faire naviguer par un vent favorable; seconder.
οὔριος, favorable (*en parlant du vent*), *au fig.* heureux.

*Εὔω, *f.*σω, dessécher, brûler, *et plus souv.*, griller.

ἕψω, *f.* ἑψήσω, } cuire, faire cuire, *et le dernier* digérer mûrir, amollir.
πέσσω, πέπτω, } *f.* πέψω, } cuire, faire cuire, *et le dernier* digérer mûrir, amollir.

ἑψάνη, marmite.
ἕψημα, ce qu'on fait cuire.
νήπτης, celui qui jeûne.
νηφάλιος, sobre, prudent, réfléchi.
νήφω, *f.* ψω, être sobre, prudent, sage, vigilant, s'abstenir de vin.

ὀπτάω, *f.* ήσω, rôtir.
ὀπτός—τανός, rôti.
ὄψον, mets, plat.
ὀψωνέω, *f.* ήσω, acheter des vivres.
ὀψώνης, pourvoyeur, maître d'hôtel.
ὀψώνιον, vivres ; ration, solde.

Πεπαίνω, *f.* ανῶ, mûrir, *au fig*, apaiser, adoucir.

Παύω, *f.* σω, apaiser, adoucir; faire cesser, finir, terminer.
παῦλα, cessation, fin.
παῦρος, qui est en petit nombre; petit; court (*qui finit vite*), *au neut.* :
παῦρον, peu, un peu.
παῦσις, παυσωλή, } cessation, fin, soulagement.
πεπτός, cuit, bon à cuire, digestible.
πέπων, mûri, mur, *au fig.* mou, tendre, chéri.

*Καπύω, *inus. sauf à l'aor.*, exhaler, souffler, *d'où* :

Κάπτω, *f.* ψω, *même sens et comme le radical*, se rassasier, dévorer, boire avidement.
κάπη, crèche, mangeoire.
καπηλεῖον, cabaret, *par ext.* boutique.
καπηλεύω, *f.* εύσω, être cabaretier, *par ext.* brocanter, trafiquer, frelater, falsifier.
κάπηλος, cabaretier, trafiquant, *et adj.* falsifié, frelaté.
κάπνη, cheminée (*qui exhale*).
καπνηλός, enfumé.
καπνιάω, *f.* άσω, fumer.
καπνίζω, *f.* ίσω, enfumer.
καπνός, fumée (*ce qu'exhale la cheminée*).
καπνόω, *f.* ώσω, enfumer.
καπνώδης, fumeux, enfumé.
κάπρος, sanglier (*animal qui dévore*), verrat; parties génitales.

† Ἄωτον, fleur, toison, laine, fronde.
ἀθήρ, épi, barbe de blé.
ἀθηρηλοιγός, van *ou* fléau.

Ἄνθος, fleur, grâce, jeunesse, éclat, flamme.
ἀνθέμιον, petite fleur.
ἀνθεμίς, fleur, petite fleur.
ἀνθεμόεις, fleuri.

ἀνθερεών, le menton.
ἀνθέρικος, asphodèle.
ἀνθέριξ, épi.
ἀνθέω, *f.* ήσω, fleurir, croître, prospérer.
ἄνθη, floraison, fleur.
ἀνθήεις, fleuri.
ἀνθηρός, *id.* et frais, gracieux.
ἄνθησις, floraison.
ἀνθίζω, *f.* ίσω, orner de fleurs ; orner, broder.
ἄνθιμος, fleuri.
ἀνθινός, de fleurs.
ἄνθιον, petite fleur.
ἀνθρήνη—ηδών, guêpe, frelon, abeille.

Ἄνθραξ, charbon (*qui produit la flamme*) ; escarboucle.
ἀθρακεύς, charbonnier.
ἀνθρακεύω, *f.* εύσω, faire du charbon.
ἀνθρακιά, charbonnière.
ἀνθρακίας, noir.
ἀνθρακίζω, *f.* ίσω, réduire en charbon ; briller comme la flamme.

Ἄκανθα, épine, plante épineuse.
ἀκανθεών, hallier, broussailles.
ἀκανθίας, requin (*à cause de ses dents*).
ἀκανθίζω, *f.* ίσω, être, rendre épineux.
ἀκανθικός, épineux.
ἀκάνθινος, d'épines.
ἀκάνθιον, petite épine, petite plante épineuse.
ἀκανθίς, chardonneret.
ἀκανθίων, hérisson.
ἄκανθος, acanthe, acacia.
ἀκανθόω, *f.* ώσω, hérisser d'épines.
ἀκανθυλλίς, chardonneret.
ἀκανθώδης, épineux, difficultueux.
ἀκανίζω, *f.* ίσω, avoir une tête épineuse.
ἄκανος, tête épineuse (*en parlant de plantes*).

† Ἦτορ, cœur, courage, âme, vie, esprit, raison.
ἦτρον, bas ventre, ventre d'un vase.

† Ἄνεως, qui reste muet.
ἄνεω, en silence.

† Πάω, *f.* άσω, } goûter, manger, posséder.
πάομαι, *f.* άσομαι, }
πάμμα, possession.

παός—ηός,, participant; parent, allié.
πατέομαι, *f.* πάσομαι, manger, se nourrir.
πηοσύνη, parenté, alliance.

Ἀπαςτία. jeûne.

Πῶϋ, troupeau.
πόα *et* ποία, herbe.
ποάζω, *f.* άσω, arracher l'herbe.
ποιήεις—ηρός, herbeux.
ποιμαίνω, *f.* ανῶ, ποιμανεύω, *f.* εύσω, } faire paître ; gouverner.
ποιμασία, action de faire paître.
ποιμενικός—μένιος, pastoral.
ποιμήν, pasteur.
ποίμνη, troupeau.
ποιμνήϊος—ναῖος, qui concerne les troupeaux,

Ποκάς, laineux.
πεῖκος—έκος—έσκος—όκος, toison.
πείκω—έκω, *f.* ξω, tondre, peigner.
πεκτέω, *f.* ήσω, tondre.
πεκτός, peigné.
πέξις, tonte.
ποκάζω, *f.* άσω, ποκίζω, *f.* ίσω, } tondre.

Ποικίλλω, *f.* ιλῶ, (*tourner la toison*) varier, bigarrer, orner, ruser.
ποικιλία, variété, bigarrure.
ποικίλος, divers ; varié; rusé.
ποικιλτής, qui fait des travaux ornés.
ποικιλτός, fait avec bigarrures, broderies.

*Σπάω, *f.* άσω, avaler, humer, *par ext.*, tirer, arracher.
σπαδίζω, *f.* ίσω, arracher, ôter.
σπάδιξ, branche arrachée.
σπαδών, tiraillement, spasme.
σπάδων, eunuque.
σπαθάω, *f.* ήσω, dilapider, prodiguer, tisser ; serrer le tissu.
σπάθη, instrument de tisserand, spatule, feuille de palmier.
σπάθημα, dérèglement, prodigalité.
σπαθίτης, de palmier.
σπαραγμός, déchirement.
σπαράσσω, *f.* ξω, déchirer.
σπάσις, action de tirer.
σπάσμα, spasme.

σπαταλάω, *f.* ήσω, s'amuser, être débauché.
σπατάλη, délice, mollesse, luxe.
σπαταλός, prodigue, recherché.
σπάτος, cuir, peau.
σπεῖος—έος, caverne (*déchirement*).
σπήλαιον—λυγξ, *même sens.*

Ἀσπίς, bouclier (*cuir arraché*), soldats, combat.
ἀσπιδίσκη, petit bouclier.
ἀσπιδιώτης, armé de bouclier.
ἀσπίζω, *f.* ίσω, *en comp.* protéger.
ἀσπιστήρ—τής, armé de bouclier.

Σπονδή, libation.
σπένδω, *f.* είσω, faire des libations.
σπόγγος, éponge.
σπονδεῖον, coupe à libation.
σπονδεῖος, en usage aux libations ; spondée.

B.

ΒΑ̃, *interj. pour appeler puis pour rire.*
βαβαί, *interj.* oh!

† Βάω, *inusité.*
βάζω, *f.* ξω, parler, dire, marcher.
βῆμι, βιβῆμι, } *f.* ήσομαι, marcher, aller, passer par, faire saillir.
βιβάζω, *f.* άσω, *même sens et de plus* accoupler.
βιβάω, marcher.
βαίνω, *f.* ήσομαι, marcher, aller, passer par.
βαβάκτης—άβαξ, babillard.
βάγμα, parole.
βαμβαίνω, *f.* ανῶ, bégayer.
βάξις, voix.
βασκαίνω, *f.* ανῶ, fasciner, ensorceler.
βαΰζω, *f.* ύξω, aboyer.

Βάδην, *adv.* pas à pas.
βαδίζω, *f.* σομαι, marcher, aller, venir.
βάδισμα, marche.
βαδιστής, marcheur.
βάθρα—αθμός—αθμίς, degré, escalier.
βάκτρον, bâton, canne.
βάσις, marche, base.
βάσκω, *poét. s. f.,* marcher.
βατεύω, *f.* εύσω, saillir.

βατήρ, marcheur.
βατός, accessible, *en comp.* à base.
βάτρον, siége.
βέβηλος, profane.
βηλός, seuil.
βῆμα, marche, enjambée.
βηματίζω, *f.* ίσω, arpenter, mesurer.

Ἄβαξ, base, tablette, planche, damier, buffet.

Βαθύς, profond, creux, épais, grand, vaste.
βαθέως, profondément.
βάθος, profondeur, fond.
βαθύνω, *f.* υνῶ, creuser, épaissir.
βάραθρον, abîme, fosse profonde.
βῆσσα, vallon, hallier.
βόθρος, fosse, trou, gouffre, puits.
βόθυνος, lavoir.
βυθίζω, *f.* ίσω, couler à fond.
βυθός, fond, abîme.
βυσσός, *poét.* } abîme.
ἄβυσσος, }

Βένθος, fond, profondeur.
ποντίζω, *f.* ίσω, jeter à la mer.
ποντικός, } de mer, marin.
πόντιος, }
πόντος, l'abîme, la mer, le Pont-Euxin.

Βοάω, *f.* ήσομαι, crier, retentir, mugir.
βάναυσος, forgeron, artisan *de* :
βαῦνος, forge.
βοή, cri, combat, secours.
βοηθέω, *f.* ήσω, secourir, sauver.
βοηθός, auxiliaire.
βόημα, vocifération.

Βοῦς, taureau, bœuf, vache.
βοάγριον, bouclier de cuir de bœuf.
βόαγρος, bœuf sauvage.
βοέη, peau de bœuf.
βόειος—εος, de bœuf, de peau de bœuf, grand, gros.
βοεύς, courroie.
βοηλάτης, bouvier.
βοϊδάριον, } bouvillon, génisse.
βοΐδιον, }
βοϊστί, *adv.*, comme un bœuf.

βόνασος—νασσος, taureau sauvage, Uroch.
βόσπορος, détroit, Bosphore.
βούβαλος, buffle.
βουβότης, bouvier.
βούβρωσις—πεινα, faim excessive (*de bœuf*).
βουβών, bubon, tumeur dans l'aine.
βουγάϊος, *poét.*, qui se vante excessivement.
βούκερας, fenugrec, *herbe*.
βουκολέω, *f.* ήσω, être bouvier, nourrir; adoucir, tromper.
βουκόλημα, illusion, consolation.
βουκολητής, trompeur, consolateur.
βουκολιάζω, *f*, άσω, } chanter des bucoliques.
βουκολιάζομαι, *f.* άσομαι, }
βουκολικός, pastoral, bucolique.
βουκόλιον, troupeau, pâturage de bœufs.
βουκόλος—πλήξ—πόλος, bouvier.
βούτης, *id.*
βοών, vacherie, étable.
βοώπης, qui a de grands yeux à fleur de tête.
βοώτης, le bouvier, *constellation.*
βουνίζω, *f.* ίσω, amonceler, élever.
βουνός, hauteur, colline, amas, mamelle.
βουνώδης, montueux.

Βόσκω, *f.* ήσω, faire paître.

βορά, nourriture, fourrage.
βόρασσος, datte.
βοσκάς, domestique, de basse-cour.
βόσκημα, fourrage, prairie, bétail.
βοτάνη, fourrage, herbe, plante en général.
βοτανίζω, *f.* ίσω, sarcler.
βοτανικός, concernant les plantes.
βοτήρ—ότης—ώτης, berger, pâtre.
βοτός, bétail.

Βρώσκω, (*se reporter à* βορά), *formateur inusité de :*

βιβρώσκω, } *f.* σομαι, } manger, dévorer, ronger.
βιβρώθω, }

βλωμός, morceau, bouchée de pain.
βρῶμα—ώμη, mets, aliments.
βρῶμος, avoine.
βρῶσις, action de manger.
βρωτός, mangé, mangeable.
βρωτύς, nourriture.

Βρόγχος *et* βρόχθος, gosier.
βράγχια, branchie.
βράγχος, enrouement.
βρόγχια, bronches.
βροχθίζω, *f.* ίσω, dévorer, boire.

Βροτός, mortel.
ἀμβροσία, ambroisie.
ἀμβρόσιος, immortel, doux, divin.
ἀμβρότος, *et* ἄβροτος, immortel.
βρότος, sang mêlé de poussière.
βροτόεις, couvert de sang et de poussière.

Ἀμβροτεῖν, *inf. aor.* 2. *poét. remplacé par.*
ἁμαρτεῖν, (*s'être éloigné des hommes*) être égaré être privé de, *d'où* :
ἁμαρτάνω, *f.* ήσω, s'égarer, manquer, tromper, pécher.
νημερτής, vrai, (*qui ne trompe pas*).

Ἀβροτάζω, *f.* άξω, s'égarer, s'égarer pendant la nuit.
ἀβρότη, nuit.

Ἀβρότης, mollesse, délicatesse.
ἅβρα, jeune servante.
ἁβρός, mou, délicat, fier, ajusté, grave.
ἁβρύνω, *f.* ύνω, polir, s'ajuster, devenir insolent.

Ἁμαρτάς, faute, péché.
ἁμάρτημα—αρτία—αρτωλή—αρτωλία, *id.*
ἁμαρτητικός, sujet à faillir.
ἁμαρτηρός, erroné.
ἁμαρτωλός, pécheur, coupable.
ἀμαυρός *et* μαύρος, obscur, pâle, effacé.
ἀμαυρότης, obscurité, pâleur, faiblesse.
ἀμαυρόω, *f.* ώσω, obscurcir, avilir.
ἀμυδρος, *c.* ἀμαυρός.

Ἀμβλύς, aveugle, stupide, mou, émoussé.
ἀμβλισκάνω, ἀμβλίσκω, } *f.* ώσω, avorter, faire avorter.
ἀμβλύνω, *f.* υνῶ, émousser, ralentir, hébêter.
ἀμβλύτης, faiblesse de vue, mollesse, lenteur.
ἄμβλωμα, fœtus avorté.
ἄμβλωσις avortement.

Βρύκω, βρύττω, } *f.* ξω, manger, engloutir.
βρύγμα, morsure.

Βρύχω, *f.* ξω, grincer les dents, rugir.
βρύγμος, grincement de dents.
βρυχάομαι, *f.* ήσομαι, rugir, mugir, braire, hurler.
βρυχετός, claquement de dents, frisson.
βρύχημα, rugissement.

Βρῶμος, puanteur.
βρωμέω, *f.* ήσω, puer.

* Βέβηκα, j'ai marché, *je suis fixé.*
βέβαιος, fixe, ferme, stable, constant.
βεβαιότης, fermeté, constance.
βεβαιόω, *f.* ώσω, consolider.

Βληχάομαι, *f.* ήσομαι, bêler, pousser des vagissements.
βλήχη—χημα, vagissement, bêlement.
Βληχρός, faible, mou, hébêté.
βλῆχρον, fougère.
βλήχων, pouliot sauvage, *herbe.*

Βύζω, *f.* ξω, (*de* βαύζω), crier, hurler comme un chat-huant.

βύας, βρύας, } hibou.
βύκτας, mugissant, *épith. des vents, Hom.*

Ἡβάω, *f.* ήσω, être en âge de puberté, être jeune.
ἠβαιός *et* βαιός, petit, *par ext.*, modique, seul, *au neut. adv.*, peu.
ἥβη, jeunesse, puberté, Hébé.
ἡβηδόν, avec pétulance, dans la force de l'âge.
ἡβητήρ, adolescent.

Βλώσκω, *f.* μολοῦμαι, *poét.* (*se reporter à* βρώσκω), marcher, aller, venir, arriver, pousser.
βλωθρός, *poét.*, élevé, touffu.
βλῶσις, arrivée.

ΒΆΙΣ, branche *ou* feuille de palmier.

ΒΑΊΤΗ, vêtement de peau, tente.

ΒΆΚΧΟΣ, Bacchus.

ΒΆΛΛΩ, *f.* αλῶ, jeter, frapper, blesser.
βαλλητύς, action de jeter.

Βάλανος, projectile, gland, marron; datte, parfum.
βαλανεῖον, bain public.
βαλανεύω, *f.* εύσω, être garçon de bain.
βαλάντιον, bourse, sac à argent.

Βαλβίς, barrière (*de l'hippodrome*), seuil, bord, commencement.

Βαλιός, rapide à la course, aveugle.

Βέλος—εμνον, trait, flèche, blessure.
βελέτης, *poét.*, qui lance, qui frappe.
βελοθήκη, carquois.
βελόνη, pointe de flèche, aiguille.
βλῆμα, jet, coup.

Βλάπτω, *f.* ψω, léser, blesser.
βλαβερός, nuisible.
βλάβη, dommage, perte, perversité.
βλάμμα, lésion, perte.
βλασφημέω, *f.* ήσω, injurier, blasphémer.
βλασφημία, injure, blasphême.
βλάψις, lésion, injure.
βληστρίζω, *f.* ίσω, ballotter.
βλητός, blessé, frappé, jeté.
βλῆτρον, clou, cheville.
βλητρόω, *f.* ώσω, clouer.

Βολή, action de jeter, dard, blessure.
βολεών, lieu où l'on jette le fumier.
βόλιτος—διτον—διτος, fumier.

Βολίς, sonde.
βολίζω, *f.* ίσω, sonder.
βόλος, coup de filet, capture, filet.
βολος, *en comp.* qui lance, qui jette.
βολβός, bulbe, ognon, plante bulbeuse.

Βούλομαι, *f.* βουλήσομαι, vouloir, désirer, penser, signifier, pouvoir, être destiné à.
βέλτερος, meilleur, plus beau (*qu'on désire plus*).
βελτιόνως, mieux.
βελτιόω, *f.* ώσω, améliorer.
βέλτιστα, très-bien.
βέλτιστος, excellent, le meilleur.
βελτίων, meilleur.
βουλεύω, *f.* εύσω, conseiller, méditer, délibérer, résoudre.

Βουλή, volonté, dessein, délibération, assemblée, délibérante, sénat, conseil.
βουλεία, dignité ou fonction de sénateur.
βουλεῖον, palais sénatorial.
βούλευμα—λημα, décret, dessein, conseil, volonté.

βούλευσις, délibération.
βούλησις, volonté, sens.
βουλευτής, conseiller, sénateur.
βουλευτός, objet de délibération.
βουλητός, voulu, résolu.
Βῶλος, motte de terre, *par ext.* le champ.
βωμός, base, autel.
Ὀβελός, broche.
ὀβελαῖος, qui a la forme d'une broche.
ὀβελίσκος, obélisque *et* petite broche.
Ὀβολος, obole, *monnaie*.
ὀβολαῖος, de la valeur d'une obole, de petite valeur.
Βλέπω, *f.* ψομαι, voir, désirer (βάλλω—ώψ).
Βλέμμα, regard, aspect, visage.
βλεμεαίνω, *f.* ανῶ, être fier, orgueilleux.
Βλέφαρον, paupière.
βλεφαρίζω, *f.* ίσω, cligner.
βλεφαρίς, cil.
βλοσυρός, hideux, imposant.
Διαβάλλω, *f.* αλῶ, faire passer, passer, répandre, calomnier, rendre odieux, tromper.
διαβολεύς, calomniateur, accusateur.
διάβολος, *id. et* le diable.

† Πάλλω, *f.* αλῶ, lancer, pousser, agiter, mouvoir.
παίζω, *f.* ίξομαι, frapper en se moquant, railler, jouer.
παῖγμα, jeu.
Παῖς, *poét.*, enfant, esclave, serviteur.
παιδαγωγέω, *f.* ήσω, élever des enfants, gouverner.
παιδάριον, jeune esclave, petit enfant.
παιδεία, éducation.
παίδευμα, précepte.
παιδευτής, précepteur.
παιδεύω, *f.* εύσω, faire l'éducation, punir.
παιδιά, jeu, amusement.
παιδία, enfance.
παιδικός, enfantin.
παιδικῶς, puérilement.
παιδίον, petit enfant, jeune esclave.
παιδίσκος, petit enfant.
παιδίσκη, petite fille, jeune esclave, courtisane.
Παίω, *f.* αιήσω *ou* ίσω, frapper, battre, blesser, agiter.

παιάν, hymne (*que l'on chante en frappant*) chant de victoire; hymne d'Apollon, Apollon, *dieu de la médecine.*

παιηόνιος, qui guérit, salutaire.

παιήων, médecin, Pœan, hymne, chanteur d'hymnes, *et adj.* salutaire, médicinal.

παίων *c.* παίαν.

Παιπάλα, lieux hérissés de rochers.

παιπαλόεις, âpre, rocailleux.

Παιπάλη, fleur de farine, poussière, homme fin (*qui se couvre de poussière aux jeux*).

Πάλη, *même sens, et de plus,* lutte, combat.

πάλαισμα, lutte, stratagème.

παλαιστής, lutteur.

παλαίστρα, palestre.

παλαίω, *f.* ίσω, lutter.

παλύνω, *f.* υνῶ, saupoudrer.

πάσμα, poudre de senteur.

πασπάλη, grain de millet.

πάσσω, *f.* άσω, saupoudrer, diversifier, répandre.

παστός, saupoudré.

Παλάμη, paume de la main, *par ext.* main, travail, expédient, ruse.

ἀπάλαμος—μνος, insurmontable; inerte, vil.

παλαμάω, *f.* ήσω, *plus us. au moy.*, administrer, machiner.

παλαγμός, tache, souillure.

παλαιστή, palme *ou* pan, *mesure.*

παλάσσω, *f.* ξω, agiter, mêler, tirer au sort; souiller.

Παλαίωμα—ωσις, vétusté, antiquité (*qui souille*).

πάλαι, jadis.

παλαιός, antique, ancien, décrépit.

παλαιόω, *f.* ώσω, faire vieillir, abolir.

παλαίωσις, vétusté, antiquité.

* Παλιν, de nouveau, de rechef, une seconde fois, en retour, à son tour.

παλίωξις, fuite des vainqueurs (*vaincus à leur tour*).

* Πάλλα, balle.

παλλάς, Pallas (*qui agite les guerriers*).

πάλμη, bouclier léger (*facile à mouvoir*).

παλμός, } vibration.
πάλος,

παλτόν, trait, javelot.
παλτός, jeté.
πελεμίζω, *f.* ίξω, ébranler, agiter.
πελμά, semelle de la chaussure, plante du pied.

Πάλλαξ, jeune, adolescent.
παλλακή—κίς, concubine.

Πέλεκυς, hache.
πελεκάω, *f.* άσω, } couper avec la hache.
πελεκίζω, *f.* ίσω, }
πελέκημα, copeau.
πελέκησις, action de hacher.
πέλεκκον, manche de hache.
πέλυξ, hache, *et plus souv.* baquet; casque.
πήληξ, casque.

Πέλτη, arme légère.
πελτάζω, *f.* άσω, combattre avec un écu léger.
πελταστής, qui combat armé à la légère.

Πηδάλιον, gouvernail, manche.

Πηδάω, *f.* ήσω, faire jaillir de l'eau; palpiter, sauter.
πηγάζω, *f.* άσω, faire jaillir, faire sourdre.
πήγασος, Pégase.
πηγή, source, fontaine ; source *au fig.*
πήδημα, saut, palpitation.
πηδόν, partie plate de la rame (*qui fait jaillir de l'eau*).
πίδαξ, source, fontaine.
πιδήεις—δακόεις—δακώδης, rempli de fontaines.
πιδύω, *f.* ύσω, sourdre; faire jaillir.
πίτυλος, mouvement de rame, bruit.

* Πηλός, argile, boue.
πήλινος, fait d'argile, de limon.
πηλώδης, boueux, bourbeux.

Πλάσσω, *f.* άσω, former, pétrir, enduire, modeler, imiter.
πλάσις, action de modeler, de façonner.
πλάσμα, ouvrage façonné.
πλαστής, modeleur, sculpteur, artiste.
πλαστικός, qui concerne les ouvrages en argile, plastique.
πλαστός, modelé ; feint, fictif.

Πράσσω, *f.* ξω, faire; traiter les affaires; éprouver.
πρᾶγμα, affaire (*en tous sens*).

πραγματεία, soin qu'on donne aux affaires, travail.
πραγματεύομαι, *f.* εύσομαι, s'appliquer aux affaires, intriguer, travailler.
πραγματικός, qui concerne une affaire *ou* les affaires, pratique, habile, réel.
πραγματώδης, laborieux.
πράκτης, celui qui fait, qui reçoit.
πρακτικός, pratique, actif, efficace.
πράκτωρ, celui qui fait, qui exécute.
πράξιμος, exigible.
πρᾶξις, affaire en général, pratique, entreprise, action; sort; perception *des impôts*.

Πῶλος, poulain; enfant.
πωλεύω, *f.* εύσω, élever des poulains.
πωλικός, de poulain.

ΒΆΠΤΩ, *f.* ψω, tremper, teindre, puiser, laver.
βάμμα, teinture.
βαπτίζω, *f.* ίσω, *et c.* βάπτω, baptiser.
βάπτισμα, βαπτισμός, immersion, teinture; baptême.
βαπτιστήριον, lavoir; baptistère.
βαπτιστής, teinturier; qui baptise.
βαπτός, trempé, lavé, teint.
βαφεῖον, atelier de teinture.
βαφεύς, teinturier.
βαφή, immersion, trempe, teinture,
βάψις, action de plonger dans l'eau.

ΒΆΡΒΑΡΟΣ, barbare, sauvage, étranger.

ΒΆΡΒΙΤΟΣ, *sorte de* luth *ou* lyre.

ΒᾹΡΙΣ, vaisseau égyptien.

ΒΑΡΎΣ, pesant, incommode, odieux, funeste; puissant, grave.
βαρέω, *f.* ήσω, βαρύνω, *f.* υνῶ, charger, appesantir, irriter.
βαρέως—ρύ, pesamment.
βάρος, βαρύτης, pesanteur, chagrin, gravité.
βαρύθυμος, triste, irrité.
Βαρύθω, *poét.*, *s. f.*, être chargé.
Βρίθω, *f.* σω, *id. et* peser, pencher, l'emporter; attaquer, charger, appesantir.

βρῖθος, pesanteur, poids.
βριθύς—ής, *le dernier en comp.* lourd, pesant.
βρίζω, *f.* ίσω *et* ίξω, être appesanti, dormir, *après le repas.*
ὄβριμος, qui attaque avec impétuosité, fort, violent, impétueux, brave.

Βραδύς, lent, nonchalant, tardif.
βραδύνω, *f.* υνῶ, retarder, tarder.
βραδύτης, lenteur.

ΒΆΣΑΝΟΣ, pierre de touche, épreuve, tourment.
βασανίζω, *f.* ίσω, éprouver.
βασανισμός, examen, torture.
βάσανιστής, bourreau.

ΒΆΣΣΑΡΑ, renard, peau de renard, habit de bacchante, bacchante, prostituée.

ΒΑΣΤΆΖΩ, *f.* άσω, porter, transporter, élever, exalter, peser.
βαστάκτής, porte-faix.
βαστακτός, qu'on porte.

ΒΆΤΟΣ, ronce, buisson, raie, *poisson de mer.*
βατόεις, de ronce.
βάτον, fruit de la ronce.
βατώδης, plein de ronces.

ΒΆΤΡΑΧΟΣ, grenouille.

ΒΑΥΚΌΣ, délicat, voluptueux.

ΒΔΆΛΛΩ, *f.* αλῶ, téter, sucer, traire.
βδέλλω, *même sens.*
βδέλλα, sangsue.

ΒΔΈΩ, *f.* έσω *ou* έσομαι, puer.
Βδελύσσω, *f.* ύξω, dégoûter, se faire haïr.
βδελυγμία, chose horrible, abomination.
βδελυγμός, haine, dégoût.
βδελυκτός—λυρός, dégoûtant abominable.
βδέσμα, } puanteur.
βδόλος, }
βδύλλω, *f.* υλῶ, détester.

ΒΗΣΣΩ, *f.* ήξω, tousser.
βῆγμα, crachat.
βήξ, toux.
βηχικός, relatif à la toux ; béchique.

ΒΉΡΥΛΛΟΣ, béril, *pierre précieuse et plante.*

ΒΊΒΛΟΣ *et* βύβλος, écorce de papyrus, livre, papier.

βιβλιακός, littéraire.
βιβλίον, livre, cahier, écrit.
βιβλίς, corde de papyrus, livre.

ΒΛΆΞ, mou, lâche, sot, fanfaron.
βλακεία, mollesse, inertie, lâcheté.
βλακεύω, *f.* εύσω, vivre dans la mollesse, être lâche.
βλακικός, voluptueux.

ΒΛΑΣΤΆΝΩ, *f.* τήσω, faire pousser, engendrer, germer.
βλαστός *ou* βλάστη, bourgeon, rejeton, produit, enfant.

ΒΛΑΫΤΑΙ, sandales, pantoufles.

ΒΛΊΤΟΝ, blette, *plante.*

ΒΛΎΩ, *f.* ύσω, φλύω, φλέω, *s. f.*, sourdre, couler en abondance; *les derniers*, parler beaucoup, être abondant, riche.

Βλύζω, βρύω, *f.* ύσω, βρυάζω, *f.* άσω, faire couler, jaillir, humecter; *les deux derniers*, être luxuriant, produire en abondance.
βλυσμός, écoulement.
βρύον, mousse, lichen, fleur.
βρύτον—τος, *sorte de* bierre.

Βλιμάζω, *f.* άσω, amollir, pétrir, palper, désirer.
βλίσσω, *f.* ίσω, sucer, presser.
πιέζω, *f.* έσω, serrer, presser, fouler.
πιέσις, pression.
πίεσμα, ce qu'on presse.
πίθος, cruche, tonneau (*que le vin presse en fermentant*).
πιλέω, *f.* ήσω, πιλόω, *f.* ώσω, presser, fouler; fouler de la laine.
πῖλος, feutre, chapeau, casque.
πιλώδης, de feutre.

Βρέχω, *f.* ξω, mouiller, arroser, détremper.
βρέχει, il pleut.
βρέχμα *ou* βρέγμα, le haut du crâne, *la fontaine.*
βροχή, la pluie.
βροχίς, maille de filet.
βρόχος, filet, piége.

Πλέω, *f.* εύσομαι, naviguer.
πλεύσιμος—ευστικός, propre à la navigation.
πλεῦσις—λόος, navigation.
πλοῖον, bateau, barque.

πλωΐζω—τεύω—λώω, naviguer.
πλώϊμος—σιμος—λωτός, navigable.
Φλέψ, veine.
φλεβάζω, *f.* άσω, sourdre.
φλεβικός, de veines.
φλεβοτομία, saignée.

† Φληνέω, *f.* ήσω, | babiller.
φληνύω, *f.* ύσω, |
φλήναφος, | *subs.*, bavardage ; babillard.
φλῆνος, |
φλύαξ, babillard.
φλυαρέω, *f.* ήσω, babiller.

† Φλοιδάω, |
φλιδάω, | *f.* ήσω, s'énerver, devenir moite.
φλυδάω, |
φλάδη—δος, humidité, moiteur.
φλυδαρός, moite, flasque.

Φλοῖσβος, bruit des flots, tumulte, *adj.* tumultueux.

Φλύζω, *f.* ύσω, *c.* φλέω, *et de plus*, bouillir.
φλύκταινα—τις, pustule, élevure.

ΒΌΜΒΟΣ, bourdonnement, bruit sourd, murmure.
βομβαίνω, *f.* ανῶ, | bourdonner, souffler, bruire.
βομβέω, *f.* ήσω, |
βόμβησις, bourdonnement, murmure.
βομβύλιος, insecte bourdonnant.
βόμβυξ, ver-à-soie.
βομβυλιάζω, *f.* άσω, | crier, *en parlant des intestins.*
βορβορύζω, *f.* ύσω, |
βορβορυγή, | borborygme.
βορβόρυγμός, |
Βόρβορος, boue ,fange, bourbier.

ΒΟΡΈΑΣ, Borée.

ΒΌΤΡΥΣ, grappe de raisin, grappe, boucle de cheveux.
βοτρύδιον, petite grappe.
βοτρυδόν, en grappe.

Βόστρυχος, boucle de cheveux, frisure.
βοστρυχίζω, *f.* ίσω, friser,

ΒΡΑΒΕΎΣ, arbitre, juge d'un combat.
βραβεία, arbitrage.
βραβεύω, *f.* εύσω, juger.

ΒΡΆΒΗΛΑ *ou* βράβυλα, *sorte de* prune sauvage.

ΒΡΆΣΣΩ, βράζω, *f.* άσω, agiter, faire bouillonner, rejeter en bouillonnant, bouillir, être agité.

βρασμός, ébullition, agitation.

βράστης, tremblement de terre.

Βράχε *ou* ἔβραχε, 3. *p. de l'imp. de l'inus.*, βράχω, briser.

βραχέα, bancs de sable, écueils, brisants.

βραχέως, brièvement, vite.

βραχίων, *comp. de* βραχύς, le plus court; *subst.* l'avant-bras; le bras; l'épaule.

βραχύνω, *f.* υνῶ, raccourcir, rendre bref.

βραχύς, court, bref, petit, mince, incapable.

Βρέμω, *s. f.*, frémir, gronder, frémir de colère.

βριμάζω, *f.* άσω, frémir de colère.

βρίμη, frémissement.

βρόμιος, frémissant.

βρόμος, bruit, murmure, frémissement.

βροντάω, *f.* ήσω, tonner,

βροντή, tonnerre.

βρόντημα, coup de tonnerre.

ΒΡΈΝΘΟΣ, oiseau aquatique, *au fig.* orgueil.

βρενθύομαι, *f.* σομαι, se rengorger.

ΒΡΈΤΑΣ, image de bois ; idole.

ΒΡΙ, *particule augmentative et inséparable.*

Βριάω, *f.* άσω, rendre robuste, multiplier, augmenter.

βριαρός—ρής, robuste.

ΒΡΎΣΣΟΣ, hérisson de mer.

ΒΎΡΣΑ, cuir.

βυρσεύς, tanneur.

βυρσεύω, *f.* εύσω, tanner.

ΒΎΣΣΟΣ, lin.

ΒΎΩ, *f*, ύσω, boucher, entasser.

βύζην, en tas.

βυκάνη, trompette.

βύσμα—τρα, bouchon.

Γ.

ΓΆΖΑ, trésor, richesses.

ΓΑΛΗ͂ *ou* γαλέη, chatte, belette.

ΓΑΜΈΩ, *f.* ήσω, se marier.

γαμβρεύω, *f.* εύσω, marier.
γαμβρός, gendre, beau-père, allié.
γαμετή—έτις, femme.
γαμέτης, *poét.* mari.
γαμήλιος, nuptial.
γαμίζω, *f.* ίσω, marier sa fille.
γαμικός, conjugal, nuptial.
γάμος, mariage, noces.

ΓΑΡΓΑΊΡΩ, *f.* αρῶ, regorger de, *q. f.* briller.
γαργαρισμός, gargarisme.

Γαργαλίζω, *f.* ίσω, chatouiller.
γαργαλισμός, } chatouillement.
γάργαλος }

ΓΑΣΤΉΡ, ventre, gourmandise.
γάστρα, fond d'un vase *ou* d'un vaisseau.
γάστρις, glouton vorace.
γαστρόχειρ, qui vit du travail de ses mains.

ΓΕ, du moins, certes, même.
γάρ (γε—άρα), car, en effet.

ΓΈΑ, *inus.*, }
γῆ, *dor.* δᾶ, } terre.
γαῖα *et* αἶα, }
γαιήϊος, terrestre.
γεώλοφος, amoncelé, grossier, stupide.
γεωργέω, *f.* ήσω, labourer, cultiver.
γεωργία, agriculture.
γεωργικός, agricole.
γεωργός, cultivateur.

Γείτων, voisin, approchant, ressemblant.
γειτνία, voisinage,
γειτνιάζω, } *f.* άσω, }
γειτνιάω, } } être voisin.
γειτονέω, *f.* ήσω, }

Γάω, γένω, γείνω, *format.* de: }
γείνομαι, } } naître, être, devenir;
γιγένομαι *ou*, } *f.* γενήσομαι, } se trouver, avoir lieu,
γίγνομαι *ou*, } } arriver, être ordinaire,
γίνομαι, } } s'occuper de.

γένα—ννα—νεσις—νος, } naissance, race, famille, postérité, génération, origine, création.
γενεά—νέθλη—νετή, }

γενεθλιακός—έθλιος—έσιος, natal.
γενεσιουργός, créateur.
γενέτης, générateur, père.
γενικός, de famille, de naissance.
γενικῶς, génériquement, généralement.
γεννάδας—αῖος, noble, de bonne race, courageux.
γεννάω, *f.* ήσω, engendrer, produire.
γέννημα, fruit ; production, race.
γεννικός, d'un bon naturel, noble.
γέντα, les entrailles.
γίγας, géant.
γνήσιος, de naissance légitime.
γονεύς, *au plur.* les parents.
γονεύω, *f.* εύσω, } engendrer.
γονέω, *f.* ήσω, }
γονή, génération, procréation, rejeton.
γόνος, *adj. en comp.*, né, fécond, *subs.*, génération, progéniture, semence.
γουνός, champ fertile.
Γυνή, femme, femelle, épouse.
γυναικεῖον, gynécée, *appartement des femmes.*
γυναικίζω, *f.* ίσω, être efféminé.
γυναικώδης, efféminé,

† Δάπεδον, sol, aire, parquet.
δάπις, tapis.
ταπεινός, bas, humble, vil faible, médiocre.
ταπεινότης, abaissement, bassesse, humilité.
ταπεινόω, *f.* ώσω, abaisser, humilier, avilir.
ταπεινῶς, bassement, humblement.
ταπείνωσις, abaissement, bassesse.
τάπης *et* ταπίς, tapis.
Δημήτηρ, Cérès.
ΓΕΙ͂ΣΣΟΝ, bord du toit, corniche.
γεισόω, *f.* ώσω, garnir d'une corniche.
γείσωμα, entablement,

ΓΈΜΩ, *f.* μῶ, être plein, regorger, être chargé de.
γεμίζω, *f.* ίσω, charger, remplir.
γόμος, cargaison.
ΓΈΝΥ, γένυς, } menton, mâchoire ; cheveux blancs, vieillesse ; scie, hache (*qui tranchent comme les mâchoires*).
Γένειον, menton, barbe, joue, mâchoire.

γενειάζω, *f.* άσω, commencer à avoir de la barbe.
γνάθος—αθμός, mâchoire, joue, bouche, tranchant, force impétueuse.
γναθόω, *f.* ώσω, souffleter.

Γόνυ, courbure, articulation; genou.
γονατίζω, *f.* ίσω, faire mettre à genoux.
γνύξ, *adv.* à genoux.
γουνάζομαι, *f.* άσομαι, supplier à genoux.
γωνία, angle, coin, pointe, dard, équerre.

Γόμφος, coin, clou, cheville.
γομφίαζω, *f.* άσω, pousser des dents.
γομφόω, *f.* ώσω, clouer, assembler.

Γνάμπτω, κάμπτω, *f.* ψω, plier, courber, fléchir, tourner (*un cap*), *au moy.*, s'arrêter, céder, (γόνυ—ἅπτω).
γάμφαί—φηλαί, joues, mâchoires, dents.
γαμψός, courbé, crochu, tortu.
γαμψότης, courbure.
γαμψώλη, inflexion.
γναμπτός, courbé, flexible.
καμπή, pli, courbure.
κάμπη, chenille, larve.
καμτήρ, inflexion; borne de l'hippodrome.
καμπτός, flexible, courbé.
καμπύλος, courbé, recourbé, plié.
καμπυλότης, courbure.
κάμψα *et* κάψά, corbeille, coffre.
καμψίουρος, écureuil.
κάμψις, pli, courbure.

Καμαρόω, *f.* ώσω, voûter, cintrer.
καμάρα, voûte, char couvert, pavillon de l'oreille.
καμάρωμα, voûte, arceau, arc.

Ἰγνύα—γνύη—γνύς, le jarret.

Πώγων, la barbe.
πωγωνιαῖος—νίας—νιάτης—νίτης, barbu.
σιαγών, mâchoire, joue, (*courbe et mobile*).

ΓΈῬῬΟΝ, bouclier d'osier; échoppe.

ΓΈΦΥΡΑ, pont, digue.
γεφυρόω, *f.* ώσω, jeter un pont, se servir comme d'un pont.
γεφύρωμα, digue.

ΓΗ͂ΡΥΣ, voix, son, chant.
γηρύω, *f.* ύσω, parler, rendre un son, célébrer.
Κήρυξ, héraut.
κήρυγμα, proclamation.
κηρυγμός, action de proclamer.
κηρύκειος, de héraut.
κηρύσσω, *f.* ξω, proclamer, convoquer.

ΓΛΆΧΩΝ, pouliot, herbe.

ΓΛΊΑ, glu, matière visqueuse.
γλήμη, *et plus souv.*
λήμη, chassie, humeur des yeux; idées bizarres.
λημάω, *f.* ήσω, avoir la vue faible.
γλῖνος—εῖνος, érable.
γλισχραίνω, *f.* ανῶ, rendre visqueux.
γλίσχρος, visqueux, sordide, gueux.
γλισχρότης, ladrerie, pauvreté, viscosité.
γλίχομαι, *s. f.*, désirer ardemment.
γλοῖος, *subs.* crasse de la peau, saleté.
γλοιός, *adj.* visqueux, sale, sordide.
γλουτός, fesse.

Γλυκύς, doux, suave.
γλεῦκος, δεῦκος, } vin doux, liqueur douce; *adj.*, doux.
ἀδεύκος, amer.
γλυκάζω, *f.* άσω, devenir doux.
γλυκαίνω, *f.* ανῶ, édulcorer.
γλύκασμα, douceur.
γλυκασμός, édulcoration.
γλυκερός, doux.
γλύκιστος, le plus doux.
γλυκίων, plus doux.
γλυκύτης, douceur.

Λιάζω, *f.* άσω, *poét.* tomber, disparaître, faire tomber, retirer.
ἀλίαστος, inévitable, qui ne cesse pas.
λίαν, *adv.* beaucoup, très-fort, trop.

ΓΌΓΓΡΟΣ, congre.

ΓΌΟΣ, gémissement, deuil.
γοάω, *f.* ήσομαι, gémir, déplorer.
γογγύζω, *f.* ύσω, gronder, murmurer.
γόγγυσις—σμος, murmure.

γόη, hurlement magique, magie, sortilège.
γόης, sorcier, charlatan, imposteur.
γοητεία, magie, imposture.

ΓΟΡΓΎΡΑ, aqueduc, prison souterraine.

ΓΡΎ *ou* γρῦ, *syllabe qui imite le grognement du cochon.*
γρύζω, *f.* ξω, grogner, gronder, murmurer.
Γρύλλος, cochon.
γρυλλίζω, *f.* ίσω, grogner.
γρυσμός, grognement.

† Γρυπός, courbé, crochu, à nez aquilin.
γρυπότης, courbure.
γρυπόω, *f*, ώσω, courber.
γρύψ, griffon.

Γύψ, vautour.
αἰγυπιός, *poét. même sens.*
γυπαίετος, gypaète, *sorte d'aigle.*
γυπή, nid de vautour, repaire.

Γυρός, arqué, arrondi, circulaire, ramassé.
γύργαθος, corbeille d'osier.
γυρῖνος, têtard, *de grenouille.*
γυρόθεν, en rond.
γῦρος, rond, cercle, tour.
γυρόω, *f.* ώσω, arrondir, plier en rond.

*Γρίπος, filet.
γριπεία, pêche; avidité de gain.
γριπεύς, pêcheur.
γριπίζω, *f.* ίσω, pêcher; gagner; être avide de gain.
γρίπισμα, capture.
γρῖφος, filet, énigme.
ΓΥΪΟΝ, membre, main, pied.
γυιός, *en comp.* γυήεις, estropié, boiteux.
γυιόω, *f.* ώσω, estropier, énerver.
Γύαλον, le creux de la main; creux.

Ἐγγύη, promesse (*faite les mains l'une dans l'autre*).
ἐγγυάω, *f.* άσω, livrer pour garantie, fiancer.
ἐγγύησις, cautionnement.
ἐγγυητής, garant.
ἐγγυητός, donné sous caution.
ἔγγυος, donné comme gage.

Ἐγγύς, } proche, auprès.
ἐγγύθεν—θι, *poét.*, } proche, auprès.
ἐγγίζω, *f.* ίσω, approcher.

ἐγγύτης, proximité.

Ἐγγυαλίζω, *f.* ίσω, donner (*poser dans le creux de la main*).

Ἔγχος,
ἐγχείη, *ion.* } lance.

ΓΥΜΝΌΣ, nu, désarmé, dépouillé.
γυμνάζω, *f.* άσω, exercer aux jeux gymniques.
γυμνάς, exercé.
γυμνασία,
γύμνασμα, } exercice.
γυμνασίον, gymnase.
γυμναστής, gymnaste.
γυμνής, dépouillé, armé à la légère.
γυμνόω, *f.* ώσω, dépouiller, désarmer.
γύμνωσις, action de dépouiller.

ΓΥ͂ΡΙΣ, fleur de farine.

ΓΎΨΟΣ, gypse, craie, plâtre.

ΓΩΡΥΤΌΣ, carquois.

Δ.

ΔΑΓΎΣ, poupée de cire, glace.

ΔΆΚΡΥ, larme.
δάκρυον, *id.*
δακρυόεις—ώδης, éploré.
δακρύω, *f.* ύσω, pleurer.

ΔΑΡΘΆΝΩ, *f.* ήσομαι, s'endormir.

ΔΑΣΎΣ, dru, velu, hérissé, rude.
δασύνω, *f.* υνῶ, épaissir, serrer.
δασύτης, épaisseur.
δαῦλος, *poét.* épais.
λάσιος, velu, épais, serré ; fort.

ΔΆΦΝΗ, laurier.

ΔΈ, *adv. conjonctif, placé à la fin des mots,* et, or, mais.
δή (δέ ἤ,), certes, or, donc, enfin, déjà.
δῆθε—θεν, c'est-à-dire que, apparemment, sans doute.
δήν, δηθά, longtemps, souvent.
δηναῖος, de longue durée.
δηθύνω, *f.* υνῶ, tarder, temporiser.
ἠδέ, ἰδέ, et, ou.
ἤδη, déjà, aussitôt,

ΔΕ, *particule enclitique* : ἀγορήνδε, à l'agora, *Hom.*

ΔΕΙΡΆ, *poét.* δέρη, cou, col, colline.
δειράς, sommet d'un mont.
δειρός, colline.

ΔΈΚΑ, dix.
δεκατεύω, *f.* εύσω, décimer.
δέκατος, dixième.
Δεκάζω, *f.* άσω, corrompre les juges (*les dix*).
δεκασμός, corruption des juges.

ΔΕΛΤΑ, delta, triangle équilatéral.
δέλτος, tablettes, lettre, billet.

ΔΕΛΦΎΣ, matrice.
ἀδελφός, frère.
δέλφαξ, cochon qui vient de naître.
δελφίς—φίν, dauphin.

ΔΈΝΔΡΟΝ, | arbre.
δένδρεον—δρος, |
δένδρων, bocage.
δενδρίζω, *f.* ίσω, devenir arbre.
δενδρυάζω, *f.* άσω, se cacher dans les bois.

ΔΈΡΚΟΜΑΙ, *f.* ξομαι, | regarder, voir.
δερκιάομαι, *f.* ήσομαι, |
δέργμα—γμος, regard.
δέρξις, vision.

Δόρξ, chevreuil, chamois(*qu'on épie*).
δορκαδίζω, *f.* ίσω, bondir (*comme le chamois*).
δορκάς—όρκη—όρκος—όρκων, chevreuil.
ἴορκος, *espèce de* chevreuil, *de* chamois.
Δράκων, dragon.

ΔΈΡΩ, *f.* ρῶ, écorcher.
δέρας, cuir, peau, toison.
δέρμα, peau.
δερματικός, de peau, de cuir.
δέῤῥις, peau, cuir.
δέφω, *f.* ψω, corroyer, tanner.
δέψα, cuir.
δεψέω, *f.* ήσω, corroyer, tanner.
διφθέρα, cuir, parchemin, peau.

ΔΕΥ͂ΡΟ, ici *avec mouvement.*
δεῦτε, viens ici.

ΔΕΎΩ, *f.* σω, mouiller, teindre, mêler, arroser.

ΔΈΩ, *f.* ήσω, lier, enchaîner.
δέμα, lien, liasse, botte.
δέσις. action de lier, ligature, lien.
δέσμα—εσμός, lien, chaîne, corde.
δέσμευσις, action d'enchaîner, captivité.
δεσμεύω,—μόω, *f.* εύσω—ώσω, enchaîner.
δέσμη, liasse, botte, fagot, paquet.
δέσμιος, *adj.* enchaîné, prisonnier.
δεσμώτης, prisonnier.
δεσπόζω, *f.* όσω, / δεσποτεύω—τέω, *f.* εύσω—ήσω, } commander, gouverner, régner sur.
δέσποινα, la maîtresse, la reine.
δεσποτεία, autorité, autorité absolue.
δεσπότης, maître, despote.
δεσποτικός, de maître, despotique.

Δέμω, *f.* εμῶ, / δέμομαι, *f.* μοῦμαι, } bâtir.
δομή, bâtiment.
δόμος, δῶ, δῶμα, maison.
δωμάω—ματόω, *f.* ήσω—ώσω, bâtir.
Βυσσοδομεύω, *f.* εύσω, méditer (*bâtir en dedans*).
Δέμας, le corps, la stature; *adv.* comme.
δέμνιον, lit.

† Δαμάζω—μάω—μνάω, / δάμνημι, *f.* δαμάσω, } dompter, affliger, opprimer.
δαμάλη, génisse.
δάμαλις—μαλος, *id. et* veau, *et q. f.* jeune fille.
δάμαρ, femme mariée.
δαμητός, dompté.

ΔΈΩ, *f.* εήσω, / δεύομαι, *f.* ευήσομαι, } manquer, avoir besoin, prier.
δέημα, prière.
δέησις, demande.
δεητικός, suppliant.
δεῖ, *verbe impers.*, il faut, il s'en faut.
δήω, *s. f.*, chercher, être sur le point de trouver.

ΔΗΛΈΟΜΑΙ, *f.* ήσομαι, tromper, nuire, ravager, gâter.
δελεάζω, *f.* άσω, amorcer, séduire.
δέλεαρ—λος, appât, amorce, piége.
δελεάστρα, piége, trappe.
δέλετρον, appât.

δήλημα, ruine, dommage.
δηλήμων, trompeur, pernicieux.
δηλητήρ—τήριος, dévastateur, délétère.
δῆνος, finesse, artifice, conseil.
δολερός—λόεις—όλιος, rusé.
δολιεύομαι, *f.* σομαι, | tromper.
δολίζω, *f.* ίσω, |
δολιόω, | *f.* ώσω, |
δολόω, |
δόλος, dol, fourberie, tromperie.
δόλωσις, action de tromper.

ΔΗ͂ΜΟΣ, peuple, tribu du peuple.
δημαγωγός, démagogue, chef du parti populaire.
δημεύω, *f.* εύσω, confisquer.
δημίζω, *f.* ίσω, chercher la popularité.
δήμιος, public, plébéien.
δημοκρατία, démocratie.
δημοσιεύω, *f.* εύσω, | rendre public, confisquer.
δημόω, *f.* ώσω, |
δημόσιος, public.
δημότης, citoyen.
δημοτικός, plébéien, populaire.
δημώδης, populaire, vulgaire, ignoble.
Ζημία, amende, punition, perte, détriment.
ΔΗΜΌΣ, graisse.
ΔΊΑΙΤΑ, genre de vie, condition, diète.
διαιτάομαι, *f.* ήσομαι, vivre de telle manière.
διατάω, *f.* ήσω, nourrir de telle manière.
διαίτημα, régime.
διαιτητής, arbitre.
ΔΊΚΤΑΜΟΝ, dictame.
ΔΊΝΗ, gouffre, tourbillon.
δινάζω, *f.* άσω, | faire tourner.
δινεύω, *f.* εύσω, |
δινέω, *f.* ήσω, |
δινήεις—ώεις, tourbillonnant.
δῖνος, tourbillon.
δινόω, *f.* ώσω, tourner.
Δενδίλλω, *f.* ιλῶ, *poét.*, tourner les yeux.
Δονέω, *f.* ήσω, | agiter, secouer.
δονεύω, *f.* εύσω, |
δόναξ, roseau.

Δνοπαλίζω, *f.* ίσω, secouer.

ΔΟΊΔΥΞ, pilon, cuiller.

ΔΟΧΜΌΣ, courbe, oblique.

δοχμόω, *f.* ώσω, obliquer, se courber.

ΔΌΩ, *formateur de :*

δίδωμι, *f.* δώσω, donner.

Δάνος, don, prêt, usure.

δανείζω, *f.* ίσω, prêter à intérêt.

δάνειον, argent prêté.

δανός, *adj. en comp.* de valeur.

δόμα, don.

δόσις, action de donner.

δοτήρ—ότης, donateur.

δοτικός, libéral.

δοτός, donné.

δῶρον, don.

δωτήρ—ώτης—ώτωρ, donateur.

ἕδνα, présents de l'époux, dot.

ἑδνάζομαι, *f.* άσομαι, } doter sa fille.
ἑδνόω, *f.* ώσω,

ἑδνωτής, beau-père.

Δουλεία, servitude; esclavage (*donné par la piraterie*).

δούλευμα, esclavage, esclave, emploi servile.

δουλεύω, *f.* εύσω, être esclave.

Δούλειος—λιος, d'esclave, d'esclavage, servile.

δουλικός, *id. et* concernant les esclaves.

δουλικῶς, *adv.* en esclave; servilement.

δοῦλος, esclave.

δουλόω, *f.* ώσω, rendre esclave.

Δολιχόσκιος, long (*qui donne une ombre mince*).

δολιχός, *même sens.*

ΔΡΆΣΣΩ, *f.* άξω, saisir, empaumer.

δράγμα, gerbe, poignée d'épis.

δραγματεύω, } *f.* εύσω, } gerber.
δραγμεύω,

δραγμή—μίς, poignée.

δράξ, *id.*

δραχμή, drachme.

ΔΡΆΩ, *f.* σομαι, agir *et formateur de :*

διδράσκω, *même f.*, fuir, s'enfuir.

δραπετεύω, *f.* εύσω, s'enfuir.

δραπέτης, esclave fugitif.

δρασκάζω, *f.* άσω, fuir.
δράσκασις, } fuite.
δρασμός,
Δρᾶμα, drame.
δραματίζω, *f.* ίσω, jouer le drame.
δρᾶνος, } action.
δράσις,
δρέμω, *f.* δραμοῦμαι, *remplacé par :*
Τρέχω, *f.* θρέξομαι, courir.

Δράμημα, } course.
δρόμος,
Δρομάς—μαῖος, agile.
δρομεύς, coureur.
δρωμάω, *f.* άσω, courir.

Τροχός, roue.
*τροχάζω, } *f.* άσω, tourner comme une roue.
τροχάω,
τροχίζω, *f.* ίσω, faire tourner.

Τρέω, *f.* σω, s'enfuir par crainte.
ἀτρέκεια, exactitude, vérité.
ἀτρεκέως—κῶς, exactement, vraiment.
ἀτρεκής, précis, exact, vrai.
τρηρός, peureux.
τρήρων, colombe *et adj.* timide.

Τρέμω, *f.* μῶ, trembler.
τετρεμαίνω, *f.* ανῶ, } *même sens.*
τρομέω, *f.* ήσω,
τρομερός, tremblant.
τρόμος, tremblement, peur.

Θρέω, *s. f.*, déplorer, gémir ; crier.
θρηνέω, *f.* ήσω, pleurer, se lamenter.
θρηνήτρια, pleureuse.
θρῆνος, lamentation, pleurs.

Θρόος, cri, clameur, bruit, tumulte.
θροέω, *f.* ήσω, faire du bruit, résonner, troubler, effrayer.
Θορυβέω, *f.* ήσω, *même sens.*
θόρυβος, tumulte, grand bruit.
θρυλλέω, *f.* ήσω, murmurer.
θρύλλος—θρύλος, bruit, murmure.
τύρβα, confusément.
τυρβάζω, *f.* άσω, troubler.
τυρβασία, danse tumultueuse.

τύρϐασμα, ce qui est troublé.

Τάρϐος, peur.
ταράσσω, *f.* ξω, faire peur, troubler.
τάραγμα, | trouble, agitation, terreur.
ταραγμός, |
ταρακτής, perturbateur.
ταρακτικός, propre à porter le trouble.
ταρακτός, troublé.
τάραξις, trouble.
ταραχή, tumulte, sédition, crainte.
ταραχώδες, tumultueux.
ταρϐαλέος, terrible.
ταρϐέω, *f.* ήσω, avoir peur.

Τραυλίζω, *f.* ίσω, bégayer, grasseyer.
τραυλός, bègue, qui grasseye.

ΔΡΈΠΩ, | *f.* ψω, cueillir, récolter, faucher.
δρέπτω, *poét.* |
δρεπάνη, | faux.
δρέπανον, |

Δρύπτω, *f.* ψω, déchirer, écorcher.
δρύπις, arbre épineux.
δρύπτος—ρυφής, *en comp.* déchiré.
δρυφή—ύψις, égratignure.
δρώπαξ, onguent dépilatoire.

Δρῦς, chêne, arbre (*objet des premières récoltes*).
δρίον—ος, petit bois.
δρυμός—μών, forêt de chênes.

Δόρυ, bois, lance.
δορατίζομαι, *f.* ίσομαι, | combattre avec la lance.
δορύσσω, |

Δριμύς, âpre, aigre; fin, sage.

Ἐρέπτομαι, *s. f.*, brouter, manger, dévorer.
ἔριφος, chevreau, le chevreau, *constellation.*

Θρύπτω, *f.* ψω, réduire en petits fragments; amoindrir, amollir; *au moy.* vivre dans la mollesse.
θρύμμα, fragment *surtout de pain.*
θρυόεις, rempli de joncs, *de* :
θρύον, jonc (*herbe molle, flexible*).
θρύψις, action de briser; mollesse.
τραῦμα, blessure.

τραυματιάς, blessé.
τραυματίζω, *f.* ίσω, blesser.
τρυφάω, *f.* ήσω, vivre dans la mollesse.
τρυφερός, délicat; mou.
τρυφερότης, délicatesse, mollesse.
τρυφή, mollesse; recherche, orgueil.
τρυφητής, homme sensuel.
τρύφος *c.* θρύμμα.

† Τράγος, bouc (*qui broute*), *par ext.*, odeur de bouc.
τραγίσκος, chevreau.
τραγωδικός—γικός, appartenant à la tragédie; tragique.

Τρέφω, *f.* θρέψω, nourrir.
βρέφος, enfant nouveau né, fœtus.
θρέμμα, nourrisson, rejeton.
θρεπτήριος, ce qu'on nourrit; alimentaire.
θρεπτός, nourri.
θρέπτρια, nourrice.
θρέψις, action de nourrir.
τάρφος, épaisseur.
ταρφύς, épais.
τρεφερός, nourricier, nourrissant, fertile.
τροφεύς, nourricier, instituteur.
τροφεύω, *f.* ηύσω, nourrir, élever.
τροφή, nourriture, aliment.
τρόφιμος, nourricier, nourrissant.
τρόφις, gras; adulte.
τροφόεις, gros, gras, énorme.
τροφός, nourricier, nourrissant.

ΔΥΟ, *poét.* δυώ, deux.
δεύτερος, second, nouveau.
δίς, deux fois, en deux fois, en deux.
δίχα, en deux parties, doublement, à part.
δοιός, double.

Δα *et* ζα, *part. inséparable, augmentative.*

† Διά, δα, *en comp.* — *prép.* par, à travers, pendant, parmi, au moyen de, à cause de, *en comp. idée de différence, séparation, altercation, action de détruire.*

* Δαίω, brûler, consumer.
δαΐς, δάς, flambeau, torche; combat.
δαΐτις, flambeau; gousse d'ail.
δαλός, tison, tison éteint, personne décrépite.
δανός, sec, brûlé.

δάος, torche.
δεταί, *sorte de* torches.
Δάϊος *et* δήϊος, ennemi,
δαΐφρων, belliqueux.
δηϊοτής, combat, bataille.
δηϊόω, *f.* ώσω, saccager.
δηριάομαι, *f.* άσομαι, } se quereller, combattre.
δηρίομαι, *f.* ίσομαι, }
δῆρις, *subs.* combat, *adj. en comp.* combattu.
δήριτος, *en comp.* combattu.

Ἔρις, discorde, débat, la Discorde.
ἐρεθίζω, *f.* ίσω, } piquer, irriter, exciter.
ἐρέθω, *s. f.*, }
ἐρεσχελέω, *f.* ήσω, disputer, railler.
ἐριδαίνω, *f.* ανῶ, disputer.
ἐριδμαίνω, *f.* ανῶ, provoquer.
ἐρίζω, *f.* ίσω, quereller.
ἐριννύς, furie, colère ; Furie, *divinité.*
ἐριννύω, *f.* ύσω, être en furie.
ἐριστής, disputeur.
ἐριστός, sujet de dispute.

* Δαίω, *f.* σω, } partager, diviser, répartir également, recevoir sa part d'un festin.
δαίομαι, } *f.* άσομαι,
δατέομαι, }
δάζομαι, *en comp.*
δαήρ, beau-frère, frère du mari (*qui partage*).
δαΐζω, *f.* ίξω, dépecer, déchirer.
δαίνυμι, *f.* δαίσω, préparer, donner un festin.
δαίνυμαι, *f.* ίσομαι, dîner, manger.
δαίς—ίτη, festin.
δαιτρεύω, *f.* εύσω, découper.
δαιτρός, cuisinier.
δαιτυμών, convive.
δάσμα, lot.
δασμός, partage, impôt.
δειπνίζω, *f.* ίσω, donner à souper.
δεῖπνον, souper, repas.
δέπας, coupe.
δορπέω, *f.* ήσω, souper.
δόρπον, le souper ; repas, nourriture.

Δάπτω, } *f.* ψω, déchirer, dévorer.
δαρδάπτω, }
δαπανάω, *f.* ήσω, dépenser, prodiguer.

δαπάνη, dépense, prodigalité.
δαπάνημα, ce qu'on a dépensé.
δάπανος, prodigue.
δαψιλεύομαι, *f.* σομαι, prodiguer, être magnifique.
δαψιλής—λός, prodigue, libéral.
* Δαίω, *inus.*, } enseigner, (*éclairer et partager*), *au*
διδάσκω, *f.* ξω. } *passif* apprendre.
δίδαγμα, enseignement, précepte.
διδακτικός, d'enseignement didastique.
διδακτός. enseigné, instruit.
διδασκαλία, instruction ; répétition au théâtre.
διδασκάλιον, ce qu'on enseigne, honoraires du maître.
διδάσκαλος, maître ; auteur dramatique.
διδαχή, instruction, enseignement.
Δαήμεναι, être informé.
δαήμων, habile, savant.
δαιδάλεος, beau, fin.
δαιδάλλω, *f.* αλῶ, travailler artistement.
Δαίμων *et* αἴμων, sort, génie, fortune, démon.
αἱμυλία, air caressant, gentillesse.
αἱμύλος, décevant, flatteur.
δαιμονάω, *f.* ήσω, être inspiré, être possédé.
δαιμονίζω, *f.* ίσω, *id. et* déifier.
δαιμονικός, divin, inspiré, démoniaque.
δαιμόνιον, génie, démon.
δαιμόνιος, divin, surnaturel, *au voc.*, terme injurieux ou caressant.

† Δεύτατος, le dernier (*de* δεύτερος).
δευτεραῖος, qui vient, qui se fait tous les deux jours.
δευτερεῖα, second rang.
δευτερεύω, *f.* εύσω, être le second.
δευτερόω, *f.* ώσω, refaire.
δευτέρως, secondement.
δευτέρωσις, action de réitérer, ce qu'on réitère, second rang.

† Δίδυμος (*de* δίς) double, jumeau, les gémeaux.
διδυμεύω, *f.* εύσω, avoir des jumeaux.
διήρης, birème.
δίπους, bipède.
δισσαχῆ, en deux endroits.
δισσεύω, *f.* εύσω, être double.
δισσός, double.
δισταγμός, doute.

διστάζω, *f.* άσω, douter.
διφάω, *f.* ήσω, chercher.
διφρεύω, *f.* εύσω, aller en char.
δίφρος, char, siége.
*Δίζω, *f.* ιζήσω, douter, délibérer, chercher.
δικάζω, *f.* άσω, juger, être juge.
δίκαιος, juste, digne de.
δικαιοσύνη, justice.
δικαιόω, *f.* ώσω, juger, croire juste.
δικαίωμα, chose juste.
δικαίωσις, plaidoirie.
δικαιωτής, juge, vengeur.
δικανικός, judiciaire; jurisconsulte.
δικάσιμος, contesté, contestable.
δικαστής, juge.
δίκη, justice, *en tous sens.*
δίκην, *adv.* à la manière de.
*Δίω, δίεμαι, } *s. f.*, vaciller, craindre, fuir, être poursuivi.
Δέος, crainte.
Δείδω, *f.* σομαι, craindre.
δέδια—δέδοικα, je crains.
δειδήμων, poltron,
δειδιάω, *f.* άσω, craindre.
δείλαιος, timide, faible.
δειλία, lâcheté.
δειλιαίνω, *f.* ανῶ, épouvanter.
δειλιάω, *f.* άσω, être lâche.
δειλός, craintif; méchant, misérable.
δειλότης, timidité, faiblesse.
δεῖμα, crainte, objet de crainte.
δειμαίνω, *f.* ανῶ, effrayer, s'effrayer.
δειμαλέος, craintif.
δειματόω, *f.* ώσω, épouvanter, s'épouvanter.
δεινάζω, *f.* άσω, s'indigner.
δεινός *et* αἰνός, terrible, violent.
δεινότης *et* αἰνοτής, force, atrocité, ruse.
δεινόω, *f.* ώσω, exagérer.
δεινῶς *et* αἰνῶς, fortement.
δείνωσις, exagération.
δεῖσα, immondices.
δεισαλέος, immonde, impur.
δεννάζω, *f.* άσω, injurier.

θέννος, opprobre diffamant.

Τίω, *f*, σω, honorer, punir, payer, priser.

τιμάω, *f*. ήσω, priser, honorer, juger.

τιμή, honneur, prix, punition.

τιμήεις, honoré, précieux.

τίμημα, prix, valeur, amende.

τίμησις, estimation, taxation.

τιμητής, estimateur, taxateur.

τιμητός, estimé, évalué.

τίμιος, d'un grand prix.

τιμιότης, haut prix; dignité.

τιμωρέω, *f*. ήσω, venger, défendre.

τιμώρημα, punition, vengeance.

τιμωρητήρ—τής, vengeur.

τιμωρία, vengeance, secours, punition.

τιμωρός, vengeur.

τιννυμι,
τιννύω,
τίνω, } *f*. τίσω, } payer.

τίσις, paiement, représailles, expiation.

τιταίνω, *s. f.*, venger.

Δίομαι, chasser, poursuivre.

δίκω, *s. f.*, jeter.

δίκτυον, rets.

δίσκος, disque.

δίψα, désir, soif.

διψάω, *f*. ήσω, avoir soif.

διψηρός, altéré.

δίψησις, soif.

διψητικός, altéré, qui altère.

δίψος, soif.

Διώκω, *f*. ξω *ou* ξομαι,
διωκάθω, } *c*. δίομαι.

δίωγμα, ce qu'on poursuit.

διωγμός, action de poursuivre.

δίωξις, poursuite.

ἰωκή—ωχμός, *id.*

ἴωξις, *id.*

† Ἄνδιχα, (*de* δίχα), à part, hors de.

διχάζω, *f*. άσω, partager en deux.

διχῆ, διχθά, *c*. δίχα.

διχθάδιος, double.

διχόθεν, de deux côtés.

δἰχῶς, doublement.

† Δοάζω, | δοιάζω, } f. άσω, | δόαμαι, s. f., } (de δοιός), douter, délibérer, sembler, paraître.

δοκάζω, f. άσω, juger, observer.

δοκεύω, f. εύσω, observer, guetter.

δόκη, attente, embuscade.

Δοκέω, f. όξω, s'attendre à, sembler, juger à propos, décider.

δόγμα, décision, dogme.

δογματίζω, f. ίσω, statuer.

δογματικός, dogmatique.

δόκημα—σις, opinion.

δοκιμάζω, f. άσω. éprouver.

δοκιμασία—κιμη—κίμιον, épreuve.

δοκιμαστής, examinateur.

δόκιμος, éprouvé.

δόξα, opinion, renommée, décret.

Δείκνυμι, f. ίξω, montrer, prouver, exposer.

δάκτυλος, doigt; datte.

δεῖγμα, preuve, échantillon.

δειγματίζω, f. ίσω, signaler, afficher, donner pour modèle.

δεικανάω, f. ήσω, montrer, accueillir.

δείκελον, image, masque.

δεικτηρίας, pantomime.

δείκτης, indicateur.

Δῆλος, clair, apparent.

ἀρίζηλος, éclatant, *en tous sens.*

δηλόω, f. ώσω, indiquer, manifester.

δήλως, évidemment.

δήλωσις, manifestation.

Δέκομαι, *ion., et plus us.* :

δέχομαι, f. ξομαι, accepter, juger, soutenir.

δέκτης, qui reçoit.

δεκτικός, qui peut recevoir.

δεκτός, reçu, admissible, agréable.

δέξις, action de recourir.

δοκός, poutre.

δοχεύς, hôte.

δοχή, accueil hospitalier.

Δεξιά, la main droite (*qui accepte*), la droite, la foi jurée.

δεξιάομαι, *f.* ήσομαι, *et:*
δεξιόομαι, *f.* ώσομαι, saluer ; prendre la main.
δεξιός, droit, adroit; de bon augure.
δεξιτερά, main droite, droite.
δεξιτερός, droit.
δεξίωμα, accueil bienveillant.
δεξίωσις, salut amical.

ΔΎΩ, *f.* δύσω, δύνω, *s. f.*, δύομαι, *f.* σομαι, } être parmi, plonger, se glisser, se coucher (*p. les astres*) se vêtir.

Δύπτω, *f.* ψω, plonger sous les eaux.
δύπτης—της, plongeur.
δύσις—υσμή, coucher du soleil.

Δυς, *syllabe insép. indiquant la privation, le malheur, la difficulté.*
δυάω, *f.* άσω, accabler de maux.
δύη, travaux, malheur.
δυϊος, δυστήνος, malheureux.

Δύναμαι, *f.* ήσομαι, pouvoir, être capable.
δύναμις, force.
δυναμόω, *f.* ώσω, fortifier.
δυναστεία, domination.
δυναστεύω, *f.* εύσω, gouverner.
δυνάστης, souverain.
δυνατός, possible, capable, puissant.

E.

ἘΆΩ, *f.* άσω, laisser, permettre, abandonner, négliger, cesser.
εἶα, allons, courage.

ἘΓΕΊΡΩ, éveiller, ressusciter, animer, allumer, ériger.
ἐγέρσιμος, qu'on peut réveiller.
ἔγερσις, réveil.
ἐγρηγορέω, *f.* ήσω, ἐγρήσσω, *f.* ήσω, } veiller.

Γοργός, prompt, vif, ardent, terrible.
γοργόομαι, *f.* όσομαι, être vif.
γοργώ—γών, Gorgone.

Ὀργή, colère, entraînement des passions, du cœur; exubérance de sève.
ὀργάζω, *f.* άσω, exciter, macérer, pétrir.
ὀργαίνω, *f.* ανῶ, mettre, se mettre en colère.

ὀργάς, fertile.

ὀργάω, *f.* ήσω, désirer avec ardeur; fermenter, être fertile, plein de feu.

ὀργητής, irascible.

ὄργια, orgie, *fête de Bacchus.*

ὀργιάζω, *f.* άσω, célébrer les orgies.

ὀργιαστής, qui célèbre les orgies, enthousiaste, initié.

ὀργιάω, *poét. pour* ὀργάω.

ὀργίζω, *f.* ίσω, irriter, exciter.

ὀργίλος, irascible, irrité.

ὀργιστικός, irritant, irascible.

Ὀρέγω—γνυμι, *f.* ξω, ὀριγνάομαι, *f.* άσομαι, étendre, offrir, présenter; *dans le sens moyen*, saisir, s'élancer, désirer, palpiter.

ὀργυία, brasse, *mesure de longueur (environ 2 mètres).*

ὀρέγδην, avec désir.

ὄρεγμα, ce qu'on étend.

ὀρεκτικός, qui désire.

ὀρεκτός, étendu.

ὄρεξις, appétit, désir.

ὀρεχθέω, *f.* ήσω, désirer.

ὀρχέομαι, *f.* ήσομαι, s'élancer, sauter, danser.

ὀρχέω, *f.* ήσω, faire danser, agiter.

ὀρχηθμός, ὄρχημα, ὄρχησις, danse, ballet, pantomime; *le dernier* action de danser, agitation.

ὀρχηστήρ—τής, danseur.

ὀρχήστρα, partie de la scène réservée aux évolutions des chœurs.

Ὄρχος, rang, ligne, rangée de plantations, planche d'un jardin ; fossé.

ὄρχατος, jardin, verger.

ὀρχηδόν, en rangs.

Στέργω, *f.* ξω, embrasser, chérir, se résigner, supporter, désirer.

στέργηθρον, moyen de se faire aimer.

στέρξις, στοργή, amour, tendresse, contentement.

στορέννυμι, στόρνυμι, στορέω, στρώννυμι, στρωννύω, étendre à terre, coucher; joncher, tendre un lit, couvrir d'un tapis.

στρῶμα, ce qu'on étend, couverture.

στρωμνή, couverture de lit.
στρωτός, étendu de son long; tendu, couvert.
Στρατός, camp, armée, multitude.
στρατάομαι, camper.
στρατεία, expédition, campagne.
στράτευσις, *même sens.*
στρατεύω, *f.* εύσω, enrôler, servir.
στρατηγός, stratége; général.
στρατιά, armée.
στρατιώτης, soldat.
στρατιοτικός, militaire.
ἘΓΩ, je; moi.
ἐμός, mon, mien.
ἡμεῖς, nous.
ἡμέτερος, notre.
ἜΘΩ, *inus. s. f.*, faire usage, avoir coutume.
ἐθίζω, *f.* ίσω, habituer, avoir coutume.
ἐθικός, habituel.
ἐθισμός, usage.
ἔθος, coutume, institution.
εἴωθα, *parf. empl. c. prés.*, avoir coutume.
εἰωθός, la coutume.
εἰωθότες, les habitués, les amis.
εἰωθώς, habitué, habituel.
ἑταῖρος, ἕταρος, ami, compagnon.
ἑταρεύω, *f.* εύσω, vivre en camarade.
ἑταρίζω, *f.* ίσω, servir d'ami.
ἔτης, ami, compagnon.
ἠθάς, ἤθεῖος, } familier, intime, accoutumé.
ἠθικός, moral, qui concerne les mœurs.
ἦθος, habitude, caractère, mœurs.
Ἔθνος, peuple, race, tribu.
ἐθνηδόν, par tribus.
ἐθνικός, de peuple; payen.
ἐθνιστής—νίτης, payen.
Ἐθέλω, θέλω, { *f.* ήσω, } avoir coutume; vouloir; consentir.
ἐθελημός—λήμων, accomodant.
ἐθελοντεί—τι, ἐθελοντηδόν—τήν, } volontairement.
ἐθελοντής—λούσιος, qui agit volontairement.
θέλημα, volonté.

θέλησις, action de vouloir.
θελητός, voulu, souhaité.

Τελέω, *f.* έσω, accomplir, terminer, fini, effectuer, payer un impôt.
τέλειος—λεος, fini, accompli.
τελειότης, perfection, accomplissement.
τελειόω, *f.* ώσω, mettre à fin.
τελείως, parfaitement.
τελείωσις, achèvement.
τελειωτής, celui qui achève.
τελέσιος, *id. et* final, dernier.
τέλεσμα, contribution ; rite.
τελετή, rite ; fin ; fête.
τελευταῖος, final, dernier.
τελευτάω, *f.* ήσω, finir ; accomplir.
τελευτή, fin, issue ; mort.
τελήεις, complet, parfait, pur.
τελικός, dernier.
τελίσκω, *poét. pour* τελέω.
τέλος, fin *dans tous les sens.*
τέλσον, limite.
τελώνης, receveur des impôts ; publicain.
τελώνιον, bureau du publicain.
τῆλε, loin, au loin.
τηλόθεν, de loin.
τηλοθί—λοῦ, *id.*
τηλόσε, au loin, *avec mouvement.*

Τέλλω, *f.* ελῶ, accomplir, faire, faire naître, produire ; se lever.
ἀνατολή, lever d'un astre ; orient.
ἐπιτέλλω, *f.* ελῶ, ordonner, enjoindre.
στέλλω, *f.* ελῶ, envoyer, faire partir, préparer pour une expédition ; armer, équiper, habiller, carguer les voiles, arrêter, calmer.
στολή, départ, *plus souv.* habit, robe.
στολίζω, *f.* ίσω, habiller, équiper.
στολισμός, action d'habiller ; habillement.
στολιστής, celui qui habille.
στόλος, expédition, escadre.
τελέθω, *s. f.*, être, devenir.

Εἰ, si, puisque, parceque.
ἐάν, ἤν, si.
εἰγάρ, plaise au ciel.

εἴθε, plût au ciel.

ΕΙΔΩ, *inus.* voir, savoir.
εἰδαίνομαι—ἄλλομαι—ὕλλομαι, ressembler à.
εἴδομαι, *f.* σομαι, se faire voir, paraître, sembler.
εἶδος, apparence, forme, espèce, beauté.
εἴδωλον, image, idole, spectre, fantôme, idée.
Εἰδώς, sachant, instruit.
εἴδημα—δησις, science.
εἰδήμων, savant.
εἰδότως, sciemment, habilement.
ἰδεῖν, avoir vu.
ἀΐδηλος, invisible, obscur, funeste.
ἀϊδής, invisible.
ἀΐδης, *poét. et* ᾅδης, Pluton, l'enfer.
ἰδέα, apparence, forme, espèce, idée.
ἴδιος *et* εἰδικός, spécial, privé, propre.
ἰδιότης, propriété, nature particulière.
ἰδιόω, *f.* ώσω, approprier.
ἰδίωμα, nature particulière ; idiome.
ἰδίως, spécialement.
ἰδιωτεύω, *f.* εύσω, mener une vie privée, obscure, être ignorant.
ἰδιωτής, particulier ; homme du commun ; idiot.
ἰδού, *interj.*, voici, voilà.
ἰδρεία, science, habileté.
ἰδρίς, savant, habile.
ἰδυῖα, savante.
ἴσημι, *au moy.* ἐπίσταμαι, être savant, connaître.
ἱστορέω, *f.* ήσω ; être témoin, raconter, écrire, l'histoire.
ἱστορία, histoire.
ἱστορικός, historique.
ἵστωρ, témoin, savant, historien.
οἶδα, *f.* εἴσομαι, savoir, connaître.
Οἰδάω, *f.* ήσω, *au fig.* grossir, *au propre, par ext.*, enfler, se gonfler.
οἰδαίνω, *f.* ανῶ, } *au propre et au fig.*, gonfler, enfler,
οἰδάνω, *f.* ήσω, } se gonfler.
οἴδημα, gonflement, œdème.
οἶδμα, grosse vague.
οἴημα, présomption, pensée ; opinion.
οἴομαι, *f.* οἰήσομαι, }
ὀΐομαι, *f.* ὀΐσομαι, } avoir une opinion, penser, croire, estimer.
οἴω, *s. f.* }

† Εἴκω, *inus.* ressembler, être naturel, juste, convenable.
ἔοικα,

εἶγμα, image, ressemblance.
εἰκών,

εἰκάζω, *f.* άσω, représenter, figurer, comparer, conjecturer.

εἴκασμα—ασμος—ασια, conjecture.

εἴκελος, semblable.
ἴκελος,

ἰκελόω, *f.* ώσω, rendre semblable.

εἰκονίζω, *f.* ίσω, représenter.

εἰκόνισμα—νίσμος, image.

Εἰκώς, ἐοικώς, convenable, naturel, semblable.

ἀείκεια, αἰκία, indignité, outrage, coup.

ἀεικής—κέλιος, inconvenant, indigne, outrageux.

ἀεικίζω, αἰκίζω, *f.* ίσω, outrager, blesser.

Εἴση, *adj. fem.* égale; également partagée, convenable; calme.

αἶσα, la Parque, condition, partage, équivalent, convenance, mesure convenable.

αἴσηλος—συλος, scélérat, méchant.

αἴσιμος, fatal, juste, décent, convenable.

αἰσιμόω, *f.* ώσω, employer, appliquer.

αἴσιος, heureux, de bon augure; juste, convenable.

αἰσιόω, *f.* ώσω, rendre propice.

ἄξιος, juste, convenable, digne, qui vaut.

ἀξιότης, dignité.

ἀξιόω, *f.* ώσω, évaluer, juger, juger digne.

ἀξίωμα—ξία, estimation, prix, *le* 1er axiome.

ἀξίως, dignement.

ἀξίωσις, évaluation, dignité, croyance.

εἴσκω, estimer, assimiler, comparer, croire; dire.
ἴσκω,

ἶσα, également, comme.

ἰσάζω—αίω—όω, rendre égal; égaler.

ἰσαῖος—ήρης, égal, juste.

ἰσάκις, autant de fois.

ἰσαχῶς, d'autant de manières.

ἴσος, égal; juste, convenable.

ἰσότης, égalité.

*Εἴκω, *f.* ξω, plaire, convenir; céder, succomber.

εἰκτικός, qui cède facilement.

εἶξις, l'action de céder.

ἐπιείκεια, modération, convenance, justice.
ἐπιεικεύω, *f.* εύσω, être modéré, juste.
ἐπιεικής, modéré, doux, convenable, juste.
ἐπιεικτός, traitable, doux, convenable.

Ἑκών, de bon gré, volontairement.
ἕκητι, *adv.* par la volonté de; à cause de.
ἑκοντί, volontairement,
Ἑκουσιάζομαι, *f.* άσομαι, agir de son plein gré.
ἀεκαζομένος, ἀέκων, ἄκων, contraint.

Ἕκηλος, εὔκηλος, doux, tranquille.
ἑκηλία, εὐκηλία, tranquillité.
Εἰκῆ, *adv.*, par hasard, au hasard, témérairement, en vain.

ΕΙΚΟΣΙ, vingt.
εἰκάς, vingtaine.
εἰκοσάκις, vingt fois.
εἰκοστός, vingtième.

ΕΙΡΓΩ, *f.* ξω écarter, empêcher, défendre.
εἰργαθω—ἐργάθω—γνόω, *id.*
ἔργνυμι—γω, *id.*
ἄρκυς, réseau pour retenir les cheveux; rets.

Εἴργω, *f.* ξω, enfermer, resserrer, restreindre.
εἴργνυμι, *id.*
εἰργμός, emprisonnement.
εἱρκτή, prison.
ἕργμα, obstacle.
ἑρκάνη, clôture.
ἑρκίον, mur d'enceinte.
ἕρκος, clôture, mur, haie, rangée, rempart, soutien, appui.
ἑρκτή, prison.
ἕρχατος, grille.
ἑρχατόω, *f.* ώσω, garnir d'une grille.

Ὅρκος, serment.
ὁρκίζω, *f.* ίσω, faire prêter serment.
ὅρκιον, serment, traité, gage de serment.
ὁρκισμός, action de jurer et de faire jurer.
ὁρκιστής—κωτής, qui fait jurer.
ὁρκόω, *f.* ώσω, faire prêter serment.
ὅρκωμα, serment.

ὁρκωτός, assermenté,

Ἐρείδω, *f.* σω, appuyer, résister; s'opposer à; fondre sur; insister.

ἐρεισμός, appui.

ἕρμα, base, appui, barrière *du stade.*

ἑρμάζω, *f.* ήσω, appuyer.

ἕρμακες, rochers sous les eaux, *plur. de.* :

ἑρμάς, banc de sable.

ἑρμασμός, action d'appuyer.

ἑρματίζω, *f.* ίσω, lester.

ἑρματίτης, lest.

ἑρμίν—μίς, pied d'un lit.

τέρμα, borne, *du stade,* but, fin.

τερμιεύς, qui préside aux limites.

τερμιόεις, situé au bout.

Ἑρμῆς, Mercure.

ἕρμαιον, gain.

ἑρμαῖος, de Mercure.

ἑρμέας, Mercure.

ἑρμηνεία—εύμα, interprétation.

ἑρμηνευτής, interprète.

ἑρμηνεύω, *f.* εύσω, interpréter.

Ἐρύκω, *f.* ξω, | empêcher, retenir, repousser.
ἐρυκάκω, *poët.*, |

ἐρητύω, *f.* ύσω, arrêter, préserver de.

ἔρυμα, rempart,

ἐρυμνός, fortifié, sûr.

Ἐρύω, *f.* ύσω, tirer, traîner.

ἀρύω, *f.* ύσω, puiser, gagner.

ῥύομαι, *f.* ύσομαι, tirer à soi, défendre, protéger, délivrer, se défendre.

Ῥῦμα, salut; tirage; cordage, portée d'un trait.

ῥύμη, force et vitesse d'un corps en mouvement.

ῥυμός, traînée, timon d'un char.

ῥύσιος, sauveur, protecteur.

ῥύσις, salut, délivrance.

ῥυσός, ridé (*figure tirée*).

ῥυσόω, *f.* ώσω, rider.

ῥύσταγμα, action de tirer avec violence, violence; outrage.

ῥυστάζω, | *f.* άσω, | arracher; emporter par violence;
ῥυσιάζω, | | violer.

ῥύστης, sauveur, libérateur.

ῥυτήρ, celui qui tire.
ῥυτιδόω, *f.* ώσω, rider.
ῥυτίς, ride, rugosité.
ῥυτός, tiré, *au plur.* les rênes.

Εἵλκω, *formateur, inus. de :*
ἕλκω, *f.* ξω *ou* ἑλκύσω, tirer, traîner, outrager, violer, déchirer, avaler.
ἑλκηθμός, rapt.
ἕλκος, ulcère, blessure, plaie.
ἑλκόω, *f.* ώσω, blesser, ulcérer.
ἑλκυσμός, action de tirer, violence.
ἑλκυστάζω, *f.* άσω, tirailler.
ἑλκυστήρ, tout ce qui sert à tirer.

Ὁλκός, sillon, traînée, entraînement.
ὁλκαῖος, qu'on traîne, qui se traîne, rampant.
ὁλκάς, vaisseau remorqué.
ὁλκή, action de tirer à soi, attraction, poids.
ὁλκίον, gouvernail d'un vaisseau.

Ἐρεύγω, *f.* ξομαι, roter, vomir.

Ἕρπω, *f.* ψω, ramper, serpenter, grimper, se glisser.
ἑρπετός, rampant *au neut*, reptile.
ἕρπην, dartre.
ἑρπύζω, *f.* ύσω, ramper.

ΕΪΡΟΣ, } laine.
εἴριον, }
εἰρίνεος, de laine.
ἐρέα, laine.
ἐρεοῦς—ρίνεος, de laine.
ἐριθεύω, *f.* εύσω, travailler en laine, être mercenaire.
ἔριθος, ouvrier en laine ; mercenaire.
ἔριον—ρος, laine.

Ἐθείρω, *s. f.*, travailler, orner.
ἐθειράζω, *f.* άσω, soigner sa chevelure.
ἐθείρας, ἔθειρα, chevelure, crinière, perruque.

† Εἴρω, *s. f.*, nouer, entrelacer, faire un tissu; dire; *au moy.* interroger.
εἱρμος, suite.
ἔρσις, action de nouer.

Εἴρων, qui interroge, en dissimulant, dissimulé, railleur.
εἰρωνεία, ironie.
εἰρωνικός, ironique.

ἐρεείνω, *s. f.*; interroger.
ἔρευνα, recherche, perquisition, enquête.
ἐρευνάω, *f.* ήσω, rechercher.
ἔρομαι, *f.* ἐρήσομαι, *id. et* questionner.
ἐρωτάω, *f.* ήσω, questionner, interroger, argumenter.
ἐρώτημα, question, problème.
ἐρώτησις, interrogation, argumentation.

Ἔρω—ῥέω, *inus.*, dire, parler.
ῥηθῆναι, avoir été dit.
ῥῆμα, parole, mot, sentence.
ῥῆσις, parole, discours.
ῥήσκω, *inus.*, dire.
ῥητήρ—τώρ, orateur, rhéteur.
ῥητορεύω, *f.* εύσω, être orateur, pérorer.
ῥητορικός, oratoire.
ῥητός, dit, convenu.
ῥήτρα, parole, oracle.
ῥητῶς, formellement.

Εὑρίσκω, } *f.* ήσω, trouver en cherchant, juger.
εὕρω, *inus.*, }
εὕρεσις—ησις, invention.
εὕρεμα—ημα, chose inventée.

*Εἰρήνη, paix.
εἰρηναῖος, pacifique.
εἰρηνεύω, *f.* εύσω, vivre en paix.

*Ὅρμος, rangée, collier, chaîne; file de vaisseaux dans le port; port, retraite.
ὁρμαθός, rangée, serie, enchaînement.
ὁρμέω, *f.* ήσω, mouiller, être à l'ancre.
ὁρμιά, ligne pour pêcher.
ὁρμίζω, *f.* ίσω, mettre à la rade, mettre en sûreté, affermir, reposer.
ὅρμισις, l'action d'entrer au port, station, mouillage ; repos.

Σειρά, chaîne, frein, corde, trait.
σειραῖος, de trait.
σειράς, chaîne.
σειρήν, sirène.

Ἀμφήρης, à deux séries; à deux rangs; à deux faces, à deux tranchants.

ΕἿΣ, un, μία, une.
ἑνάς—νοτής, unité.

ἑνικός, unique.

ἑνόω, *f.* ώσω, unir.

μηδείς, pas un.

οὐδείς—δεμία—δέν, *id.*

οὐδενάκις, pas une seule fois.

οὐδενία, nullité.

οὐδενόω, *f.* ώσω, réduire à rien.

Ἕνος, ἔννος (*unité de temps?*) l'an, d'un an, qui appartient à l'année, au mois, au jour précédents.

ἐνιαυτός, ἔτος, l'année.

ἐνιαυσιαῖος—αύσιος, annuel.

ἐνιαυτίζω, *f.* ίσω, passer l'année.

ἦνις (βοῦς), génisse d'un an.

Ἄφενος—φνος, revenu annuel, richesse.

ἀφνεῖος—νέος—νήμων, riche.

ἀφνείομαι, *f.* σομαι, s'enrichir.

Ἴος, οἶος, seul.

οἰοπόλος, solitaire.

οἰόω, *f.* ώσω, isoler, laisser seul.

Ἴον, la violette, (*fleur solitaire*).

ἴασμη, parfum de violette.

ἰοειδής—όεις, violet.

Οἴαξ, gouvernail (*qui seul dirige*).

οἰακίζω, *f.* ίσω, diriger, régner.

Ὠόν, œuf (*pondu seul*).

ΕἸΣ, ἐς, { *prép.* dans, à, vers, en, pour, jusqu'à, envers, environ, *en comp. : entrée dans un lieu, mouvement, tendance vers un but ; idée de partage, division.*

εἰσαεί, toujours.

εἴσω, ἔσω, dans, audedans, jusqu'à.

εἴως, ἕως, jusqu'à ce que.

τέως, cependant.

Ἑσπέρα, occident (*limite du dedans, du gouffre intérieur*), *par ext.*, soir, soirée.

ἑσπέριος—ρινός, du soir.

ἕσπερος, l'étoile du soir ; Vénus ; le soir.

ἘΚ, *ou devant les voyelles*, ἐξ, *prép.* de, hors de, du haut de, depuis, d'entre, par suite de, par, *en comp.*, *départ, séparation, exclusion, ou simplement augmentatif.*

Ἕκας, loin.

ἕκαθεν, de loin.
ἕκατος, qui frappe de loin.
Ἑκατόν, cent (*loin de l'unité*).
διακόσιοι, deux cents.
ἑκατοντάς, centaine.
ἑκατοστός, centième.
ἑκατοστύς, *ion.*, centurie.

Ἔσχατος, le plus éloigné, le dernier, extrême.
ἐσχατεύω, *f.* εύσω, être le dernier, tarder.
ἐσχατιά, extrémité, bout.
ἐσχατίζω. *f.* ίσω, venir le dernier, tarder.
ἐσχάτως, extrêmement, au plus haut point.

† Ἐκεῖ, là-bas, là, dans ce lieu là.
ἐκεῖνος, celui-ci, ce.
ἐκείνως, de cette manière là, ainsi.
ἐκεῖσε, κεῖσε, là *avec mouvement.*
ἐκτός, *adv.*, dehors, en dehors.
ἑξῆς, *adv.*, à la suite, ensuite, de suite, par dégrés.
ἔξω, *adv.*, au-delà, dehors, au dehors.

Ἐχθές, χθές, hier.
χθεσινός, d'hier.
χθιζός, *id. et au n.* hier.
πρόχθες—ωϊζα, avant hier.

Ἔχθος, haine.
ἐχθαίρω, *f.* αρῶ, haïr.
ἔχθημα, objet de haine.
ἔχθιμος, haï.
ἔχθιστος, très-ennemi, très-odieux.
ἐχθίων, plus ennemi, plus odieux.
ἔχθρα, haine.
ἐχθραίνω—θρεύω, être ennemi.
ἐχθρός, ennemi, odieux.
ἔχιδνα—χις, vipère (*reptile ennemi*).
ἐχῖνος, hérisson (*d'aspect odieux*).

† Ἕκαστος, chacun.
ἑκαστάκις, chaque fois.
ἑκασταχῆ—χόθι—χόσε—άστοσε, partout.
ἑκασταχόθεν, de tout côté.
ἑκάστοτε, toujours.
ἑκάτερος, tous deux, l'un et l'autre.
ἑκατεράκις, chacune des deux fois.
ἑκάτερθε—θεν, des deux côtés.

ἑκατέρω—ρωσε, vers chacun des deux côtés.
ἑκατέρωθεν—θι, des deux côtés.
Αὐθέκαστος, chacun pour soi, qui se suffit, simple, franc, libre, exact, sévère.

ἘΛΑΎΝΩ, *f.* άσω, pousser, chasser, inciter, étendre sous le marteau, laminer, persécuter, tourmenter.
ἐλασία, course à cheval.
ἔλασις, *id. et* incursion, laminage, poursuite.
ἔλασμα, lame métallique.
ἐλαστής, celui qui pousse ; cocher, écuyer.
ἔλαστρον, fouet, aiguillon.
ἐλάτη, sapin, pique, rame, barque.
ἐλατήρ, rameur, cocher, cavalier.
ἐλάτινος, de sapin, de palmier.
ἐλατός, ductile ; *en comp.* envoyé, chassé.
εὔληρα, brides, rênes.

Ἐλαία, olivier, olive.
ἐλαιάς, olive.
ἔλαιον, huile.
ἔλαιος, olivier sauvage.
ἐλαΐς, olivier.
ἐλαιόω, *f.* ώσω, huiler.
ἐλαιών, plant d'olivier.

Ἔλαφος, cerf, biche, (*qui s'élance*).
ἐλαφρία, légèreté, vitesse.
ἐλαφρίζω, *f.* ίσω, rendre plus léger, alléger, soulager.
ἐλαφρός, leste, léger, *au propre et au fig.*
ἐλαφρότης, légèreté, vitesse.
ἐλλός, faon.

Ἐλαχύς, petit, chétif (*qu'on repousse, qu'on opprime, qu'on néglige*).
Ἐλάσσων, *comp.*, plus petit, moindre, moins nombreux.
ἐλασσονάκις, moins souvent.
ἐλασσονέω, *f.* ήσω, avoir le dessous.
ἐλασσόνως, moins.
ἐλασσόω, *f.* ώσω, avilir, appauvrir.
ἐλάσσωμα, infériorité.
ἐλάσσωσις, diminution, affaiblissement.
ἐλάχιστος, *superl.*, le plus petit, le moindre, très-petit.

Ἐλέγχω, *f.* ξω, blâmer, accuser, *par ext.* démontrer, convaincre.
ἐλεγτικός, qui aime à blâmer, propre à convaincre.

ἔλεγξις, reproche, démonstration.
ἐλεγχής, voué aux outrages; blâmable.
ἔλεγχος, blâme, démonstration.

Ὀλίζων, *p.* ἐλάσσων.
ὀλίγον, un peu.
ὀλίγος *c.* ἐλαχύς, *plus s.* en petit nombre.
ὀλιγοστός, qui est en petit nombre.
ὀλιγότης, petitesse, petit nombre, rareté.
ὀλιγωρέω, *f.* ήσω, négliger.
ὀλιγωρία, négligence.
ὀλίγωρος, négligent, méprisant.
ὑπολίζων, un peu moindre.

Ἔλδομαι, ἐέλδομαι, souhaiter, s'occuper de.
ἔλδωρ, ἐέλδωρ, vœu, souhait.

† Ἠλακάτη, quenouille, tige de roseau.
ἠλάκατα, fils qu'on tire de la quenouille.

Ἠλάσκω, *s. f.*, tourner (*en vacillant*), errer, s'égarer; fuir, éviter.
ἠλαίνω, errer, voltiger çà et là, être fou, extravagant.
ἠλέος, ἠλός, fou, insensé, sot.
ἤλιθα, follement.
ἠλίθιος, fou, sans honneur.
ἠλιθιότης, ἠλοσύνη, } folie.

ἘΛΕΦΑΊΡΟΜΑΙ, *f.* αροῦμαι, tromper; nuire, dévaster.
ἐλέφας, éléphant; *par ext.*, ivoire.
ἐλεφάντειος—τικος—τινος, d'ivoire, d'éléphant.

ἘΝ, *prép.*, en, dans, sur: *en compos.*, *elle augmente ou diminue l'idée du mot principal.*
ἐμ, *p.* ἐν, *devant les labiales et le* μ.
ἔνδον, dedans.
ἕνεκα—κεν, à cause de, en faveur de, afin de.
ἔνθα, alors, quand; là, où.
ἐνθάδε, ici.
ἔνθεν, d'ici, de là.
ἐνί, *p.* ἐν.
ἔνιοι, quelques-uns, plusieurs.
ἐνίοτε, quelquefois.
ἐντός, en dedans, en deçà.
ἔντοσθε—θεν—θι, *même sens.*

Οὕνεκα, parce que; à cause de ce que.

τούνεκα, à cause de cela.

Ἔντερα, les entrailles.
ἔντερον, intestin.
ἐντερεύω, *f.* εύσω, éventrer.
ἐντερίκος, intestinal,
ἐντεριώνη, le dedans.
ἐντόσθια, les entrailles.

† Ἐγκάς, *adv.*, au fond, profondément.
ἐγκάρσιος, traversant, de travers, oblique.
ἔγκατα, les entrailles.

Ἐνεγκεῖν, *aor,, infi.* 2. *de* φέρω, porter.
ἠνεκής, étendu.
ἠνία, rênes (*qu'on étend*); bride, courroie.
ἠνιάζω, *f.* άσω, brider.
ἠνίον, bride; rênes.
ἠνιοχεύς—ίοχος, cocher.
ἠνιοχεύω—χέω, tenir les rênes; conduire.

Τείνω, *f.* ενῶ, tendre, *en tous sens*; s'étendre, avoir rapport à.
τανύω, *f.* ύσω, *id.*
τανaός, allongé, grand.
τανύ, *en comp*, aux grands, aux longs.
τάνυσις—άσις—ανυστύς, tension; *le* 2e extension, intonation.
τένων, tendon, muscle; cou, montagne.
τετανός, tendu, roide.
τίναγμα—ιναγμός, ébranlement, secousse.
τινάσσω, *f.* ξω, brandir (*un dard*), secouer, effrayer.
τιταίνω, *f.* ανῶ, tendre, allonger.
τιτάν, Titan, géant.
τίτανος, plâtre, chaux, enduit.
τοναῖος, tendu, intense.
τόνος, tension, effort, force, ton.
τρυτάνη, balance.
στόνος, plainte, sanglot.

Στένω, *f.* νῶ, gémir, plaindre, resserrer.
στεινός, étroit.
στεῖνος, défilé, angoisse.
στείνω,—ενῶ, resserrer.
στέναγμα, } gémissement.
στεναγμός, } gémissement.
στενάζω, *f.* άξω, } gémir, soupirer.
στενάχω, *s. f.*, } gémir, soupirer.

στενός, étroit.
στενότης, manque d'espace.
στενόω, *f.* ώσω, resserrer.
στενώδης, étroit, resserré.
στενωπός, *adj. id.*, *subs.*, ruelle.
στενῶς, étroitement, à l'étroit.
στένωσις, action de resserrer.
στοναχέω, *f.* ήσω, } gémir, sangloter.
στοναχίζω, *f.* ίσω, } gémir, sangloter.
στόναχος—οναχή, soupir, sanglot.
στονόεις, gémissant, lamentable.

† Ἤν, ἠνί, *interj.*, voici, voilà.
ἡνίκα, quand, lorsque.
τηνίκα, alors, à cette heure.

Ἵνα, pour que, afin que, où, quoique.

ἘΝΝΈΑ, neuf.
ἐννεάκις—νάκις, neuf fois.
ἐνναταῖος, qui se fait le neuvième jour.
ἔννατος—νατος, neuvième.
ἐννέας, neuvaine.

ἝΞ, six.
ἑκταῖος, qui se fait le sixième jour.
ἕκτος, sixième.
ἑξάς, nombre de six.

ἙΟΡΤΉ, jour de fête.
ἑορτάζω, *f.* άσω, célébrer une fête.
ἑορταῖος—τάσιμος—τάσιος, de fête.
ἑόρτασμα, fête.
ἑορτασμός, célébration d'une fête.

ἘΠΊ, *prép.* sur, dans, en présence de, pour, du temps de, à, vers, jusqu'à ; *en composition, augmente la valeur du verbe simple.*
ἐπείγω, *f.* ξω, pousser, presser, animer.

Ἐπηρεάζω, *f.* άσω, offenser, endommager, calomnier.
ἐπήρεια, offense, tort, perte, insulte.

Ἐπίκουρος, auxiliaire.
ἐπικουρέω, *f.* ήσω, secourir, assister.
ἐπικουρία, secours.

Ἐπιπολῆς, à la surface, visiblement, superficie.
ἐπιπολάζω, *f.* άσω, flotter à la surface.

ἐπιπόλαιος, superficiel.
Ἐπιτηδές, commodément.
ἐπιτήδειος—δεος, commode.
ἐπιτήδεια, les commodités de la vie.
ἐπιτηδειόω, *f.* ώσω, rendre commode.
Ἐπιτηδεύω, *f.* εύσω, s'étudier à, s'occuper.
ἐπιτήδευμα, habitude.
ἐπιτήδευσις, occupation.
ἐπιτηδεύτος, affecté.
Ἐφ', *p.* ἐπί, *devant une aspirée.*
ἐφέστιος, qui est près du foyer; serviteur.
ἐφετμή, ordre.
† Ἐπεί, *conj.*, puisque, vu que, après que ; dès que.
ἐπειδάν, après que.
ἐπειδή, puisque, après que.
ἔπειτα, εἶτα, ensuite, désormais, après cela ; et puis.
ἙΠΤΆ, sept.
ἑπτάς, nombre de sept.
ἑπταῖος, qui se fait le septième jour.
ἑπτάκις, sept fois.
ἑπταχῆ, en sept parties.
Ἕϐδομος, septième.
ἑϐδομαδικός, septennaire.
ἑϐδόματος, septième.
ἑϐδομάς, nombre de sept.
ἑϐδομάκις, sept fois.
ἑϐδομεύω, *f.* εύσω, célébrer le septième jour.
ἝΠΩ, *f.* ψω, s'occuper de.
ἕπομαι, *f.* ψομαι, suivre, s'ensuivre.
διέπω, *s. f.*, administrer ; gouverner.
περιέπω, *f.* ψω, soigner, choyer, gouverner.
ἐφέπω, *f.* ψω, *aor.* 2 *subj.*, ἐπίσπω, *sens précédent et,* et atteindre; subir, céder à.
ὀπαδός, compagnon; suivant, *et adj.*, qui accompagne.
ὀπαδεύω, *f.* εύσω, } suivre, accompagner.
ὀπαδέω, *f.* ήσω, }
ὀπάζω, *f.* άσω, donner pour compagnon, adjoindre ; joindre; donner, faire naître ; suivre, poursuivre.
ὀπάων, compagnon.
Ὄπις, soin, égard, providence *ou* vengeance divine.
ὀπιδνός, respecté.

ὀπίζομαι, *f.* ίσομαι, respecter.
ὄπισθε—θεν, derrière, par-derrière, ensuite, après.
ὀπίσθιος, postérieur, situé par-derrière.
ὀπίστατος, le dernier.
ὀπίστερος, postérieur.
ὀπίσω, ensuite, après, derrière, par derrière, dans l'avenir.
ὀψέ, tard.
ὀψία, le soir.
ὀψίζω, *f.* ίσω, être tardif; faire tard.
ὄψιμος—ψιος, tardif.
ὀψιότης, tardiveté.
ὀψίσμος, retard.

† Ἔπω, ἔσπω, { *inf.*, εἰπεῖν, } dire, *confond ses temps avec* λέγω.
ἄσπετος, inexprimable, infini.
ἐνέπω, ἐνίπτω, ἐνίσπῶ, dire, raconter, chanter, réprimander.
ἐνοπή, chant, clameur, voix.
ἔπος, parole, mot, poëme.
ἐπικός, épique.
ἐψία, *ou* ψιά, conversation; jeu, amusement.
ἐψιάομαι, *f.* άσομαι, *ou* ψιάζω, *f.* άσω, causer, plaisanter, jouer.

Ὄψ, voix.
ὄσσα, voix, renommée.
ὀσσεία, prédiction.
ὀσσεύομαι, *f.* εύσομαι, présager.

Οἰωνός, augure (*qui croit la voix des dieux*), oiseau.
οἰωνίζομαι, *f.* ίσομαι, être augure.
οἰωνιστής, augure.

Ὀμφή, voix, oracle divin.
ὀμφαῖος—φήεις, prophétique.
ὀμφητήρ, prophète.

*Νήπιος, enfant, sot, insensé.
νηπιάα, enfantillage.
νηπιάζω, *f.* άσω, faire des enfantillages; tomber en enfance.
νηπιαχεύω, *f.* εύσω, *id.*
νηπίαχος, enfant.
νηπιέη—πιεία, enfance.
νηπίειος, enfantin.

νηπιεύομαι, *f.* εύσομαι, agir en enfant.
νηπιότης, enfance, action d'enfant, sottise.
νηπιώδης, enfantin.

Ἤπιος, doux, bon.
ἠπάομαι, *f.* ήσομαι, adoucir, réparer, recoudre.
ἠπιάω, *f.* άσω, adoucir.
ἠπιότης, douceur, bonté.
ἠπιόω, *f.* ώσω, adoucir, guérir.

† Κῆπος, jardin.
κηπεία, jardinage.
κήπιον, petit jardin.

†Σκέπη, protection ; abri.
σκεπάζω, *f.* άσω, abriter, couvrir, envelopper.
σκέπας, abri, couvert, enveloppe, voile.
σκέπασις, action de couvrir, abri, protection.
σκέπασμα, *c.* σκέπας.
σκεπαστής, protecteur, défenseur.
σκεπαστικός, propre à couvrir, à défendre.
σκεπαστός, abrité.
σκεπάω, *poét. p.* σκεπάζω.

Σκεῦος, habillement, arme, vase, objet d'équipement, meuble.
σκευάζω, *f.* άσω, équiper, préparer, orner, construire.
σκευασία, équipement, vaisselle.
σκεύασις, action d'équiper.
σκεύασμα, équipement.
σκευαστός, préparé ; factice.
σκευή, costume ; harnais, appareil.
σκευωρέομαι, *f.* ήσομαι, *garder les équipages*, s'occuper de ; imaginer.
σκευώρημα, invention.

†Στέφω. orner, emplir, ceindre, couronner.
στέμμα, guirlande, bandelette.
στεφάνη, couronne, couronnement.
στεφανίζω, *f.* ίσω, couronner.
στέφανος, couronne, guirlande.
στεφανόω, *f.* ώσω, couronner, entourer.

ἜΡΑ, terre.
ἔνερθε—θεν, νέρθε, dessous, en bas, de dessous.
ἔνεροι, les morts.
ἔραζε, à terre.
ἠρίον, tombeau.

Ἐράω, *f.* άσω, extraire, épuiser ; *par ext.*, désirer, aimer.
ἔραμαι, *f.* ἐράσομαι, aimer.
ἐραννός—άσμιος—ατεινός—αστός—ατός, aimable.
ἐραστεύω, *f.* εύσω, *c.* ἐράω.
ἐραστής, amant, qui aime.
ἔρνος, rejeton.
ἔρος—ως, amour, désir ; l'Amour.
ἐρωτιάω, *f.* άσω, être amoureux.
ἐρωτικός, érotique.
ἐρωτύλος, petit amour (*terme de tendresse familière*).

Ἔρανος, festin par écot (*d'amis*), écot, collecte, aumône.
ἐρανίζω, *f.* ίσω, contribuer, mettre à contribution ; quêter.

† Ἔρημος, désert.
ἐρημάζω, *f.* άσω, vivre dans la solitude.
ἐρημία, solitude, abandon.
ἐρημικός, solitaire.
ἐρημίτης, *id. et* ermite.
ἐρημόω, *f.* ώσω, dévaster, isoler, délaisser.
ἐρήμωσις, dépopulation.

Ἐρεμνός, sombre, obscur; ténébreux.
ἐρεβεννός, *id. et* noir.
ἔρεβος, noirceur, obscurité, Erèbe.

Ἔβενος—βελος, ébène, ébénier.

Ἐρέβινθος, pois chiche.

Ἐρέφω—πτω, *f.* ψω, couvrir de son ombre; couvrir; couvrir d'un toit, orner de feuillages.
ἀμφηρεφής, couvert de toutes parts; fermé.
ὀροφή, toiture, plafond, maison.
ὄροφος, toit, roseau (*à couvrir les toits*).
ὀρόφωμα, toiture.
ὀροφοτός, couvert d'un toit.

Ὄρφνη, ténèbres.
ὀρφναῖος, sombre, ténébreux, noir.
ὀρφνός, μορφνός, *id.*

Ὀρφανός—φός, orphelin (*en deuil*).
ὀρφανεύω, *f.* εύσω, être tuteur.
ὀρφανία, état d'orphelin, privation, veuvage.
ὀρφανίζω, *f.* ίσω, rendre orphelin, dépouiller.
ὀρφανικός, d'orphelin.

† Χέῤῥος—έρσος, terre inculte, continent, terre ferme, *adj.*, isolé, sec, aride, privé de, veuf, vierge.
χέρσονδε, sur le continent.

χερσόνησος, presqu'île.
χερσόω, *f.* ώσω, rendre stérile, négliger.
ἘΡΕΎΘΩ, *f.* σω, rendre rouge, teindre en rouge, *au moy.*, rougir.
ἐρευθαλέος—θήεις—θής, rouge.
ἐρευθέδανον, garance.
ἔρευθος, rougeur.
ἐρυθαίνω, *f.* ήσω, ἐρυθραίνω, *f.* ανῶ, ἐρυθριάω, *f.* άσω, } rougir.
ἐρυθρόδανον, garance.
ἐρυθρός, rouge, *subst.*, sumac.
ἘΡΙ, *part.*, *insép. et augmentative.*
ἘΡΙΝΕΌΣ, figuier; sauvage.
ἜΤΙ, *adv.*, encore, de plus.
ἔτ' οὐχ, *c.* οὐκέτι, ne ; ne plus.
ΕΫ. *adv.*, bien.
εὖγε, bien, à merveille.
Ἐΰς, bon, beau, digne, brave, grand.
ἀπηνής, cruel, farouche.
ἐάων, les biens, les richesses, *gén. plur.*, *de* ἐΰς.
ἐνηείη, douceur, bonté.
ἐνηής, doux.
εὐρύς, large, vaste.
εὐρύτης, largeur.
ἠΰ, joliment, *en comp.*, au beau, aux beaux, aux belles.
ἠΰς, *ion.*, *pour* ἐΰς,
Αὐξάνω, *f.* αὐξήσω, αὔξω, *et poét.*, ἀέξω, } exalter, célébrer, élever, croître, accroître, fortifier.
αὔξημα, augmentation, croissance.
αὔξησις, croissance.
ἜΧΩ, *f.* ξω, σχῶ, *f.* ήσω, } avoir, retenir, penser, être dans tel ou te état.
ἀζηχές, *adv.*, sans relâche, *p.* ζαηχὲς.
ἑκτός, qu'il faut, qu'on peut avoir; qu'on peut supporter.
Ἕξις, manière d'être, habitude, constitution.
ἑκτικός, habituel.
Ἔχμα *et* ὄχμα, appui, obstacle.
ἐχμάζω, *et* ὀχμάζω, *f.* άσω, s'appuyer, enchaîner.
Ἐχέτλη, anse; le manche de la charrue.
ἐχετλεύω, *f.* εύσω, labourer,

Ἐχυρός, sûr, fortifié.
ἐχυρόω, *f.* ώσω, fortifier.
ἐχύρωμα, fortification.

Ἴσχω, *f.* σχήσω, avoir, arrêter, valoir, tenir.
ἰσχανάω, *f.* ήσω, arrêter, retenir, désirer.
ἰσχάνω, *f.* ανῶ, *c.* ἴσχω,

Ἰσχνός, *par antiphrase*, frêle, maigre, fin.
ἰσχαίνω, } *f.* ανῶ, } dessécher.
ἰσχναίνω,

Ἶσχις, les reins.
ἴσχιον, la hanche, l'os où s'emboîte le fémur.

Ἰσχύς, } force, puissance, pouvoir, énergie, *le dernier*,
κίκυς, } homme fort.
αἶσχος, laideur, *physique et morale*; honte.
αἰσχρός. honteux.
αἰσχύνη, honte.
αἰσχύνω, *f.* υνῶ, enlaidir, outrager, déshonorer; *au moyen*, rougir; respecter.
ἀσχαλάω, *s. f.*, } être triste, avoir des peines.
ἀσχάλλω, *f.* αλῶ,
ἰσχυρίζομαι, *f.* ίσομαι, employer toutes ses forces, combattre; s'appuyer sur, affirmer avec force.
ἰσχυρός, fort; durable.
ἰσχυρόω, *f.* ώσω, fortifier.
ἰσχύω, *f.* ύσω, être fort.
κίκιννος, cheveux crêpus, frisés.

Ὄχα, *pour* ἔξοχα, *adv.*. de beaucoup.

† Ὀχός, *et en comp.*, οὖχος, *adj.*, qui a, qui contient, qui retient, solide, tenace.

Οἶκος, maison, *dans tous les sens*.
οἰκεῖος, qui est de la maison, convenable.
οἰκειότης, familiarité.
οἰκειόω, *f.* ώσω, unir, approprier, identifier.
οἰκείως, familièrement.
οἰκέτης, domestique, familier.
οἰκετικός, qui concerne le service.
οἰκεύς, domestique, familier.
οἰκέω, *f.* ήσω, habiter, administrer.
οἴκημα, habitation.
οἰκήσιμος, habitable.
οἴκησις, habitation; action d'habiter.

οἰκητήριον, habitation.
οἰκητής, habitant.
οἰκητός, habité, habitable.
οἰκία, c. οἶκος.
οἰκιακός, domestique.
οἰκίζω, f. ίσω, loger, installer, peupler, fonder.
οἰκίον, petite maison; nid, tanière.
οἴκισις, l'action de loger, d'installer.
οἴκοι, *adv.*, à la maison.
οἰκουμένη, la terre habitable.
οἰκουμενικός, écuménique, universel.

*Ὄχος—χημα, vaisseau, voiture, moyen de transport.
ὀχάνη, ὄχανον, ce qui retient, lien, courroie, poignée de bouclier.
ὀχεά—χή, repaire, caverne.
ὀχεύς, lien, agrafe, courroie, barre.
Ὀχετεία, canal d'irrigation.
ὀχετηγός, qui fait un canal.
ὀχετός, canal, ruisseau, égout.
ὀχέω, f. ήσω, voiturer, porter, souffrir.

Ὀχλεύς, μοχλός, levier.

Ὀχλέω, μοχλέω, f. ήσω, remuer, soulever, mouvoir, agiter, tourmenter.
ὄχλημα, tourment, embarras.
ὄχληρια, importunité.
ὀχληρός, importun, fâcheux.
ὄχλησις, contrariété, embarras.
ὀχλίζω, f. ίσω, soulever avec un levier, avec peine; rouler.
ὄχλος, remuement, sédition, foule, bas peuple.
ὀχλώδης, tumultueux, ennuyeux.
ὀχυρός, fort, ferme, fortifié.
ὀχυρόω, f. ώσω, fortifier.
ὀχύρωμα, lieu fortifié, ville.

Τόξον, carquois, arc, art de tirer de l'arc.
τοξάζομαι, f. άσομαι, tirer de l'arc.
τοξευτής, archer.
τοξεύω, f. εύσω, tirer de l'arc.
τοξικόν, venin.
τοξικός, d'arc, d'archer.
τοξοσύνη, art de tirer de l'arc.

† Σχέθω, *s. f., poët. p.* ἔχω.
σχεθρῶς, exactement.
σχεσίς, manière d'être passagère.
σχετήριος—τικός, propre à retenir.
σχετήριον, qui retient.
σχετλιάζω, *f.* άσω, se plaindre.
σχέτλιος, qui supporte ou fait supporter; misérable, méchant.

Σχεδόν, de près, près, presque.
σχέδην, de près, lentement.
σχέδιως, } de près.
σχεδόθεν, }
σχένδυλα, tenaille.

Σχέδιος, proche, fugitif, à la hâte.
σχεδία, barque légère, pont volant.
σχεδιάζω, *f.* άσω, faire à la hâte.
σχέδον, tablettes, brouillon, croquis.

Σχῆμα, forme, figure, costume.
ἀσκέω, *f.* ήσω, former, exercer, travailler, orner, honorer.
ἄσκημα, objet d'exercice.
ἄσκησις, exercice, méditation, étude.
ἀσκητής, qui exercer, qui s'exerce, athlète.
ἀσκητικός, propre à exercer, ascétique.
ἀσκητός, travaillé avec soin.
ἀσκός, outre.
σχηματίζω, *f.* ίσω, former, orner.
σχηματισμός, manière d'être.

Ὑπίσχομαι, } *f.* ὑποσχήσομαι, promettre, *dans tous les sens.*
ὑπισχνέομαι, }

* Σηκός, habitation, lieu clos, cage, poids.
σηκάζω, *f.* άσω, clore.
σηκίς, } esclave intérieur.
σηκύλη, }
σηκόω, *f.* ώσω, peser.
σήκωμα, poids.

Στέγω, *f.* ξω, couvrir, contenir, endurer.
στεγάζω, *f.* άσω, couvrir d'un toit.
στεγανός, couvert.
στεγή, toit, *dans tous les sens.*
τέγος, *même sens.*

ΕΩ, *inus.*, être; se mouvoir, marcher.
ἕω, *inus.*, jeter, revêtir.

ἴω, κίω, *inus.*, aller, venir.

† Εἰμί, *f.* ἔσομαι, être.
ἐτεός—τήτυμος, vrai, réel.
ἔτυμος, *id.*
ἔτυμον, étymologie.
ἐτυμότης, *id. et* vérité, réalité.
ὄντως, réellement.
οὐσία, substance, être, fortune.
οὐσιόω, *f.* ώσω, donner l'être.
οὐσίωσις, création.
ὤν, étant, vrai, réel.

Ἐτάζω, *f.* άσω, rechercher, examiner.
ζητέω, *f.* ήσω, *id. et* discuter, désirer, demander.
ζήτημα, objet de recherche.
ζήτησις, recherche, étude, discussion.

* Ἔξεστι, *f.* ἐξέσται, *verbe impers.* il est permis.
ἐξουσία, liberté, pouvoir, autorité.
ἐξουσιάζω, *f.* άσω, être puissant.

Κυρέω—ρω, *s. f.*, être, se trouver par hasard, trouver; rencontrer, acquérir.
κύρημα—ρμα, trouvaille.
ἑκυρός—ρά, beau-père, belle-mère (*qui acquiert*).

† Εἶμι, *f.* εἶμι, aller, venir.
ἴθι, allons, courage, eh bien!
ἶθμα, marche.

Ἰθύς, εὐθύς, droit, qui va en ligne droite.
ἰθέως, εὐθέως, εὐθύ, sur-le-champ.
ἰθύνω, εὐθύνω, *f.* υνῶ, diriger, gouverner.
ἰθύω, *f.* ύσω, θύνω, *f.* υνῶ, θύω, *f.* ύσω, } se porter impétueusement, *le dernier par ext.*, immoler, tuer, sacrifier, encenser.
θύελλα, tempête.
θυελλώδης, orageux.
θῦμα, victime, parfum.
θυμέλη, autel, temple; scène.
θυμία, *en comp.*, empressement; ardeur.
θυμίαμα, encens, parfum.
θυμιάω, *f.* άσω, encenser, parfumer, exhaler des vapeurs.
θύμον—μος, thym.
θυμός, courage impétueux; colère, cœur, âme, esprit, vie.
θυμόω, *f.* ώσω, irriter.

θυμώδης, courageux; irascible.
θύννος, thon, *poisson.*
θυόεις—ήεις—ώδης, parfumé, embaumé.
θύον, encens, parfum ; thuia.
θυόομαι, *f.* ώσομαι, entrer en fureur.
θύος, victime, parfum.
θυοσκόος, sacrificateur, devin.
θυόω, *f.* ώσω, parfumer.
θύρσος, thyrse.
θύσαι—ας, bacchantes.
θυσανόεις, garni de franges.
θύσανος, frange.
θύσθλον, thyrse; fêtes de Bacchus.
θυσία, sacrifice, victime.
θυσιάζω, *f.* άσω, célébrer les fêtes de Bacchus.
θυσιάς—ῖαι, bacchantes.
θύτης, sacrificateur, devin.
ἰτέα, saule.
ἴτης, hardi, audacieux, effronté.
Ἕτοιμος, prompt, facile, prêt, disposé.
ἑτοιμάζω, *f*, άσω, préparer.
ἑτοιμασία, apprêt.
ἑτοιμότης, promptitude.
ἐτός, témérairement, en vain.
ἐτώσιος, vain, inutile.
ἰταμός, audacieux.
ἰταμότης, audace.

Τηΰσιος, *c.* ἐτώσιος.
τητάω, *f.* ήσω, priver.

† Ἥκω, ἵκω, { *f.* ξω, } venir, arriver, aller, passer, revenir, en venir à, se rapporter à
ἱκάνω, *s, f., id. et* aborder, toucher.
ἱκνέομαι, *f.* ἵξομαι, *id.*
ἱκανός, venant à propos, propre, convenable, capable.
ἱκανότης, aptitude, capacité, suffisance.
ἱκανόω, *f.* ώσω, rendre propice.
ἱκανῶς, convenablement.
ἱκεσία—τεία, supplication, prière.
ἱκετεύω, *f.* εύσω, supplier.
ἱκετηρία, sacrifice de suppliant.
ἱκέτης, ἵκτης—τωρ, suppliant.
ἵκμενος, favorable à l'arrivée.
ἴκταρ, *adv.*, près.

ἱκτήριος, de suppliant.
ἷξις, l'arrivée.

Εὔχομαι, *f.* ξομαι, εὐχετάομαι,	prier, promettre, vouer, se glorifier, affirmer.

εὐκτηριός, consacré à la prière.
εὐκτός, désirable.
εὐχέτης, suppliant.
εὐχή, prière, vœu, désir ; action de se vanter.
εὖχος, objet de désir, de prière ; gloire.
εὐχωλή, prière ; gloire, orgueil, cri de joie.

Αὐχέω, *f.* ήσω, se vanter, prétendre ; dire.
αὐχενίζω, *f.* ίσω, se rengorger, marcher fièrement.
αὐχή, καύχημα, jactance ; sujet de jactance.
αὐχήν, le derrière du cou, le col ; col, timon.
αὔχεσις, καύχησις, forfanterie ; jactance.
αὐχητικός, fier, superbe ; qui inspire de l'orgueil.
καυχάομαι, *f.* ήσομαι, se glorifier.

Ἴχνος, trace ; plante du pied.
ἰχνεύω, *f.* εύσω, chercher à la piste.
ἴχνευμα, vestige ; ce qu'on cherche.
ἰχνεύμων, ichneumon.
ἴχνιον, vestige.

εἰχνέω, *ion. pour,* οἴχομαι, *f.* οἰχήσομαι,	aller, marcher, courir, s'élancer, s'en aller, périr, être mort.

* Ἰσθμός, isthme, gorge, détroit.

Ἴτυς, rondeur, circonférence, cercle.

† Θέω, *f.* θεύσομαι, courir, aller, voyager.
θαίρος, essieu d'une roue ; gond.
θεῦσις, course.
θήγω, *f.* ξω, animer, exciter, aiguiser.
θήρ, θηρίον, bête sauvage.
θήρα, chasse des bêtes sauvages.
θηράω—εύω, chasser, obtenir, atteindre.
θήρευσις, chasse.
θηρευτής, chasseur.
θηριότης, nature farouche.
θηριόω, *f.* ώσω, rendre farouche.
θηριώδης, féroce, farouche, sauvage.
θοάζω, *f.* άσω, se mouvoir rapidement, apprêter vivement.
θόασμα. lieu où l'on court.
θοός, rapide, prompt, vite.
θοόω, *f.* ώσω, rendre prompt.

θῶς, chacal.

† Θέω, *formateur inus. de :*

Τίθημι, *f.* θήσω, mettre, poser, placer, faire.

θακέω *c.* θάσσω.

θάκος, siége.

θάσσω, *f.* ξω, être assis, accroupi; camper.

θείνω, *f.* θένω, enfoncer en frappant, frapper, exciter.

θέμα, ce qu'on pose; ce qu'on dépose; thême.

θέμεθλον—μηλον, } fondement, fondation.
θεμείλιον—μέλιον, }

θεμέλιος, fondamental.

θεμελιόω, *f.* ώσω. fonder, baser.

θεμερός, grave, respectable.

θέμις, loi, loi divine; Thémis, droit.

θεμιστεύω, *f.* εύσω, rendre la justice.

θεμιτός, juste, légal.

θέσις, l'action de poser, thèse, assertion.

θέσμιος, juste, légal.

θεσμός, l'action de placer, place, loi, usage.

θετός, posé, fixe, établi.

θήκη, lieu ou meuble à déposer des objets, cercueil; action de placer; aide.

θής, mercenaire.

θητεύω, *f.* εύσω, travailler moyennant salaire.

Θησαυρός, trésor.

θησαυρίζω, *f.* ίσω, thésauriser.

θησαύρισμα, réserve.

θησαυρισμός, action d'amasser.

θησαυριστής, qui amasse.

θίς *et* θίν, amas, tas, monceau, rivage.

θινόω, *f.* ώσω, ensabler.

θωή, punition, amende, perte, blâme.

ἀθῷος, innocent.

Θωμός, tas de blé, de paille.

θωμίζω, *f.* ίξω, lier avec une corde; flageller.

Θώραξ, la poitrine, l'estomac, cuirasse; parapet, muraille.

θωρακεῖον, mantelet d'un mur.

θωρακίζω, *f.* ίσω, cuirasser, armer.

θωράκιον, petite cuirasse.

θωρακίτης, guerrier cuirassé.

θωρηκτής, *id.*

θώρηξις, cordial, vin pour reconforter.

θωρήσσω, *f.* ήξω, cuirasser, enivrer.

Παρθένος, vierge (*que l'on place auprès de soi, que l'on prend pour compagne*).
παρθενεία, vie passée dans la virginité.
παρθένειος, virginal.
παρθενεύω, *f.* εύσω, rester vierge.
παρθενία, virginité.
παρθενικός, virginal.
παρθενώδης, de vierge, efféminé.
παρθενών, appartement des vierges; Parthénon.

* Τεύχω, *f.* ξω, faire, fabriquer, construire, machiner.
τεῦχος, meuble, outil.
τεχνάζω, *f.* άσω, fabriquer, machiner, méditer.
τέχνασμα—νημα, œuvre d'art, machine, machination.
τεχναστής—νίτης, artiste ; machinateur.
τέχνη, art, industrie.
τεχνήεις, fait avec art.
τεχνικός, technique; d'art.
τυκίζω, *f.* ίσω, tailler (*la pierre*).
τύκος, outil à tailler.
τυκτός, fait, fabriqué.

Τέκτων, artisan, charpentier.
τειχίζω, *f.* ίσω, bâtir; entourer de murs.
τειχιστής, construction de remparts.
τεῖχος, rempart, *en tous sens.*
τεκμαίρω, *f.* αρῶ, limiter, indiquer.
τεκμαίρομαι, *f.* αροῦμαι, mener à fin ; faire, indiquer.
τέκμαρ—μωρ, fin, but, limite indication.
τεκταίνω, *f.* ανω, fabriquer, construire *en bois.*
τεκτονία, art du charpentier; du constructeur.
τεκτονικός, de charpentier, de constructeur.
τεκτοσύνη, construction, fabrication.
τοῖχος, mur, flanc d'un vaisseau.

Τίκτω, *f.* τέξω—ξομαι, produire, enfanter.
τέκνον—κος, enfant.
τεκνόω, *f.* ώσω, engendrer, enfanter.
τέκνωσις, procréation, enfantement, naissance.
τοκάς, qui a mis bas ; fertile.
τοκάω, *f.* άσω, être en mal d'enfant.
τοκετός, accouchement, rejeton.
τοκεύς, le père, *au plur.*, les parents.
τοκίζω, *f.* ίσω, faire valoir, prêter à intérêt.
τοκισμός, usure.
τοκιστής, usurier.

τόκος, enfantement, naissance, enfant; intérêt (*de l'argent*), usure.
Τυγχάνω, *f.* τεύξομαι, être, se trouver par hasard, rencontrer, réussir.
τύχαιον, temple de la fortune.
τύχαιος, fortuit.
τύχη, fortune.
τυχηρός, fortuit, heureux.
τυχόν, par hasard.
τυχόντως, *id.*
τυχών, le premier venu.

*Χθών, la terre.
χθαμαλός, qui est à terre; humble, bas.
χθόνιος, terrestre ; qui est sous terre, infernal.

† Ῥέω, *f.* εύσω—εύσομαι—υήσομαι, couler.
ῥέδη, litière (*chariot léger*).
ῥέεθρον, ῥεῖθρον, courant d'un fleuve.
ῥεῦμα, courant d'eau; flux, rhume.
ῥεῦσις, écoulement.
ῥευστός, fluide; passager.
ῥοάς, coulure de la vigne.
ῥοή, ῥυάξ, courant.
ῥύος, ῥοῦς, ῥύσις, écoulement.
ῥύας, qui coule.
ῥύδην, ῥυδόν, abondamment.
Ῥηΐδιως—ΐως, facilement.
ῥᾴδιος, facile.
ῥᾷστα, très-facilement.
ῥᾷστος, plus facilement.
ῥᾳστώνη, facilité.
ῥέα—εῖα. facilement.

Ἐρωέω, *f.* ήσω, couler impétueusement, reculer, empêcher, cesser, renoncer.
ἔῤῥαος, bélier.
ἐρωή, mouvement impétueux, fuite, cessation.
ῥώομαι, *f.* ώσομαι, s'agiter violemment, courir, danser, se précipiter.

Ὀρός, ὀῤῥός, petit lait, sérosité.

Οὖρον, urine.
οὐρέω, *f.* ήσω, uriner.
οὐρητήρ, urètre.

Ἔῤῥω, *f.* ἐῤῥήσω, s'en aller tristement, périr, tomber en ruine.

† Ἕζω, *aor.*, εἶσά *ou* ἕσσα, ἱζάνω, ἵζω, } *f.* ἱζήσω. } placer, faire asseoir, établir.

ἕζομαι, *f.* ἑδοῦμαι, ἵζομαι, *f.* ἥσομαι, } s'asseoir, s'établir.

ἑσμός, essaim.

σμῆνος, *id.*

Ἔδαφος, sol, pavé, base.

ἐδαφίζω, *f.* ίσω, paver, jeter à terre.

ἕδος, siége, base, séjour, temps de s'asseoir.

ἑδώλιον, siége, gradin, bancs de rameurs.

Ἕδρα, siége, place, base, fondement.

ἑδράζω, *f.* άσω, placer, fonder, affermir.

ἑδραῖος, stable, sédentaire.

ἑδραιότης, stabilité, fixité.

ἑδραιόω, *f.* ώσω, asseoir.

ἑδραίωμα, base, appui.

ἕδρανον—δρασμα, soutien, demeure.

ἑδριάομαι, *f.* άσομαι, être assis.

ἑδρίτης, suppliant.

καθέδρα, chaire, siége, chaise.

Ἔνεδρον, embûche.

ἐνεδράζω, *f.* άσω, ἐνεδρεύω, *f.* εύσω, } être en embuscade.

Ἧμαι, être assis.

εἱαμενή, pré, plaine.

ἕλος, marais, eau dormante.

ἧλος, clou.

ἡλόω, *f.* ώσω, clouer.

Ἱδρύω, *f.* ύσω, faire asseoir, placer, bâtir.

ἵδρυμα, monument.

ἵδρυσις, l'action de bâtir.

* Ῥίζα, racine.

ῥιζικός, radical.

ῥιζόω, *f.* ώσω, enraciner, affermir.

ῥίζωμα, chose enracinée, affermie.

* Ῥέζω, ἕρδω, } *f.* ξω, } faire ; sacrifier.

Ἔργον, chose, ouvrage.

ἐργάζομαι, *f.* άσομαι, travailler.

ἐργαλεῖον, outil.

ἐργασία, travail, occupation.

ἐργάσιμος, ouvrable.
ἐργαστήρ — τής, ouvrier.
ἐργαστήριον, atelier.
ἐργατεία, travail, occupation.
ἐργατεύω, *f.* εύσω, fabriquer.
ἐργάτης, homme de travail.
ἐργατικός, industrieux.
ἔργμα, action.
ἔρκτωρ, qui agit.
ὄργανον, instrument, organe.

Ἀεργός, ἀργός, oisif; qui se meut sans peine, agile, brut (*non travaillé*).
ἀργέω, *f.* ήσω, rester oisif, négliger, laisser inutile.
ἀργία, oisiveté, paresse, repos.

†Κηκίω, *f.* ίσω, s'élancer, jaillir, exhaler.

Κινέω, *f.* ήσω, mouvoir, agiter, troubler.
κιναθίζω, *f.* ίσω, remuer, agiter, thésauriser.
κινάχυρα, κόσκινον, crible, *le premier*, van.
κίνημα, mouvement, agitation, trouble.
κίνησις, *id. et au fig.*, émotion, action d'émouvoir.
κινητής, celui qui remue.
κινητός, remué.

Κένταυρος, rustre, centaure (*qui pique les bœufs*).
κεντέω, *f.* ήσω, piquer, aiguillonner, coudre.
κεντρίζω, *f.* ίσω, piquer, *au prop. et au fig.*
κέντρον, aiguillon, épine, éperon ; centre.
κέντρων, centon, habit de plusieurs pièces.
κέντωρ, qui pique.
κεστος, piqué, brodé, *subs.* ceste.
ἤκεστος, indompté (*qui n'a point senti l'aiguillon*).

Κινδυνεύω, *f.* εύσω, être en danger, risquer, combattre.
κινδύνευμα, κίνδυνος, risque, danger, combat, mêlée.
κινδυνευτής, qui affronte les dangers, hardi, téméraire.
κίνυμαι, *s. f., poét.*, mettre en mouvement.
κινύρομαι, *f.* υροῦμαι, se lamenter, déplorer.
κινύρα, instrument à corde.
κινυρός, gémissant.

Κιχέω, *f.* ήσομαι, *inus.*, *remplacé par* :
κιχάνω, rencontrer, trouver, atteindre.
κίχησις, action de rencontrer.

Κλονέω, *f.* ήσω, agiter, mettre en fuite.

κλόνος, grand bruit, fuite, déroute.

Κίων, colonne (*qui s'élance*).

κιόνιον, κιονίς, petite colonne.

† Σκιά, ombre (*qui va vite*), lieu ombragé.

σκιάδιον, ombrelle, parasol.

σκιάζω—άω, *f.* άσω, couvrir d'ombre, ombrager.

σκιάς, tente, parasol.

σκίασμα, ombrage.

σκιερός—όεις, ombragé, ombreux, opaque.

σκίουρος, écureuil.

σκίρον, dais.

Σκηνὴ, tente (*qui ombrage*), scène.

σκηνάω—νέω—νόω, dresser sa tente.

σκηνεύομαι, *f.* σομαι, paraître en scène.

σκηνικός, scénique.

σκῆνος, tente.

*Σκαιός, gauche, situé à gauche (*du côté des ténèbres*) sinistre; maladroit, oblique, occidental (*du côté où commencent les ténèbres*).

σκαιοσύνη—ότης, gaucherie, maladresse.

σκαιῶς, gauchement, malheureusement.

σκαληνός, oblique, inégal (*comme l'ombre du gnomon*).

σκολιὸς, *id.*

Σκάζω, *f.* άσω, être inégal, boiter.

σκαμβός, tortu, cagneux.

σκανδάληθρον, trébuchet (*à cause de sa forme*).

σκάνδαλον, piége, scandale.

σκανδαλόω—λίζω, scandaliser.

σκασμός, action de boiter.

Σκαίρω, *f.* αρῶ, danser, sauter, s'agiter, tressaillir, trépigner.

σκαρίζω, σκιρτάω, *id.*

σκαρθμός, saut.

Σκέλος, jambe; os de la jambe.

σκελετόν, squelette.

σκελετός, séché.

σκέλλω, *f.* ελῶ, sécher, dessécher.

σκλῆμα, dessséchement; dureté.

σκληρία—ρότης, dureté, rudesse.

σκληρός, dur, rude; sévère; rigoureux.

σκληρόω, *f.* ώσω, durcir, endurcir.

σκληρῶς, séchement, durement.

σκληφρός, sec, maigre, svelte.
Σκῖρος—ίῤῥος, morceau de pierre, corps dur, squirre.
Σπαίρω, ἀσπαίρω, } *f.* αρῶ, palpiter; se débattre.

Σκίδναμαι, *pass. poét. de* :
σκεδάζω, *f.* άσω, dissiper, disperser, chasser (*comme l'ombre*).
σκεδάννυμι, *id.*
κιδάζω—δαίω—δάω, *id.*
κίδναμαι, *id.*
σκεδάω, *id.*
σκέδασις, action de disperser.
σκεδαστικός, propre à disperser.
σκεδαστός, dispersé, dissipé, chassé.

* Σκότος, ténèbres.
σκοτάζω—τίζω—τόω, obscurcir.
σκοταῖος—τεινός—τώδης, obscur, ténébreux,
σκοτεύω, *f.* εύσω, se cacher dans les ténèbres.
σκοτία, ténèbres.
σκότιος, ténébreux, furtif, bâtard.
σκοτόμαινα, nuit sombre, nuit sans lune.
σκότωμα, vertige.

† Ἵημι, *f.* ἥσω, envoyer, jeter, lancer, pousser.
ἐφέσιμος, évoqué.
ἔφεσις, élan, essor.
ἧμα, trait, javelot, portée du trait.
ἡμών, qui lance des traits.

Ἐμέω, *f.* έσω, vomir.
ἐμετικός, vomitif; émétique.
ἐμετός, vomissement, *adj.*, vomi.
Ἰά, ἰή, cri, bruit, voix.
ἰάλεμος, chant funèbre, *adj.*, monotone, chétif, vif
ἰάχω, *f.* αχήσω, crier, retentir, résonner.
ἰήϊος, *épith.* d'Apollon.
ἰού, ἰώ, *exclamation de douleur*, ah!
ἰυγή—γμός, cri, sifflement.
ἰύζω, *f.* ξω, crier.
ἰωή, cri, voix, souffle, élan, essor.

Ἰάλλω, *f.* αλῶ, envoyer, lancer, jeter.
ἴαμβος, iambe.
ἰάπτω, *f.* ψω, précipiter, lancer, blesser.
ἴξαλος, bondissant.

ἴπτω, *f.* ψομαι, blesser, nuire, être funeste.
ἴψ, ἴξ, ver.
ἵεμαι, *f.* ἥσομαι, (*moyen* d'ἵημι), *s'envoyer, être entraîné par soi-même,* désirer.
ἱμείρω—ρομαι, *s. f., id.*
ἱμερόεις, qui fait naître les désirs.
ἵμερος, passion, amour ; Cupidon.
ἱμερτός, désiré, désirable, aimé.
ἰότης, dessein, volonté.
Ἰνέω, *f.* ήσω, vider, purger, faire évacuer.
ἰνηθμός, purgation.
Ἰός, trait, flèche, venin(*lancé par les reptiles*), poison, rouille.
ἰόω, *f.* ώσω, rouiller.
Ἴς, nerf (*qui lance le trait*), fibre ; *par ext.*, force, vigueur.
ἴφθιμος, fort, courageux, excellent.
ἶφι, fortement.
ἶφις, fort.
Βιός, arc.
βία, force, violence, injure.
βιάζομαι, *f.* σομαι, violenter.
βίαιος, violent.
βίος, vie, vivres, biens, humanité.
βιοτεύω, *f.* εύσω, se sustenter.
βιοτή, genre de vie.
βιότης, vie.
βίοτος, vie, les vivres.
βιόω, *f.* ώσω, vivre.
βιώνης, pourvoyeur.
βιώσιμος, vital, viable.
βίωσις, vie, état de vie.
βιωτικός, relatif à la vie.
βιωτός, vital, aidant à vivre.
*Ἵππος, cheval (*qui lance le pied*).
ἱππάζω, *f.* άσω, aller à cheval.
ἱππάς—πίς—πότις, de cavalier.
ἱππασία—πεία, équitation.
ἵππειος, équestre.
ἱππεύς, cavalier.
ἱππεύω, *f.* εύσω, être cavalier.
ἱππικός, de cavalier, de l'ordre équestre.
ἱπποπόταμος, hippopotame.

ἱπποσύνη, art de conduire les chevaux.
ἱππότης, cavalier.
ἵππουρις, crête de crins.
ἱππών, relai de poste, écurie.
Ἶρις, Iris.
ἶρος, messager.

† Ἕννυμι, *f.* ἕσω, vêtir.
ἑανός, qui vêt bien, étoffe moëlleuse, *subs.*, voile.
εἷμα, vêtement.
ἔντεα, armes, harnais, agrès, meubles, ustensiles.
εντυνω, *f.* υνῶ, } armer, équiper, garnir, préparer.
εντύω, *f.* ύσω, }
Ἔσθημα, ἐσθής, habit, vêtement, costume.
ἐσθέω, *inus. sauf au parfait passif*, vêtir.
ἔσθησις, habillement.
ἔσθος, habits.
Εὐνή, lit, tente; pierre servant d'ancre.
εὕδω, *f.* εὑδήσω, καθεύδω, εὑδάνω, dormir; reposer.
εὐάζω, *f.* άσω, faire coucher, assoupir.
εὐναστήρ, mari.
εὐνάω, *f.* ήσω, endormir; calmer.
εὐνίς, épouse.
εὖνις, veuf, orphelin, privé de.

Ἱμάτιον, habit, vêtement, manteau, couverture.
ἱμάς, cuir pour vêtir la main au pugilat, pour clore les portes, *et par ext.*, courroie, lanière, corde, câble.
ἱμάσθλη *et* μάσθλη, courroie, fouet de cuir.
ἱμάσσω, *f.* άσω, fouetter.
ἱματίζω, *f.* ίσω, habiller.
ἱμάω, *f.* ήσω, tirer avec une corde.
φιμός, bride, frein,
φιμόω, *f.* ώσω, brider, museler.

Z.

ZΑΩ, *f.* ήσω *ou* ήσομαι, (*emprunte des temps à l'inus.* βιόω), vivre.
ζέα, épeautre, *sorte de blé.*
ζεύς, Jupiter.
ζωγρέω, *f.* ήσω, prendre vivant, épargner.
ζωγρίας, captif.
ζωδιακός, zodiaque.

ζώδιον, petit animal, insecte, constellation.
ζωή, vie.
ζωηρός, vivant, vivace, vital.
ζωϊκός, *adj.*, animal.
ζῶον, *subs.*, animal, être vivant.
ζωός, ζώς *et* ζῶς, vivant.
ζωότης, la nature animale.
ζωόω, *f.* ώσω, vivifier.
ζώσιμος, viable.
ζωτικός, vital, vivifiant.
ζώω *et* ζόω, *f.* ώσω, *poét. p.* ζάω.
ζοώδης, qui appartient à la nature vivante.

Σάος, *adj.*, sain et sauf.
σαόω, *inus.*, *prête des temps à* :

Σώζω, *f.* ώσω, sauver.
ἀοσσέω, *f.* ήσω, secourir.
ἀοσσητήρ, auxiliaire.
σῶκος, sauveur, fort, puissant.
σῶμα, le corps.
σωματικός, corporel.
σωματόω, *f.* ώσω, prendre un corps, donner du corps; réunir.
σώς, σόος *et* σωός, sain et sauf.
σωτήρ, sauveur.
σωτήρια, salut.
σωτήριος, salutaire.

† Ζέω, *f.* έσω, bouillonner.
ζέφυρος, zéphyr (*qui porte l'agitation*).
ζῆλος, zèle, ardeur, jalousie.
ζηλόω, *f.* ώσω, rivaliser.
ζήλωσις, émulation, ambition.
ζηλωτής, rival, jaloux, zélateur.
ζηλωτός, envié, digne d'envie.

Ζόφος, obscurité, ténèbres (*de la tempête*), le soir, l'occident.
ζοφερός—φόεις—φώδης, sombre, ténébreux.
ζοφόω, *f.* ώσω, obscurcir.
γνόφος, ténèbres, tourbillon noir, orage.
δνωφερός—φόεις, noir, sombre, obscur.
δνόφος, obscurité.
κνέφαῖος, obscur, sombre, noir.
κνέφας, obscurité, nuit, crépuscule.

Κνυζός, obscur, sombre, trouble.
κνυζόω, *f.* ώσω, obscurcir.

Νέφος, νεφέλη, nuage.
νεφελώδης, nébuleux.
ψέφος, ténèbres.

Ζύθος, décoction d'orge, bière.

Ζύμη, levain.
ἄζυμος (ἄρτος), pain sans levain.
ζυμίτης (ἄρτος), pain avec levain.
ζυμόω, *f.* ώσω, faire fermenter.

Ζωμεύω, *f.* εύσω, faire bouillir.
ζωμός, jus, bouillon.

Ζωρός, vin pur (*fermentant*), vin.

† Διός, *génit. de* ζεύς.
διόνυσος, Bacchus.
δῖος, divin.
εὐδία, l'air serein.
εὐδιάζω, *f.* άσω, vivre dans le calme.
εὐδιάω, *f.* άσω, être calme (*l'air*).
εὔδιος, serein.

Θεός, dieu, déesse.
ἀγάθεος, *poét.*, ἠγάθεος, divin, très-divin.
θεά, déesse.
θεάζω, *f.* άσω, être Dieu ; être divin ; diviniser.
θειάζω, *f.* άσω, diviniser, prophétiser.
θειασμός, inspiration divine.
θεῖος, divin, surnaturel.
θειότης—εότης, divinité, nature divine, divination.
θεοειδής, semblable aux dieux.
θεοείκελος, *id.*
θεοπροπέω, *f.* ήσω, interpréter les signes divins, les augures ; prédire (*mériter de comprendre les dieux*).
θεοπροπία, action de prédire.
θεοπρόπιον, signe divinatoire ; augure.
θέσκελος, divin, merveilleux.

Θεῖον, soufre (*compagnon de la foudre*).
θειώδης, sulfureux.

Θέσπις, oracle, prophétie.
θεσπέσιος, divin.

Θίασος, chœur de danses en l'honneur des dieux.

θιασεύω, *f.* εύσω, prendre part aux danses.

†Νόσος (*se reporter à* σῶς), maladie, vice.
νοσέω, *f.* ήσω, être malade, souffrir, *au prop. et au fig.*
νοσηλεύω, *f.* εύσω, soigner un malade, être malade.
νόσημα, maladie.
νοσηρός, malade, insalubre.

ΖΕΙΡΆ, robe des orientaux.

ΖΕΎΓΩ, *formateur inus. de* :
ζεύγνυμι, *f.* ζεύξω, joindre ; atteler, attacher au joug.
ζεύγλη, partie latérale du joug ; joug, *au prop. et au fig.*
ζεῦγμα, jonction, liaison, pont, lien, chaîne.
ζεῦγος, joug, attelage.
ζευκτήρ, qui joint ; qui unit.
ζευκτηρία, lien, chaîne.
ζευκτός, joint, attelé, accouplé, marié.
ζεῦξις, action de joindre.
ζυγός, joug.
ζυγόω, *f.* ώσω, atteler au joug.
ζυγωτός, mis au joug, uni, joint.
ζύζυγοι, deux liés ensemble.

Ζώννυμι, *f.* ζώσω, ceindre.
ζῶμα, veste, habit court.
ζώνη, ceinture, bande, zone.
ζωνίτης, ceinturier.
ζῶσις, l'action de ceindre.
ζωστήρ, ceinturon, baudrier.
ζωστός, ceint, entouré.
ζῶστρον, *c.* ζῶμα.

ΖΙΖΆΝΙΟΝ, l'ivraie.

H.

Ἤ, ou, ou bien, soit, de cette manière.

Ἠέ, Ἤκεν, Ἤτε, } ou, ou bien.

ἠμέν, ou, et, soit.
πῆ, de quelle manière ?

Ἤ, *interj. p. appeler,* hé !

Ἦ, assurément, sans doute, certes.

ἦπου, ἦτε, τοί, } *id.*

ἤτοι, *id.*, *et* ou, c'est-à-dire, savoir.

Ἦ, Ἦτι, est-ce que?

ἭΔΩ *f.* σω, rendre doux, agréable, réjouir.

ἀηδής, déplaisant, odieux.

ἀηδίζομαι, *f.* ισθήσομαι, être chagrin, mécontent.

ἀηδῶς, désagréablement.

ἁνδάνω, *f.* ἁδήσω, plaire.

ἄσμενος, gai, de bonne grâce.

αὐθάδεια, amour propre; présomption, arrogance, entêtement.

αὐθάδης, présomptueux, arrogant.

ἑαδώς, ayant plu; agréable.

ἥδομαι, *f.* ἡσθήσομαι, se réjouir.

ἡδονή, plaisir, volupté, joie.

ἧδος *et* ἦδος, *id.*

ἡδύ *et* ἡδέως, agréablement, volontiers.

ἡδύνω, *f.* υνῶ, rendre doux, égayer.

ἡδύς, doux, agréable, qui charme.

ἥδυσμα, assaisonnement.

ἡδυσμός, l'action de rendre agréable.

Ἥδυμος, très-doux.

νήδυμος, profond (*en parlant du sommeil*).

Νηδύς, profondeur; cavité; ventre, estomac.

νήδυια, les intestins.

Μέθυ, vin; vin mêlé de miel.

μέθη, ivresse, ivrognerie.

μεθύσκω, *f.* ύσω, enivrer.

μέθυσος, ivre.

μεθυστής, ivrogne.

μεθύω, *f.* ύσω, être ivre, s'enivrer.

μεστός, plein, rassasié.

μεστόω, *f.* ώσω, regorger, être rempli.

Μειδάω, *f.* ήσω, }
μειδιάω, *f.* άσω, } rire doucement, sourire.

μεῖδος, rire, sourire.

Θ.

ΘΕΑΌΜΑΙ, *f.* σομαι, contempler, regarder; regarder avec admiration.

θάομαι. *poét.*, *même sens.*

Θαῦμα, merveille.

θαυμάζω, *f.* άσω, admirer, honorer, s'étonner.

θαυμάσιος, admirable, étonnant.
θαυμασμός, admiration, étonnement.
θαυμαστής, admirateur.
θαυμαστόω, *f.* ώσω, rendre admirable.

Θέα, action de contempler, spectacle.
θέαμα, spectacle.
θεατής, spectateur.
θεατικός, de spectateur.
θεατός, visible.
θεατρίζω, *f.* ίσω, jouer sur le théâtre.
θέατρον, théâtre.

Θάμβος, admiration, étonnement, stupeur, effroi.
θαμβέω, *f.* ήσω, être saisi d'étonnement.
θάμβημα—βησις, étonnement.
θαμβητός, étonnant.

Θεώρος, contemplateur, observateur, député aux fêtes religieuses ; qui va consulter l'oracle.
θεωρέω, *f.* ήσω, regarder, contempler, être théore (*député*).
θεώρημα, spectacle, sujet d'étude, theorème.
θεωρητής, spectateur, contemplateur.
θεωρία, contemplation, théorie, pompe, procession.
θεωρικός, relatif aux spectacles, aux pompes religieuses.

Ἀθρέω, *f.* ήσω, regarder, considérer, examiner.

Θώπτω, *f.* ωψω, flatter (*feindre d'admirer*).
θωπεία, θώπευμα ; flatterie.
θωπεύω, *f.* εύσω, flatter.
θωπικός, *adj.*, flatteur.
θῶψ, *subst.*, flatteur.

ΘΈΡΩ, *f.* θέρσω, chauffer, échauffer, allumer, brûler ; soigner, guérir.
ἀθερίζω, *f.* ίσω, négliger ; dédaigner.

Θεραπεύω, *f.* εύσω, soigner, guérir, servir, être en service.
θεράπαινα, servante.
θεραπαινίς, petite servante.
θεραπεία, service ; domesticité.
θεράπευμα, soin officieux ; remède.
θεραπευτήρ—πευτής—άπων, serviteur, qui rend des soins, suivant, médecin.
θεραπευτικός, officieux ; thérapeutique (*qui a rapport à la guérison*).

Θέρμα—θερμη, chaleur.
θερμαίνω, *f.* ανῶ, chauffer, échauffer.

θερμός, chaud ; ardent ; vif ; récent.
θέρμος, lupin (*légume échauffant*).
θερμότης, chaleur.
θέρμω, *s. f.*, chauffer, faire chauffer.

Θέρος, été, fruits de l'été, moisson.
ἀθροίζω, *f.* σω, rassembler, ramasser.
ἀθροιστής, qui rassemble.
ἀθρόος, rassemblé, ramassé, nombreux, abondant.
ἀθροότης, l'universalité.
ἀθρόως, en foule.
θέρειος *et* θερινός, d'été ; chaud comme l'été, chaud.
θερίζω, *f.* ίσω, passer l'été ; moissonner, *au prop. et au fig.*
θερισμός, action de moissonner, faucher.
θεριστήριον, faucille.
θεριστής, moissonneur.
θέριστρον, habit d'été ; faucille, faux.

ΘΙΒΗ, corbeille d'osier.

ΘΙΓΩ *et* θιγγάνω, *f.* ίξω *et* ίξομαι, toucher, effleurer, réprimander.
τίλω, *f.* τιλῶ, critiquer, éplucher, arracher brin à brin ; plumer.
τιλαί, duvet.
τίλμα, ce qui est arraché brin à brin.
τίλοι, poils des cils.
τίλσις, action d'arracher brin à brin.
τιλτός, arraché brin à brin.

Τέγγω *f.*ξω, teindre, mouiller, arroser ; fondre amollir, fléchir.
τεγκτός, humecté, amolli ; flexible.
τέγξις, action d'humecter.

Τήκω, *f.* ξω, liquéfier, fondre, épuiser.
τηγανίζω, *f.* ίσω, faire frire.
τήγανον, poêle à frire.
τηκεδών, fusion, fonte.
τηκτός, fondu, liquéfié.
τῆξις, fusion, consomption.
τινθαλέος—θός, chaud, brûlant.

Ἦκα, *adv*,, *poét.*, doucement, peu à peu.
ἥκιστα, très-peu, nullement.
ἥκιστος, très-lent, très-petit.
ἧσσα, infériorité.
ἡσσάω, *f.* άσω, vaincre.
ἥσσημα, infériorité, défaite.

ἥσσων, moindre, abattu.
Ἥσυχος, paisible.
ἡσυχάζω, *f.* άσω, être tranquille.
ἡσυχαστής, solitaire.
ἡσυχῆ, tranquillement.
ΘΟΛΌΣ, bourbe qu'on a troublée.
θολερός, trouble, sale, vilain, bourbeux.
θολόω, *f.* ώσω, troubler; exciter des troubles, salir.
ΘΌΛΟΣ, dôme.
θολία, pointe en forme de dôme.

ΘΌΡΩ, *f.* ορῶ, sauter, se ruer sur.
θρῶσκω, *f.* θοροῦμαι, sauter.
θρωσμός, descente, cascade, tertre.
Θορέω, *f*, ήσω, sauter.
θορίσκω, } être en chaleur, saillir.
θόρνυμαι, }
θουραῖος—ρικός, impétueux.
θοῦρος, *fém.*, θοῦρις, *id.*
θουρόω, *f.* ώσω, s'élancer sur.
θωΰσσω, *f.* ξω, *id. et plus souv.* crier.
θωϋκτήρ, qui crie.
Ταῦρος, taureau.
ταύρειος—ρεος—ριος, } de taureau.
ταυρικός, }
ταυρῆ, peau de taureau.
ΘΡΑΞ *et* θρῆιξ, Thrace.
θράκη, θρῄκη, la Thrace.
θρησκεία, superstition (*de la Thrace*).
θρησκεύω, *f.* εύσω, adorer, révérer par un culte.
θρῆσκος, religieux, superstitieux.

ΘΡΆΩ, s'asseoir, *n'est usité qu'à l'aor. de l'inf. moyen.*
θράνιον, petit siége.
θρᾶνος, siége, chaise, banc.
θρῆνυς, *ion., même sens.*
Θρόνος, siége; trône *dans tous les sens.*
θρονίζω, *f.* ίσω, placer sur un siége; sur le trône.
ΘΡΊΑΜΒΟΣ, procession en l'honneur de Bacchus; triomphe.
Θρίαμβεύω, *f.* εύσω, obtenir les honneurs du triomphe.
θριαμβευτής, triomphateur.
ΘΡΙΓΚΌΣ, chaperon d'un mur.

θριγκόω, *f.* ώσω, chaperonner un mur.
ΘΡἸΞ, cheveux.
τριχιάς, chevelu.
τριχίασις, maladie des cheveux.
τριχόω, *f.* ώσω, rendre chevelu.
τρίχωμα, chevelure.
ΘΡΟΜΒΌΣ, amas, grumeau.
θρομβόω, *f.* ώσω, faire cailler.
ΘΥΓΆΤΗΡ, la fille.
θυγάτριον, petite fille.
ΘΎΛΑΚΟΣ—λαξ—λάς, sac.
ΘΡΌΝΟΝ, fleurs, simples.
ΘΡΥΓΑΝΆΩ, *f.* ήσω, gratter, frapper doucement à la porte.

I.

ἸΑΎΩ, *f.* σω, dormir, s'arrêter.
ἰαυθμός, lieu de repos, séjour.
ἰωγή, abri.
ἼΒΙΣ, ibis.
ἸΔΝΌΩ, *f.* ώσω, *ion.*, courber, recourber.
ἹΕΡΌΣ, sacré ; consacré ; saint, vénérable, divin, admirable.
ἱέραξ, épervier (*oiseau sacré*).
ἱερατεία, prêtrise.
ἱεράτευμα, sacerdoce.
ἱερατεύω, *f.* εύσω, être prêtre.
ἱερατικός, sacerdotal.
ἱερεία, sacerdoce, prêtrise.
ἱερεῖον, victime.
ἱερεύς, prêtre.
ἱερεύω, *f.* εύσω, être prêtre, sacrifier.
ἱερόν, sanctuaire, chose sainte : sacrifice.
ἱερόω, *f.* ώσω, consacrer, dédier.
ἱερωμα, chose consacrée.
ἱερωσύνη, sacerdoce.
ἱρος, *poét. p.* ἱερός.
Κίρκος, faucon ; cercle que décrit cet oiseau ; cercle ; cirque, anneau.
κίρκινος, compas.
κρίκος, cercle, anneau, bracelet, agrafe.
κρικωτός, agrafé.

Κίρκη, Circé.

ἸΚΜΆΣ, humidité, vapeur humide.

ἰχώρ, sérosité, humeur aqueuse, sang des Dieux (*Hom.*)

ἸΚΡΊΟΝ, plancher, estrade, tillac.

ἸΚΤΊΝ, milan.

ἸΞΌΣ, gui, baie du gui, glu.

ἰξευτής, oiseleur, qui chasse à la glu.

ἰξεύω, *f.* εύσω, chasser à la glu.

ἸΞΎΣ, reins, hanche, taille.

ἸΟΝΘΆΣ, velu, chevelu.

ἴονθος, la racine des cheveux, duvet.

ἹΣΤΆΩ, στάω *et* ιστάνω, *rares, remplacés par* :

ἵστημι, *f.* στήσω, poser, placer, établir, élever, dresser, arrêter, peser, *moy. mixte.*

ἵσταμαι, *f.* στήσομαι, s'élever, se tenir, se placer, commencer, se comporter; insister.

ἱστίον, voile.

ἱστός, mat d'un vaisseau; chaîne de tisserand; toile.

Θέναρ, la paume de la main, la plante du pied.

σθεναρός, fort.

σθένος, force.

σθενόω, *f.* ώσω, fortifier.

σθενῶ, *s. f.*, être fort, pouvoir.

στάδην, debout.

στάδιον, stade (*mesure de distance ; carrière de la course*), course; combat dans le stade.

σταθερός, stable, ferme, fixe, constant, flagrant.

σταθερότης, stabilité.

σταθευτός, brûlé lentement; cuit à petit feu.

σταθεύω *et* στατεύω, *f.* εύσω, cuire à petit feu.

σταθμάω, *f.* ήσω, peser, *au prop. et au fig.*, tirer au cordeau.

σταθμεύω, *f.* εύσω, habiter, loger.

στάθμη, cordeau, règle, niveau, plomb.

σταθμητός, tiré au cordeau, mesuré, pesé.

σταθμίζω, *f.* ίσω, peser.

σταθμίον, balance, poids.

σταθμός, habitation; étable, séjour; jambage de porte; poids.

σταθμών, jambage de porte.

σταῖς, σταίς, στάς, pâte de farine.

σταλίς *et* σχαλίς, pieu qui fixe les filets du chasseur.

σταμίν—μίς, pièce du tillac,

στάμνος, cruche à mettre le vin.
στάσιμος, stable, stationnaire.
στέαρ, graisse compacte, suif, lard.

Στάσις, station, pause, lieu d'assemblée, parti, faction, sédition ; pose ; digue.
στασιάζω, *f.* άσω, être troublé par des séditions, troubler.
στασιαστής, séditieux, factieux.
στασιαστικός, propre à exciter une sédition, séditieux.
στασιώδης, séditieux.
στασιώτης, *id.*, *et* homme de parti, satellite.

Στατήρ, statère (*monnaie d'or, d'abord poids*).

Στατίζω, *f.* ίσω, arrêter, établir, s'arrêter.
στατός, arrêté.

Σταυρός, pieu, pal, croix.
σταυρόω, *f.* ώσω, crucifier, garnir de pieux.
σταύρωμα, clôture de pieux.

Σταφυλή, raisin en grappe, grappe.
σταφίς, raisin sec.
σταφύλη, plomb d'une ligne de niveau.
σταφυλίζω, *f.* ίσω, niveler.

Στάχυς, épi, rejeton, fils ; périnée.
ἄσταχυς, *même sens.*

Στέλεχος, tronc d'arbre.

Στερεός, solide, fort, sévère.
αὐστηρία, sévérité, austérité.
αὐστηρός, austère, dur.
στερεότης, solidité, dureté.
στερεόω, *f.* ώσω, rendre solide, endurcir.
στερέωμα, appui ; firmament.
στερεῶς, solidement.
στερέωσις, action de consolider.
στέριφος, solide, *au fém. subs.*, femme stérile.
στέρνον, sternum, *basse poitrine.*
στεῤῥός, solide, dur, *au fém.*, *subs.*, femme stérile.

Στεῖρα, *adj. fém.*, stérile.
στεῖρα, quille d'un vaisseau.
στειρεύω, *f.* εύσω, être stérile.
στερέω, } *f.* ήσω, priver, frustrer, dépouiller.
στερίσκω, }
στέρησις, privation.

† Στῆθος, poitrine.

στήμων, chaîne de tisserand.
στήριγμα, appui.
στηριγμός, action d'appuyer.
στηρίζω, *f.* ίσω, planter, affermir, soutenir.
στόα, portique.
στωϊκός, de portique, stoïcien.

Στρῆνος, vigueur, excès, orgueil; délices.
στρηνές, *adv.*, avec un bruit perçant.
στρηνής, fort, vif, rude.
στρηνιάω, *f.* άσω, s'ébattre.

ἸΧΘΎΣ, poisson.
ἰχθυάω, *f.* άσω, pêcher.
ἰχθύδιον, petit poisson.
ἰχθυηρός—υερός, de poisson, relatif au poisson.
ἰχθυόεις, poissonneux.

K.

ΚΑΓΚΑΊΝΩ, *f.* ανῶ, chauffer.
κάγκανος, sec, desséché.
ΚΑΊ, *conj.*, et, même.
κε, si; au cas que.
χῶ, *p.* καί ὁ,
ΚΆΚΤΟΣ, artichaut.
ΚΆΜΗΛΟΣ, chameau.
ΚΆΝΘΑΡΟΣ, escarbot.
ΚΑΝΘΌΣ, le coin de l'œil, l'œil, jante; bande des roues.
ΚΆΝΝΑ, jonc, roseau.
κάναβος, mannequin, esquisse, canevas.
κάλαμος, roseau, chalumeau, roseau pour écrire.
καλάμη, chaume, paille, herbe desséchée.
καλάμιον, καλαμίς, } tige de roseau, ligne de pêcheur, gluau, roseau pour écrire.
Κάλαθος, panier de jonc, *puis* vase.
κανίας, *même sens.*
κάνναβις, chanvre.

Κανών, règle (*droite comme un jonc*), règle *au fig.*, canon.
κανονίζω, *f.* ίσω, régler.
κανονικός, régulier.
κανόνισμα, κανονίς, } règle.

Κάνης—νειον—νεον, corbeille de jonc.

Χανδάνω, *f.* χείσομαι, tenir, contenir, être capable.

κάδος, baril, seau, cruche.

Χαίνω, *f.* χανοῦμαι, être entrouvert, s'entrouvrir, bailler, être béant, être en admiration, désirer.

καινός, qui excite l'admiration, extraordinaire, nouveau.

καινίζω *f.* ίσω, renouveler, innover.

καινιστής, novateur.

καινότης, nouveauté.

καινόω, *f.* ώσω, faire à neuf, essayer, renouveler.

καινῶς, d'une manière nouvelle.

χανδόν, en ouvrant la bouche.

χάος, gouffre, chaos.

χάσμα, ouverture.

χάσμη, baillement.

χασμάομαι, *f.* άσομαι, bailler.

Ἀκέων *et* ἀκήν, *adv.*, en silence.

ἀκέω, *inus.*, se taire.

ἀκή, silence, calme.

Κενός, vide, vain, frivole.

κενεών, les flancs, la cavité du bas ventre.

κενότης, vuide, vanité, frivolité.

κενόω, *f.* ώσω, vider, épuiser.

κένωμα, excréments.

κενῶς, à vide, vainement.

χαύναξ, *subs.*, homme vain, hableur.

χαῦνος, vain, frivole, flasque, mou, spongieux.

χαυνότης, vanité, défaut de consistance.

χαυνῶς, sans consistance.

χείριστος, très-mauvais, le pire.

χείρων—ερείων, inférieur, pire, *de* :

χέρης, *inus. au nom.*, faible, lâche, méchant.

χερνής, pauvre.

χηρεία, viduité, veuvage.

χηρεύω, *f.* εύσω, rendre veuf, privé de; être veuf, privé de.

χῆρος, veuf, *au fém.*, veuve.

χηρόω, *f.* ώσω, dévaster, rendre désert.

χηρωσταί, tuteurs des veuves, collatéraux.

Χηλή, pied fourchu, sabot, serre, griffe.

χηλεύω, *f.* εύσω, former de mailles.

χηλόω, *f.* ώσω, rendre fourchu, tisser à mailles.

Χηλός, coffre, cassette.
χέλυς—λωνη, tortue, luth.

Χήμη, came, *coquillage*, chème, *mesure de capacité*, bâillement.
χημός, sorte de panier, vase d'osier, filet, frein.

Χήν, oie (*oiseau baillant*).
χηνάριον, oison.
χηνώδης, semblable à une oie.

Χηραμός, trou, creux, tannière, terrier.

Κέραμος, vase, pot, terre à potier, argile.
κεραμεία, l'art de la poterie.
κεραμεικός, de pottier, d'argile, céramique
κεράμεος, d'argile.
κεραμεύς, potier.
κεραμεύω, *f.* εύσω, être potier.
κεραμικός de potier.
κεραμίον—μον, vase de terre cuite.
κεραμίς—μῖτις, terre de potier.

Χωρέω, *f.* ήσω, s'écarter, s'éloigner, faire place, reculer ; contenir, être capable; circuler, avancer.
χώρα—ῶρος, place, lieu, contrée, sol, champ, fond.
χώρημα, emplacement; étui, fourreau.
χωρίζω *f.* ίσω, séparer, espacer, diviser.
χωρίον, lieu, séjour, lieu fort, campagne.
χωρίς, séparément, à part, hormis, sauf.
χωρισμός, séparation.
χωρίτης, habitant de la campagne, paysan.

Σχάω, } *f.* άσω, } ouvrir, entamer, scarifier ; *le dernier*
σχάζω, } } s'ouvrir, céder, relâcher.
σχάσις, scarification.
σχαστήριον, lancette,
σχίδη, éclat de bois.
σχίζα, bois fendu.
σχίζω, *f.* ίσω, fendre.
σχίσις, action de fendre, fente.
σχίσμα—ισμή, ce qui est fendu ; schisme, scission, séparation.
σχιστός, fendu, déchiré.
σχολάζω, *f.* άσω, se relâcher, se reposer, prendre du loisir ; vaquer à, s'adonner à.
σχολαῖος, oisif, lent, paresseux.

σχολαστικός, oisif; qui étudie; studieux, savant, scholastique.
σχολεῖον, école.
σχολή, repos, loisir, école.

* Σχοῖνος, jonc, natte de jonc, schène, *arpent*.
σχοινιά, lieu rempli de joncs; corde de jonc, cable.
σχοινίζω, *f.* ίσω, arpenter.
σχοινίον, cordage de jonc.
σχοινισμός, action d'arpenter.
σχοινώδης, de la nature des joncs.

ΚΆΠΠΑΡΙΣ, câprier.

ΚΆΡ, la tête, cîme, sommet, cheveu.
κάρα—ρη—ρηαρ—ρηνον, *id.*
κράας—άς—ανον, *id.*
κάρανος, chef.

Κάρος, sommeil pesant, léthargie.
καρόω, *f.* ώσω, plonger dans un sommeil léthargique.
καρώδης, léthargique.
σκορδινάομαι, *f.* ήσομαι, s'étendre en bâillant.

Κάρτος, *poét. et* κράτος, force, puissance, empire, victoire.
κάρτα, fortement, certainement.
καρτερέω, *f.* ήσω, être courageux, persister.
καρτερία, fermeté, patience.
καρτερός *et* κρατερός, fort, puissant, solide.
καρτερόω, *f.* ώσω, fortifier.
καρτερῶς *et* κρατερῶς, avec force.
κραταιός, fort, puissant.
κραταιόω, *f.* ώσω, fortifier.
κραταιῶς, fortement.
κρατέω, *f.* ήσω, être maître, s'emparer de.
κράτημα, attache.
κράτησις, action de dominer.
κρατιστεύω, *f.* εύσω, exceller.
κράτιστος *et* κάρτιστος, le plus fort, le meilleur.
κρατύνω, *f.* υνῶ. fortifier, gouverner, l'emporter.
κρατύς, fort.
κρεισσόνως, mieux.
κρείσσων, plus fort, meilleur.
κρείων, roi, chef, puissant.

Κραίνω—ιαίνω, *f.* νέομαι—νοῦμαι—ιανῶ, régner, achever.
κραντήρ, qui achève.

κραντήριος, efficace.
κράντης—τωρ, chef.

Κοίρανος, *id. et* souverain.
κοιρανέω, *f.* ήσω, être souverain.
κοιρανία, domination.

Κρόνος, Saturne, vieillard.
κρονίδης—νίων, fils de Saturne.
κρόνιος—ονικός, concernant Saturne.

Χρόνος, temps.
χρονίζω, *f.* ίσω, durer.
χρονικός, temporel, chronique.
χρόνιος, tardif, vieux, durable.
χρονιότης, longue durée.
χρονισμός, *id.*
χρονιστός, qui a duré longtemps.

† **Κάρυον**, noix *et* fruit, *rond et dur*.
καρύα, noyer.
καρύϊνος, de noix.
κρόμυον, ognon.

† **Κράζω**, *f.* ξω, crier, croasser.
κραγέτης, criard.
κραυγάζω, *f.* άσω, crier.
κραυγασμός, vocifèration.
κραυγαστής, criard.
κραυγή, cri.

Κλώζω, *f.* ξω, crier, glousser, huer.
κολοιός, choucas.
κολωάω, *f.* άσω, faire du bruit.
κολωός, bruit.
κρωγμός, croassement.
κρώζω, *f.* ξω, croasser, bavarder.

Γλῶσσα—ττα, langue *en tous sens*.
γλώξ, barbe d'épi.
γλωττίς, languette, glotte.
γλωχίς, pointe, flèche, angle aigu.

Κλώθω, *f.* σω, filer.
κλῶθες—ωθῶες, les parques.
κλωθώ, Clotho.
κλῶσις, filage.
κλῶσμα, ouvrage filé.
κλώστης, fileur.
κλωστός, filé.

*Κρίζω, *remplacé par* :
κέκριγα, *f.* κεκρίζομαι, } crier, pousser des cris aigus.
κριγή—γμός, bruit aigre.
*Κλάζω, *f.* γξω, crier, pousser un son aigre; faire retentir.
κλαγγάζω, *f.* άσω, pousser un cri aigu.
κλαγγάνω, *f.* άγξω, aboyer d'une voix perçante.
κλαγγή, bruit strident, cri aigu.
κλαίω *f.* αύσομαι, pleurer, déplorer.
κλαυθμός, pleurs.
κλαυθμυρίζω, *f.* ίσω, pousser des vagissements.
κλαῦμα, pleurs.
κλαυστικός, déplorable.
κλαυτός, pleuré, déplorable.
Χλάζω, *remplacé par*:
καχλάζω *f.* άσω, bruire, bouillonner, s'agiter avec bruit.
καχλασμός, bruit des eaux.
Καγχάζω—αλάω, *f.* άσω, rire aux éclats.
κανάζω, *f.* άσω,
καναχέω, *f.* ήσω, } résonner, faire du bruit.
καναχίζω, *f.* ίσω,
καναχή, bruit, son, fracas,
Κληΐζω, *f.* ίσω, appeler, célébrer.
κλεΐζω, *f.* ίσω, célébrer.
κλεινός, célèbre, fameux.
κλέος, gloire, renommée, action d'éclat.
κλήδην, nominativement.
Κληδών, renommée, rumeur, bruit, augure.
κληδονίζω, *f.* ίσω, augurer, prédire.
κληδονισμός, action d'augurer.
Κληρόω, *f.* ώσω, appeler, par le sort; désigner, adjuger par le sort.
Κλῆρος, sort *dans tous les sens,* héritage, part, bulletin de suffrage, clergé.
κληρικός, clérical.
κληροδοσία, partage au sort.
κληροδοτέω, *f.* ήσω, léguer.
κληρονομέω, *f.* ήσω, hériter.
κληρονομία, hérédité, héritage.
κληρονόμος, héritier.
κληρωτί, *adv.*, au sort, par le sort.
κληρωτός, désigné par le sort.
Κλῆσις, action d'appeler, appel en justice.
κλητεύω, *f.* εύσω, assigner.
κλητήρ, —ήτωρ, huissier, témoin, messager.

κλητός, appelé, nommé, invité, convoqué.

Καλέω, *f.* έσω, appeler, nommer, convoquer, inviter, demander, exiger, réclamer.

αἰκάλλω, *f.* αλῶ, caresser, réjouir, flatter.

κάλεσις, action d'appeler.

καλιστρέω, *f.* ήσω, convoquer.

παρακαλέω, *f.* έσω, *id. et* consoler, invoquer, prier.

παράκλητος, qu'on invoque; le Saint-Esprit, le Paraclet.

χλευάζω, *f*, άσω, se rire, se moquer.

χλεύη, rire, raillerie.

Καλός, bon, beau, *(qu'on invite)*.

κάλλος, beauté, bel objet.

καλλυντής, qui orne, qui nettoie.

καλλύνω, *f.* υνῶ, orner, nettoyer.

καλλωπίζω, *f.* ίσω, parer.

καλόν, beaucoup.

καλῶς, bien.

Κελεύω, *f.* εύσω / κέλομαι, *f.* ελήσομαι — ordonner, inviter, commander, engager, conseiller, encourager.

κέλευσις, action d'ordonner.

κέλευσμα, ordre, exhortation.

κελευστικός, impératif.

κελευστός, commandé.

ὁμοκλάω—κλέω, *f.* ήσω, exhorter, menacer, gourmander.

ὁμοκλή, exhortation menaçante, cris.

Κλύω, κλῦμι, *f.* ύσομαι, entendre, écouter, exaucer, obéir.

Κλυτός, illustre, beau, distingué, *qu'on entend*.

κελαδεινός, retentissant, bruyant, tumultueux.

κελαδέω, *f.* ήσω, faire du bruit.

κέλαδος, bruit.

κελαρύζα, corneille.

κελαρύζω, *f.* ύσω, caqueter, crier, bruire.

Κλύζω, *f.* ύσω, bruire comme les flots agités, inonder, noyer, laver.

κλυδάζομαι, *f.* άσομαι, être agité comme les flots, par les flots.

κλυδασμός, agitation des flots.

κλύδων, flot, vague.

κλυδωνίζομαι, *f.* ίσομαι, être agité par les flots.

κλύσις, action de laver.

κλύσμα, lieu baigné par les flots.

κλυσμός, bruit des vagues, inondation.
κλυστήρ—τήριον, clystère.
Χρεμίζω, *f.* ίσω, crier, hennir.
χρεμετίζω, *id.*
χρεμέτισμα—ετισμός, hennissement.
χρέμπτομαι, *f.* ψομαι, tousser, cracher.
χρέμπτω, *f.* ψω, appeler, faire approcher, avertir, approcher.

† Κόρυς, tête, casque, alouette huppée.
κόραξ, corbeau.
κορθύνω, *f.* υνῶ, entasser, amonceler, amasser.
κόρθυς, monceau, tas.
κορθύω, *f.* ύσω, entasser.
κόρση, tempe, joue, tête, cheveux.
κόρυζα, rhume de cerveau, sottise, sot orgueil.
κορυζάω, *f.* ήσω, être enrhumé, être stupide.
κόρυμβος, toupet, grappe de fleurs.
κορύνη, massue, bâton à gros bout.
κορύπτω, *f.* ψω, remuer la tête, frapper avec les cornes.
κορύσσω, *f.* ύσω—ξω, armer d'un casque, armer, exciter.
κορυστής, guerrier, armé d'un casque.
κορυφαῖος, qui est à la tête.
κορυφή, tête, sommet, extrémité, fin
κορώνη, extrémité recourbée, corneille.
κορώνις, fin, *ad.*, à extrémité recourbée.

Κῦρος, autorité, force, garantie, sanction.
κυρεία, commandement.
κυρόω, *f.* ώσω, confirmer.
κύρωσις, sanction.
κυρωτήρ, qui sanctionne.

Κύριος, maître, capital, qui domine.
κυρία, droit, pouvoir.
κυριακός, de maître.
κυριεύω, *f.* εύσω, se rendre maître.
κυρίως, *adv.*, en maître.

† Κραῖρα, tête levée, haut du vaisseau.
καρκαίρω, *f.* αρῶ, vibrer, retentir.
κάρχαρος, aigu *en tous sens.*
καρχήσιον, haut du mât, hune.

Κρανίον, crâne.
καρκίνος, os frontal, cancre, crabe, cancer.
κραναός, dur, apre, stérile.
κρανέα—νεία, cornouiller, lance, bois de lance
κράνος, cornouiller, casque.

Κάραβος, crabe.
Κραιπάλη, fumée de l'ivresse, *(qui agite la tête)*, crapule.
κραιπαλάω, *f.* άσω, être dans l'ivresse.

ΚΆΡΦΩ, *f.* ψω, sécher.
καρφαλέος, sec, aride.
κάρφη—φος, fétu, brin de paille, tout corps sec et léger.
καρφόω, *f.* ώσω, rendre sec.
καρφώδης, sec, léger.
Κοῦφος, léger *en tous sens.*
κουφίζω, *f.* ίσω, alléger, hausser, élever.
κουφότης, légèreté.
κούφως, légèrement.
κόφινος, corbeille, panier.

ΚΑΣΣΎΩ, *f.* ύσω, coudre.
κάσσυμα, cuir, fourberie.
Κασᾶς—σῆς, tapis.
Κάσις, frère, sœur, parent.
κασιγνήτη, sœur.
κασίγνητος, frère, parent.
Κασσίτερος, étaim, (*métal propre à souder*).
κασσιτερόω, *f.* ώσω, étamer.

ΚΑΤΆ, *prép.*, de, du haut de, sur, suivant, dans, par, *en comp. augmente la force du mot, exprime le mouvement en bas, l'ordre, l'arrangement, la conformité.*
καθώς, comme, après que,
κάτω, en bas, au-dessous.
Κατηγορέω, *f.* ήσω, parler contre, accuser.
κατηγορία, accusation, attribut.
κατιθύ—θύς, vis-à-vis.

ΚΑΫΗΞ, plongeon, mouette.
κήϋξ—ήξ, *id.*

ΚΑΥΛΌΣ, tige d'herbe, de chou, extrémité de la javeline.

ΚΈΑΡ, κῆρ, le cœur, l'esprit,
καρδία, le cœur, esprit, âme, estomac.
καρδιάω, *f.* άσω, avoir mal à l'estomac.
κερτομέω, *f.* ήσω, injurier.
κερτομία, injure.

κερτόμιος, injurieux.
κηρόθεν, de cœur.
κηρόθι, dans le cœur.

Κηραίνω, *f.* ανῶ, être inquiet, gâter, tuer.
κήρ, mort, malheur, sort, destin.
κῆρες, *plur.*, les Parques.

Κηδαίνω, *f.* ανῶ, être inquiet.

Κήδω, *f.* κηδήσω *ou* κεκαδήσω, inquiéter, affliger, *au moyen*, s'affliger, avoir soin de.
κεδνός, digne de soin, vénérable.
κηδεία, funérailles, (*derniers soins*), parenté.
κήδειος, soigné, chéri, précieux.
κηδεμών, qui prend soin, tuteur, parent.
κηδεστής, parent, allié, gendre, beau-père.
κήδευμα, soin, parenté, parent.
κηδεύω, *f.* εύσω prendre soin, enterrer.
κήδιστος, très cher, le plus cher.
κηδίων, plus cher.
κῆδος, funérailles, alliance, souci.

Χαίρω, *f.* αιρήσω—ήσομαι, se réjouir. (κῆρ χ?ίρω).
χάϊος, bon, ancien.
χαῖρε, réjouis-toi, salut.
χαιρετίζω, *f.* ίσω, saluer.
χαρά, joie.
χάρμα—μη *id. le deuxième*, combat.
χαρμονή—μοσύνη, joie.
χαρτός, réjouissant.

Χάρις, grâce.
χαρίεις, gracieux.
χαριέντως, avec grâce.
χαρίζομαι, *f.* ίσομαι, plaire, cherher à plaire; donner.
χάρισμα, présent.

Χορός, chœur.
χόρευμα, danse.
χορευτής, danseur.
χορεύω, *f.* εύσω, former des chœurs.

Μάκαρ, heureux, fortuné, riche.
μακαρίζω, *f.* ίσω, estimer heureux.
μακάριος, heureux.
μακαριότης, bonheur, félicité.

ΚΈΔΡΟΣ, cèdre.
κέδρινος, de cèdre
κεδρωτός, frotté d'huile de cèdre.
ΚΙΒΏΡΙΟΝ, fruit du nénuphar ; coupe faite de ce fruit, ciboire.
ΚΙΒΩΤΌΣ, coffre, arche de Noé, *bible.*
ΚΊΓΚΛΟΣ, hoche-queue, *oiseau.*
κιγκλίζομαι, être dans un mouvement continuel.
κίχλη, grive.
κιχλίζω, *f.* ίσω, faire bonne chère.
ΚΊΔΑΡΙΣ, tiare
ΚΙΘΆΡΑ, harpe, *qqfois* haut de la poitrine.
κιθαρίζω, *f.* ίσω, jouer de la harpe.
κιθάριον, κίθαρις, petite harpe.
κιθαριστής, joueur de harpe.
κιθαριστύς, art de jouer de la harpe.
κίθαρος, poitrine.
ΚΙΚΚΆΒΗ, κίκυμος } chat-huant.
ΚΙΝΑΒΡΆ, odeur puante, forte.
κιναβράω, *f.* άσω, puer.
κινναβάρι, cinabre.
Κίναδος, renard.
Κιννάμωμον, canellier, canelle.
ΚΊΣ, ver, larve.
κίσσα, objet de dégout, envie de femme grosse, pie.
κισσάω, *f.* ήσω, avoir des envies de femme grosse.
Κισσός, lierre, *plante rampante.*
κίσσινος, de lierre.
κισσύβιον, coupe en bois de lierre, coupe.
κίστη, panier, corbeille.
ΚΊΤΡΟΝ, citron.
κιτρέα, citronnier.
ΚΛΆΩ, *f.* άσω, rompre, briser, ébrancher, abattre, décourager.
κλαδαρός, fragile, brisé.
κλαδάω, κραδάω—δαίνω, ébrancher, couper, casser, secouer, agiter.
κλαδεύω, *f.* εύσω, ébrancher, tailler.
κλάδος, rameau, branche, rejeton.

κλαμβός, mutilé, estropié.
κλάσις, action de briser, d'ébourgeonner.
κλάσμα, débris, fragment.
κλαστός, brisé, rompu.
κλῆμα, branche, ceps, sarment.
κληματίς, plante sarmenteuse.
κληματῖτις, clématite.
κράδος—δη, rameau de figuier, croc.

Κλίνω, *f.* ινῶ, abattre, faire plier, incliner, abaisser, coucher.
κλίμα, inclinaison, pente, climat.
κλιμακτήρ, degré, échelon, crise.
κλίμαξ, échelle, gradin, balustre, civière, cercueil, croc-en-jambe.
κλιματίας, tremblement de terre.
κλίνη, lit, couche, litière, coussin.
κλινήρης, malade.
κλιντήρ, chaise longue.
κλισία—σίη, tente, cabane, étable, litière, lit de repos.
κλίσιον, tente, cabane, bergerie, parc de moutons, étable.
κλίσις, l'action d'incliner.
κλισμός, lit de repos.
κλίτος, penchant, climat, pente, colline.
κλιτύς, pente, colline.
κλωμαχόεις, roide, âpre.

Κλίβανος, four portatif, de tente.

Χλίω, *s. f.*, être mou, efféminé, être tiède, être fier.
χλιαίνω, *f.* ανῶ, rendre tiède, fomenter.
χλιαρός, tiède.
χλιδαίνομαι, *f.* ανοῦμαι, s'efféminer, s'amollir.
χλιδάω, *f.* ήσω, être mou, lâche.
χλιδή, mollesse, délices.
χλίδος, décombres.
χλιδών, bracelet, collier, bijou.

Χαλάω, *f.* άσω, lâcher, détendre, apaiser, amollir.
χαλαίνω, *f.* ανῶ, *id.*
χαλαρός, lâche, relâché.

Χαίτη, crinière, chevelure.
•χαίτας, coton des fleurs de chardon.

Χάλαζα, grêle.
χαλαζάω, *f.* ήσω, grêler, tomber comme la grêle.

Χάλιξ, petite pierre, (*comme le grêlon*) *épit. de Bacchus.*
χαλινός, frein.
χαλινόω, *f.* ώσω, soumettre au frein.
χαλινωτήριον, câble.
χάλος— λως, *id.*

† Κλών, rejeton.
κλωνίζω, *f.* ίσω, élaguer.
κλωνίτης, de branche.

Κόλος, mutilé, tronqué, écorné.
κολάζω, *f.* άσω, élaguer, réprimer, punir.
κόλασις, action d'élaguer, punition.
κολάσμα, châtiment.
κολαστήριον, prison, lieu du supplice.
κολαστής, celui qui élague, qui châtie.
κολοβός, mutilé, tronqué.
κολοβόω, *f.* ώσω, mutiler, tronquer.
κολοβωτής, celui qui tronque, qui mutile.
κολούω, *f.* σω, mutiler, tronquer, amputer, amoindrir.
κυλλός, estropié, boiteux.
χωλαίνω—λεύω, être boiteux.
χωλός, boiteux.

Σκολύπτω, *f.* ψω, dépouiller.

Κόλον, mets, nourriture, gros intestin.
κόλαξ, parasite, flatteur.
κολακεία, flatterie.
κολακεύω, *f.* εύσω, flatter, tromper.
Εὔκολος, commode, facile à nourrir.

Κῶλον, colon, (*gros intestin*), membre.
κωλέα—λῆ, jambon.
κωλήν, os supérieur du bras et de la jambe.
κωλικός, sujet à la colique.
κωλικεύομαι, *f.* εύσομαι, avoir la colique.
χολάς, les intestins, cavité du ventre.
χολέρα, choléra.
χολή, bile, fiel.
χόλιξ, boyau.
χόλος, bile, fiel, colère, haine.
χολόω, *f.* ώσω, mettre en colère.
χολωτός, courroucé.
χώομαι, *f.* ώσομαι, se fâcher, être irrité.

Κοτέω, *f.* έσομαι, être irrité, garder rancune.

κοτεινός—ήεις, irrité.
κότος, colère, envie, rancune.

Κωλύω, *f.* σω, empêcher.
κώλυμα, obstacle.

† Ὀκλάζω, *f.* άσω, se mettre à genoux.
ὀκλάξ, à genoux.
ὄκλαξ, agenouillement.

† Χαλέπτω, *f.* ψω, rompre, détruire, renverser, *au moy.*, s'irriter.
χαλεπαίνω, *f.* ανῶ, s'irriter.
χαλεπός, fâcheux, nuisible, difficile.
χαλεπότης, difficulté, âpreté.
χαλεπῶς, difficilement.

Χαλκός, airain.
χαλκεῖον—κίον, vase d'airain *le prem.*, forge, atelier.
χάλκειος—κεος,—αλκήϊος, d'airain.
χαλκεύς, ouvrier en airain.
χαλκεύω, *f.* εύσω, travailler en airain.
χαλκεών, atelier, forge.
χαλκίς, *nom d'un oiseau*, alose.
χαλκοῦς, monnaie d'airain, *et adj.* d'airain.
χαλκόω, *f.* ώσω, forger en airain, garnir d'airain.
χαλκώδης, semblable à de l'airain, d'airain.
χάλκωμα, ouvrage en airain.

ΚΛΕΙΩ, *f.* ίσω, fermer, enfermer.
κιγκλίς, double porte, grille, cage.
κλεῖθρον, serrure, clôture, porte.
κλείς, clef.
κλεισιάδες—σίαι, battants.
κλειστός, fermé.
κλήθρα, aune, (*arbre qui encaisse les ruisseaux.*)
κλοιός, carcan.
κλωβός, cage.
χεῖλος, lèvre, bec, bord.
χιτών, tunique intérieure, cuirasse, enveloppe.

Κλῆθρα, *plur. n.* battants, porte, poutre.
θύρα—ρετρον—ρωμα, porte.
θύραζε, à la porte, hors de.
θυραῖος, de porte.
θύρις, ouverture.
θυρόω, *f.* ώσω, garnir d'une porte.
θυρών, vestibule.

ἄθυρος, (*sans porte*), effréné.
ἀθύρω, *f.* υρῶ, se faire un jeu de, jouer, s'amuser.

ἄθυρμα, jouet, ornement, parure.
Θυρεός, bouclier long, (*comme une porte*).

ΚΌΓΧΗ, conque, coquillage, forme concave.
γογγυλεύω, *f.* εύσω, arrondir.
γογγύλος, rond, arrondi.
κογχύλη, coquillage, conchyle.
κογχύλιον, petit coquillage.
Κόχλος, conque, coquille, escargot.
κόχληξ—χλιξ, caillou du rivage, gravier.
κόχλαξ, (*même sens*).
κοχλιάριον, cuiller.
κοχλίας—χλῖον, limaçon.
κόχλω, *inus.*, tournoyer.
Κύκλος, cercle.
κύκλιος—κλόεις, circulaire.
κυκλϊκός, *même sens.*
κυκλόσε, tout autour, en cercle.
κυκλόω, *f.* ώσω, arrondir.
κύκλωμα, rotation.
κυκλωτός, arrondi.
ΚΌΚΚΥΞ, coucou.
κοκκύζω, chanter comme le coucou.

ΚΌΛΛΑ, colle, soudure,
κολλάω, *f.* ήσω, coller, souder, rendre compacte.
κολλήεις, *poét.*, collé, soudé, compacte.
κολλητός, *même sens et* rapproché, cicatrisé.
κόλλιξ, gâteau de pain d'orge.
κόλλοψ, cuir dur *à faire de la colle,* callosité, glande.
κολλύρα, *même sens que* κόλλιξ.
κολλυρίζω, *f.* ίσω, faire des petits gâteaux.
κολλύριον, collyre.
κολλώδης, collant, visqueux.
Κόλλυβος, monnaie d'airain empreinte d'un bœuf.
κολλυβιστής, banquier, changeur.

ΚΌΛΠΟΣ, sein, pli, golfe.
κολπόω, *f.* ώσω, rendre sinueux.
κολπώδης, courbé, sinueux.
κόλπωμα, sinuosité.
κόλπωσις, action de plier.

ΚΌΜΑΡΟΣ, arbousier.
κόμαρον, fruit de l'arbousier.

ΚΌΠΤΩ, *f.* ψω, heurter, frapper, battre, couper, tailler, fatiguer, tourmenter.
κολάπτω, *f.* ψω, frapper, faire des incisions, ciseler, sculpter.
κολαπτήρ, marteau de tailleur de pierres.
κολαφίζω, *f.* ίσω, souffleter, injurier.
κόλαφος, coup de poing, soufflet.
κολετράω, *f.* ήσω, fouler aux pieds.
κόμμα, ce qui est coupé, tranché.
κομμός, coups qu'on se donne dans la douleur, lamentations, deuil, chant lugubre.
κομπάζω, *f.* άσω, parler avec emphase, vanter outre mesure, se vanter.
κομπέω, *f.* ήσω, faire du bruit, résonner, vanter.
κόμπος, bruit, retentissement, emphase, fanfaronnade.
κομπός, fanfaron, homme plein de jactance.
κομπώδης, emphatique,
κομπωδῶς, avec emphase.
κοναβέω, *f.* ήσω, faire du bruit, retentir.
κοναβίζω, *f.* ίσω, *poét.*, *même sens.*
κόναβος, *poét.*, bruit, tumulte, retentissement.
κονδυλίζω, *f.* ίσω, frapper d'un coup de poing.
κονδυλισμός, coup de poing, outrage.
κόνδυλος, coup de poing, poing, articulation des os.

Κονέω, *f.* ήσω, travailler, s'empresser, servir.
διακονέω, *f.* ήσω, être ministre.
διάκονος, serviteur, ministre, diacre.
κονία, poussière, sable, cendre, chaux.
κονιάω, *f.* άσω, couvrir de poussière, plâtrer.
κόνις, poussière, cendre, lessive.
κονίσαλος, nuage de poussière.
κονίω, *f.* ίσω, remplir de poussière.
κοντός, épieu.
κοντόω, *f.* ώσω, percer d'un épieu.
κοπάζω, *f.* άσω, *ion.*, se fatiguer, cesser.
κοπανίζω, *f.* ίσω, battre, frapper, heurter, piler.
κόπανον, pilon, lourde épée.
κοπετός, *poét.* *comme* κομμός.
κοπεύς, ciseau, burin.
κοπή, action de couper, meurtre, carnage, ravin, précipice.

κοπιάω, *f.* άσω, être fatigué, cesser.
κοπίς, épée, couteau, festin *à Lacédémone*.
κόπις, bouffon, menteur, sorte d'oiseau.
κοπίζω, *f.* ίσω, duper, tromper, mystifier.
κοπιώδης, fatigant, accablant.
κόπος, fatigue, lassitude, travail, coup dans la douleur.
κοπόω, *f.* ώσω, fatiguer, blesser.
κόπωσις, l'action de lasser.
κόσσος, soufflet.

Κώπη, poignée, garde d'une épée, rame.
κωπεύω, *f.* εύσω, garnir de rames.
κωπήεις, garni d'une poignée.
κωπηρής, garni de rames.
Κτυπέω, *f.* ήσω, frapper avec bruit.
κτύπος, bruit d'une chose frappée.

Σκώπτω, *f.* ψω, railler, piquer.
σκῶμμα, raillerie.
σκώπτης, railleur.
σκώψ, danse comique, chouette.
σκῶψις, raillerie.

† Τύπτω, *f.* ψω, frapper, battre,
τύμμα—υπή, coup, blessure.
τυμπανίζω, *f.* ίσω, battre du tambour, battre, torturer.
τύμπανον, tambour, bâton, tympan.
τυπετός, action de frapper, coups.
τύπος, bruit fait en frappant, empreinte, type.
τυπόω, *f.* ώσω, empreinte, moule, modèle.
τύπωσις, impression, action de modeler, empreinte.

Στυφελίζω, *f.* ίξω, ébranler, maltraiter, disperser.
στυφελισμός, outrage.
στυφελός—φλός, apre, dur, compacte.

Τυφών, Typhée, *géant frappé de la foudre et exhalant de la fumée*; Typhon, trombe.
τυφλός, aveugle, sombre, obscur, sourd.
τυφλότης, aveuglement.
τυφλόω, *f.* ώσω, aveugler.
τύφλωσις, action de rendre aveugle, aveuglement.
τυφλώττω, *s. f.*, être aveugle.
τῦφος, stupeur, fumée, passion.
τύφω, *f.* θύψω, remplir de fumée, embraser, allumer.
τυφώδης, frappé de stupeur, enfumé.
Κωφός, sourd muet, aveugle, mutilé, sot, hébété.

κωφάω—φεύω—φόω, être *ou* rendre sourd, muet, *etc.*
κωφότης,, surdité, privation d'un sens, sottise.
Τάφος, étonnement, stupeur.
Τάφος, tombe, *lieu qui a été embrasé.*
θάπτω, *f.* ψω, ensevelir, enterrer.
ταφεύς, celui qui ensevelit.
ταφή, sépulture.
τάφιος, funéraire.
τάφρος, fossé, retranchement.
τέφρα, cendre.
τεφραῖος—φρός, cendré.
τεφρόω, *f.* ώσω, réduire en cendres.
τεφρώδης, plein de cendres, cendré.
τυμβεύω, *f.* εύσω, mettre dans la tombe.
τύμβος, tombe.
Σκάπτω, *f.* ψω, enterrer, *et plus souv.* creuser, labourer.
σκάμμα, fosse, creux.
σκαπανεύς, pionnier.
σκαπάνη, hoyau, action de creuser.
σκάπετος, κάπετος, tombeau, fossé.
σκάριφος, poinçon, stylet.
σκαφεῖον, bêche, hoyau.
σκαφεύω, *f.* εύσω, fouir, creuser.
σκάφη, esquif, auge, bassin, *chose creusée.*
σκαφίον—φίς, canot, petit vase, hoyau.
σκαφίτης, batelier.
σκάφος, fosse, fossé, barque, vase.
σκέπαρνον, hache.
Σκάλλω *f.* αλῶ, fouir, gratter, sarcler.
σκαλεύς, celui qui sarcle.
σκαλεύω, *f.* εύσω, sarcler.
σκαλίς, sarcloir.
σκάλοψ, taupe.
Δοῦπος, chute avec bruit.
δουπέω, *f.* ήσω, tomber avec bruit, tomber, périr.
Τωθάζω, *f.* άσω, railler.
Κυδοιμός, (κόπτω—οἰμάω), tumulte, effroi, jactance.
κυδοιμέω, *f.* ήσω, faire du bruit, exciter du désordre.
Κῦδος, gloire, valeur, insulte.
κυδαίνω—δάνω, *f.* ανῶ, illustrer, célébrer.
κυδάλιμος—δήεις, illustre, glorieux, fier.
κυδιάω, *f.* άσω, se glorifier.

κύδιμος, illustre.
κύδιστος, très illustre, le plus illustre.
κυδίων, plus illustre, plus avantageux.
κῦδρος, glorieux.

ΚΟΤΙΝΟΣ, olivier sauvage.

ΚΡΑΜΒΟΣ, roti, désséché.

ΚΡΕΜΑΜΑΙ, *f.* κρεμήσομαι, être suspendu, être en suspens.
κρεμάννυμι, κρεμνάω, *f.* άσω, pendre, suspendre, tenir suspendu, tenir en suspens.
κράβατος, lit suspendu, lit de repos.
κρεμαστός, suspendu, pendant.
κρέμβαλον, sonnette, cliquettes, castagnettes.
κρεμαστήρ, qui suspend, suspensoir.
κρήδεμνον, voile, bandelettes, créneau.
κρημνίζω, *f.* ίσω, précipiter.
κρημνός, lieu escarpé, précipité.
κρημνώδης, escarpé, raide.
κρήνη, cascade, source, fontaine.
Κρουνός, *même sens.*
κρουνίζω, *f.* ίσω, sourdre.
Κράσπεδον, bord, frange.
Κροσσός, bordure, frange.
κρόσσαι, créneaux.
κροσσωτός, bordé, garni de franges.
κρωσσός, pot, *vase à bord.*
Κρώβυλος, boucle de cheveux.
κρωβυλώδης, semblable à une boucle de cheveux.

ΚΡΗΠΙΣ, base, fondement, sandale, socle, bord d'un fleuve.
κρηπιδόω, *f.* ώσω, fonder, établir.
κρηπίδωμα, fondement.

ΚΡΙ, *indéclin.* orge, grain d'orge.
κριθῆ, *id.*

Κρίνω, *f.* ινῶ, trier, *puis* juger, comparer, choisir, arrêter, penser, croire.
ἀποκρίνω, *id. au moyen*, répondre, dire, être séparé de.
κρησέρα, bluteau, tamis.
κρῖμα, jugement,
κρίμνον, son, grosse farine.
κρίνον, lis blanc, (*fleur d'élite*).
κρίσιμος, décisif.

κρίσις, triage, jugement, crise.
κριτήριον, critérium, *ce qui sert à juger.*
κριτής, juge.
κριτικός, capable de juger, critique.
κριτός, choisi.

Κριός, bélier, (*le chef du troupeau, bête d'élite*), machine de guerre, volute, vaisseau.
κρινδόν, impétueusement.
κριοκοπέω, *f.* ήσω, battre en brêche avec le bélier.

ΚΤΆΟΜΑΙ, *f.* ήσομαι, acquérir, gagner, obtenir, s'attirer.
κτέανον—αρ, bien, propriété.
κτεατίζω, *f.* ίσω, *poét.* acquérir, posséder.
κτῆμα, bien, chose, objet.
κέκτημαι, je possède, (*j'ai acquis.*)
κτῆνος, bétail, bête de somme, bête brute.
κτῆσις, acquisition, bien.
κτητός, qui peut s'acquérir, acquis, acheté.
κτήτωρ, propriétaire.

Κτίζω, *f.* ίσω, fonder, bâtir.
κτίσις, fondation, construction.
κτίσμα, bâtiment, établissement.
κτίστης, fondateur, constructeur.
κτιστός, fondé, construit.

Κτίλος, apprivoisé, doux, *subs.* mouton, bélier, bouc.
κτιλόω, *f.* ώσω, apprivoiser.

ΚΡΌΚΟΣ, safran.
κροκόω, *f.* ώσω, teindre couleur de safran.

ΚΥΑΝΌΣ, bleu, azur, noir, luisant.
κυάνεος, *adj.* bleu, *etc.*

ΚΎΚΝΟΣ, cygne.

ΚΎΜΙΝΟΝ, cumin.

ΚΎΠΕΙΡΟΣ, souchet, *graminée.*

ΚΎΠΤΩ, *f.* ψω, baisser la tête, incliner.
κύβιτον, coude.

Κύβη, la tête.
κυβερνάω, *f.* ήσω, gouverner, diriger un vaisseau.
κυβερνήτης, pilote.
κύβηλις, hache, (*tête du manche*).
κυβηλίζω, *f.* ίσω, frapper de la hache.
κυβιστάω, *f.* ήσω, se jeter sur la tête, plonger.
κυβιστήρ, plongeur.

κωβίος, goujon.

Κύβος, dé, *(que l'on jette en l'inclinant)*, *par ext.* cube.

κυβεύω, *f.* εύσω, jouer aux dés.

κυβίζω, *f.* ίσω, former un cube.

κυβικός, cubique.

Κύμβη, vase creux, *(à flancs inclinés)*, barque.

ἀνακυμβαλιάζω, être renversé avec fracas.

κολυμβάω, *f.* άσω, nager, plonger.

κόλυμβος, nageur, plongeur.

κύμβαλον, cymbale.

κυμβίον, petit vase.

κύμβος, cavité.

κύπελλον, coupe.

κύπη, *c.* κύμβος.

κυφαλέος—φός, courbé, voûté, *le 2e.* bossu.

κύφελλα, les nuages, *(en voûte)*.

κῦφος, voûte.

κυφότης, courbure.

κυφόω, *f.* ώσω, courber.

κύφων, morceau de bois courbé, joug des chevaux.

σκύφος, coupe, verre.

ὑβός, bossu.

ὗβος, bosse.

Κυπτάζω, *f.* άσω, se baisser souvent, flâner.

κυρτός, courbé, bossu.

κυρτόω, *f.* ώσω, courber.

κύρτων, bossu.

Κύστις—τη, vessie.

Κύτος, *c.* κύπη.

κύτταρον—ρος, trou.

κυτίς, corbeille.

Κύπαρος, cellule, alvéole, fleur résineuse.

κυπαρίς, cellule, alvéole.

κυπάρισσος, cyprès.

κυψέλη, ruche, trou de l'oreille.

κύψελος, martinet, *oiseau*.

κώρυκος, sac de cuir, besace, ballot.

ΚΎΤΙΣΟΣ, cytise.

ΚΏΔΕΙΑ, tête de pavot.

ΚΏΜΥΣ, botte de foin.

ΚΩ͂ΝΟΣ, pomme de pin, cône.

κωνίζω, *f.* ίσω, goudronner.
κωνίκος, conique.
κώνωψ, cousin, *insecte*, (*trompe en cône*).

ΚΩΤΊΛΛΩ, *f.* τιλῶ, babiller, cajoler.
κώδων, bavard, cloche, trompette.
κωδωνίζω, f. ίσω, sonner de la trompette.
κωτίλη, hirondelle.
κωτιλία, babil, cajolerie.
κωτίλος, babillard, enjoleur.
ὑθλέω, *f.* ήσω, babiller, badiner.
ὕθλος, caquet, sornettes.

Λ.

ΛΑ̃ΑΣ, *ion. et poët.*, pierre, rocher.
λᾶς, *id.*
λεύς, *id.*
λάϊγξ, petite pierre.
λαΐνεος—άϊνος, de pierre.
λαξευτής, tailleur de pierres.
λαξευτός, taillé dans la pierre.
λαξεύω, *f.* εύσω, tailler la pierre.
λατομέω, *f.* ήσω, *même sens.*
λεύω, *f.* εύσω, lapider.

Βασιλεύς, roi, maître, chef, (*pierre fondamentale*).
βασίλεια—λισσα—λιττα, la reine.
βασιλειάω, *f.* άσω, aspirer à la royauté.
βασίλειος, royal.
βασιλεύω, *f.* εύσω, régner.
βασιλική, palais, basilique.
βασιλικόν, palais, basilic, *plante.*
βασιλικός, royal.
βασιλίσκος, roitelet, petit prince, basilic, *reptile.*

Στήλη, pierre debout, cippe, colonne, pierre longue et brute.
στηλίς, petit mât.
στηλόω, *f.* ώσω, élever en forme de colonne.
στύλος, colonne, stylet, style.
στυλόω, *f.* ώσω, soutenir par des colonnes.

Στελεόν, manche de coignée.

† Λᾱός, peuple, armée, foule. (*Issu de pierres après le déluge*).
λαιδρός, impudent.
λαικὰς, femme publique.
λαϊκός, laïque, du peuple.
λαοσσόος, qui excite les armées.
λεΐτος, populaire.
λειτουργία, fonction publique, liturgie.
λεώς, *att.* peuple.
λήϊον *et* λαῖον, moisson, blé, (*nourriture commune*).

ΛΑΛΕΏ, *f.* ήσω, parler, babiller, rendre un son.
Λακέω, *f.* ήσω, *dor. pour* ληκέω, *et*
λάσκω, *poét.* crier, retentir, injurier, déchirer.
λακερός, sonore, bavard, mauvais.
λακίς, déchirure, lambeau.
λάκκος, piége, danger, citerne.
λάκος, craquement, haillons.

Λαλαγέω, *f.* ήσω, babiller, gazouiller.
λαλαγή, babil, gazouillement, bruit, murmure.
λαλάζω, *f.* άσω, *c.* λαλαγέω.
λάλημα, parole, bruit, confus.
λαλιά, loquacité, rumeur, entretien, accent.
λάλος, bavard.
λαχαίνω, *f.* ανῶ, creuser, fouir, bêcher, (*déchirer la terre*).
λαχανεύω, *f.* εύσω, cultiver les légumes.
λάχανον, légume.

ΛΆΜΠΩ, *f.* ψω, briller, retentir, s'illustrer, faire briller.
Λαμπετάω, *f.* ήσω, *même sens.*
λαμπάς, flambeau, torche, lampe.
λαμπρός, brillant, splendide, célèbre, fier.
λαμπρότης, clarté, éclat, célébrité.
λαμπρύνω, *f.* υνῶ, rendre clair, se distinguer.
λαμπρῶς, *adv.* d'une manière brillante,
λαμπτήρ, flambeau, torche, lanterne.

ΛΑΡΌΣ, doux, agréable.
Λάρος, mouette, homme avare.
λαρινός, gras, doux, qui sait plaire.
λαρινεύω, *f.* εύσω, engraisser.
λαρίς, mouette.

ΛΆΣΑΝΟΝ, trépied, réchaud.

ΛΑΤΡΕΎΩ, *f.* εύσω, servir pour de l'argent, adorer.
λατρεία, service mercenaire, adoration.
λατρεύς—τρευτής, mercenaire.
λάτριος, qui concerne les serviteurs.
λάτρις, mercenaire, soldat.
λάτρον, salaire.

ΛΆΩ, *s. f.*, regarder d'un œil avide, désirer, regarder, voir, jouir.
λαύω, jouir.
λῶ, vouloir, désirer.
Ἀλαός, aveugle, louche.
ἀλαόω, *f.* ώσω, aveugler.
ἀλαωτύς, cécité.
Ἀλαόμαι, *f.* ήσομαι, errer.
ἀλαίνω, *f.* ανῶ, *poét.*, *même sens.*
ἄλη, erreur.
ἀλημοσύνη, égarement.
ἀλήμων, errant.
ἄλησις, course errante.
ἀλητεύω, *f.* εύσω, mener une vie errante.
ἀλήτης, homme errant.
ἄλιος, qui s'égare, vain, inutile.
ἀλιόω, *f.* ώσω, rendre vain.
ἀλίσγέω, *f.* ήσω, souiller.
ἀλίσγημα, souillure.

Ἅλωμι, *inus.*, *rempl. par* ἁλίσκομαι, *f.* αλώσομαι, } être pris, surpris, être convaincu, comdamné, être passionné, périr.
ἁλώσιμος—λωτός, que l'on peut prendre.
ἅλωσις, capture.

Ἀλαζών, charlatan, fanfaron.

Ἀλεύω, *f.* εύσω, détourner.
ἀλεείνω, *s. f.*, reculer, fuir, éviter.
ἀλέομαι, *f.* ήσομαι, ἀλεύομαι, *f.* εύσομαι, } fuir.
ἀλεωρή, refuge.
πάλευμα, amorce, attrait.
παλευτής, oiseleur.
παλεύω, *f.* εύσω, tromper, attirer dans un piége.

Ἀλιταίνω, *f.* ανῶ, ἀλιτεύω, *f.* εύσω, ἀλιτέω, *f.* ήσω, } être coupable, commettre des crimes, s'égarer.
ἀλείτης, coupable.

ἀλίτημα, faute, erreur.
ἀλιτήμων—τήριος—τρός, pécheur, coupable.
ἀλιτραίνω, *f.* ανῶ, être coupable.
ἀλιτροσύνη, scélératesse.

† Ἀπολαύω, *f.* σω *et* σομαι, jouir.
ἀπόλαυσμα, volupté.
ἀπόλαυσις, usage, jouissance.
ἀπολαυστικός, voluptueux.
ἀπολαυστός, voué à la volupté.

Λάϐω, *inus. rempl. par:* λαμϐάνω, *f.* λήψομαι } prendre, saisir, surprendre, recevoir approuver.
εὐλαϐέομαι, *f.* ήσομαι, prendre garde, se précautionner, éviter, redouter.
εὐλή, ver, *qui ronge le corps.*
λαϐή, prise, occasion, poignée.
λαϐίς, tenaille, agrafe.
λέϐης, chaudière, marmite.
λέμϐος, barque.
λῆμμα, ce qu'on prend, chose reçue ; lemme.
ληπτήρ, celui qui prend.
ληπτός, pris.
λῆψις, action de prendre.

Λάϐρος, vorace, violent, rapide.
λαϐράζω, *f.* άσω, parler rapidement, bavarder.
λάϐραξ, loup de mer.

Λαῦρος *comme* λάϐρος *et* large.
λαυκανία, gorge, gosier.
λαῦρα, place, rue large.

Λάζω, *f.* ξω, prendre, insulter, ruer.
λαζόμαι, *f.* ξομαι, λάζυμαι, *poét.* } prendre, saisir, s'emparer de.
λακτίζω, *f.* ίσω, ruer.
λάξ, *adv.*, avec le talon.
λάσθη, injure, mépris.
λαχμός, ruade.

Λαιμός, gourmandise, gosier, gouleau.
λαιμάσσω, *f.* ξω, manger avec voracité.
λαιμίζω, *f.* ίσω, égorger.
λαῖτμα, gouffre, abîme.
λαμία, Lamie.
λάμος, abîme.

λαμυρός, *adj.*, creux, profond, effrayant, vorace, impudent, enjoué.
λαμυρῶς, *adv.* avec pétulance, avec enjouement.
λιμός, faim.
λιμώσσω, *f.* ώξω, être affamé.

Λάπτω, *f.* ψω, laper, boire avec excès, vider, évacuer.
λαιλαπέω, *f.* ήσω, } agiter par la tempête, *laper avec violence.*
λαιλαπίζω, *f.* ίσω, }
λαίλαψ, tourbillon, ouragan, tempête.

Λαπάζω, } *f.* ξω, { amollir, vider, piller.
ἀλαπάζω, }
ἀλαπαδνός, mou, faible.
λαπάρα, }
λαπάρη, } flanc, (*vide du corps*).
λάπαρον, }
λαπαρός, vide, creux, mou.
λάπη et λάμπη, pituite, morve, scorie.
λαπίζω, *f.* ισω, être insolent, (*avoir l'insolence de l'ivresse*).
λαπίθαι, les Lapithes.
λαπιστής, fanfaron, insolent.
λάρκος, panier.
λάρναξ, coffre, arche.
λαφυρεύω, *f.* εύσω, faire du butiu.
λάφυρον, butin, proie.
λαφύσσω, *f.* ξω, dévorer, dépenser, épuiser.
ἀφύσσω, *f.* ξω, puiser, se procurer, acquérir.
ἀφυσγετός, limon (*le fond de ce qu'on a puisé*).
λάψις, action de laper.

Λαγαρός, lâche, mou, creux, vide, mince, chétif, pauvre.
λαγαρίζω, *f.* ίσω, { rendre mou, *etc.*, être mou, *etc.*,
λαγαρόω, *f.* ώσω, { dégeler.

Λάγνος, lubrique, lascif.
λαγνεία, lubricité.
λαγνεύω, *f.* εύσω, être lubrique.
Λαγών, creux, flanc, ventre *d'un vase.*
λάγηνος—γυνος, bouteille.
λαγυνίων, ivrogne.

Λαγωός—γώς—γός, lièvre duc, *oiseau de nuit.*
λαγιδεύς, levreau.
λάγινος, de lièvre

λαγίον—γώδιον, levreau.
λαγώεις—γῷος, de lièvre.
λαγωδίας, duc.

Λῆρος, sottise, niaiserie.
ληρέω, *f.* ήσω, déraisonner.

† Λεία, butin, proie, bétail.
ληΐς, *poét.*, *même sens.*
ληΐζομαι, *f.* σομαι, piller.
ληΐστής—ηστής, brigand, pirate.
ληϊστός, pillé.

† Λεύσσω, *s. f.*, voir, regarder, être visible, être brillant.

Λευκός, brillant, blanc, clair, gai, serein.
λευκαίνω, *f.* ανῶ, rendre blanc.
λεύκη, peuplier blanc, lèpre blanche.
λευκήρης, blanc, blanchâtre.
λευκότης, blancheur.
λεύκωμα, tout ce qui est blanc.
λύγδος, *sorte de* marbre blanc.
λύγξ, lynx *ou* loup-cervier.
λύγκειος, qui a des yeux de lynx.
λυκή, crépuscule du matin.

Λύκος, loup, *qu'on ne voit qu'au crépuscule.*
λύκαινα, louve.
λυκαῖον, le mont Lycée.
λύκειος, de loup.
λυκῆ—κέη, peau de loup.
λυκηδόν, à la manière des loups.
λυκιδεύς, louveteau.

Λυκός, le soleil.
λυκάβας, l'année.

Λύχνος, lanterne.
λυχνεύω, *f.* εύσω, éclairer à la lanterne.
λυχνίς, rubis.

† Λιλαίομαι, désirer vivement.
λῆμα, désir, volonté, résolution.
λίπτω, *f.* ψω, désirer ardemment
λίττομαι, *att. et* λίσσομαι, *f.* ίσομαι, } prier, supplier.
λιταίνω, *f.* ανῶ λιτανεύω, *f.* εύσω, } *même sens.*

λιτανεία, prière, litanie.
λίτανος, priant. suppliant.
λιτή, prière.
λιταί, les Prières, *divin. Hom.*
λῷστος, le plus désirable, le meilleur.
λώων, plus désirable, meilleur.

† μέλας, noir, *qu'on ne voit pas.*
μελαινός, *id.*
μέλαθρον, poutre, plancher, chambre, maison.
μελαίνω, *f.* ανῶ, noircir.
μελανέω, *f.* ήσω, être noir.
μελάνθιον, nielle.
μελανία, couleur noire.
μελανίζω, *f.* ίσω, devenir noir.
μελασμός, action de noircir.

† Συλλάω, *f.* ήσω
συλεύω, *f.* εύσω } dépouiller, piller, ôter, arracher.
σύλη—ῦλον, proie, dépouille, butin.
συλήτης, spoliateur.

Ἄσυλος, qui est en sureté.
ἀσυλία, sureté, inviolabilité.
ἄσυλον, asyle.

Σκυλάω, *f.* ήσω,
σκυλεύω, *f.* εύσω, } dépouiller, piller, enlever la peau.
σκύλλω, *f.* λῶ, dépouiller, écorcher, tourmenter.
σκυλεία, action de dépouiller son ennemi.
σκύλευμα, dépouille.
σκυλευτής, spoliateur.
σκύλλα, Scylla.
σκυλμός, action d'écorcher, vexation.
σκῦλλον, dépouille, peau, proie.

† Φίλος, ami, qui aime, qui est aimé, *est emp. c. pronom possessif.*
φιλαυτία, égoisme.
φιλέω, *f.* ήσω, aimer, bien accueillir, fêter, embrasser.
φίλημα, caresse, baiser.
φιλητής, ami, amant, amateur.
φιλητικός—λικός, aimant, amical.
φιλητός, aimé, à aimer.
φιλία, amitié, goût.
φιλιάζω, *f.* άσω, être ami.
φίλιος, amical, bienveillant, d'ami, cher, chéri.
φιλιόω, *f* ώσω, rendre ami.

φιλίως, amicalement.
φιλο, *en comp.*, qui aime.
φιλότης, amitié, amour, union charnelle.
φιλοτήσιος, qui concerne l'amitié, l'amour.
φίλτρον, charme pour se faire aimer, philtre.

ΛΈΓΩ, *f.* ξω, choisir, rassembler, dire, parler, faire coucher, endormir.

Λαγχάνω, *f.* λήξομαι, obtenir, obtenir par le sort, tirer au sort, être participant, écheoir.
λάχεσις, lot, sort, Lachésis, *l'une des Parques*.
λαχμός, sort, lot.
λάχος, *id.*
λῆξις, lot, tirage au sort, cessation.

Λεκτός, dit, prononcé, recueilli, choisi.
λέξις, l'action de parler, mot, expression.
λέσχη, entretien, causerie.
Λεσχηνεύω, *f.* εύσω, babiller,
ἀδόλεσχος, diseur de riens.

Λέχος, lit, mariage, épouse.
ἀλεκτρυών, coq *qui fait sortir du lit*.
ἀλέκτωρ, vierge, célibataire, qui éveille, coq.
ἄλοχος, épouse.
ἤλεκτρον—τρος, ambre, *de* :
ἠλέκτωρ, le soleil.
λέχριος, incliné, oblique.
λέχρις, obliquement,
λοξός, oblique.
λοξότης, obliquité.
Λόχος, *poét.* accouchement, embuscade, armée.
λοχάω, *f.* άσω, dresser des embûches, épier.
λοχεία, accouchement.
λοχεύτρια—χός l'accouchée.
λοχεύω, *f.* εύσω, accoucher, enfanter.
λόχησις, embuscade.
λοχίτης, qui est en embuscade, suivant.
λόχμη, bois fourré (*propre aux embuscades*).

Λήγω, *f.* ξω, cesser, faire cesser, faire reposer, déposer.
ληγμός, cessation.
ληχτήριος, limité, entouré d'un rebord.

Λίγγω, *f.* λίγξω, *inus.*, *formateur de :*

λίζω, retentir, siffler en effleurant, vibrer, effleurer.
λίγα, à haute voix.
λιγαίνω, *f.* ανῶ, crier.
λιγυρίζω, *f.* ίσω, parler d'une voix claire,
λιγυρός, qui rend un son clair.
λιγύς, clair, perçant, sonore, harmonieux, éloquent, disert.

Λίγδην, en effleurant.
λίγδα—δος, mortier à piler.
λιγνύς, la suie, *qui s'attache à la surface.*

Λικμός, van.
λικμάω, *f.* ήσω, vanner.
λικμητήρ, vanneur.
λικμίζω, | *f.* ίσω, vanner
λικνίζω, |
λίκνον, van, corbeille sacrée,

† Λογάδην, en choisissant.
λογαῖος, choisi.
λογία, quête, collecte,
λογίζομαι, *f.* σομαι, compter, calculer, réfléchir.
λογισμός, calcul, compte, réflexion.

† Λόγος, parole, bruit, livre, cause, avis, compte, rapport, le Verbe.
εὐλογέω, *f.* ήσω, louer, bénir.
λογάριον, *dimin. de* λόγος.
λογεῖον, la scène, *emplacement des acteurs.*
λογιεύς, orateur, prosateur.
λογικός, du discours, prosaïque, éloquent, logique.
λόγιον, réponse des Dieux, oracle.
λόγιος, éloquent, *subs.*, orateur.
λογιότης, éloquence.
λογώδης, prosaïque.

ΛΕΊΠΩ, *f.* ψω, laisser, manquer, (*être de moins*), abandonner.

Λιμπάνω, *poét.*, *f.* ανῶ, *même sens.*
λεῖμμα, reste, résidu.
λείψανον, reste fragment.
λεῖψις, action de délaisser.
λοιπός, restant, qui reste.
λοιπῶς, *adv.*, du reste, désormais.
λοίσθιος, le dernier.

Νωλεμής, constant,, continuel.

Λείβω, εἴβω, } f. ψω, { verser goutte à goutte, distiller, liquéfier, faire des libations.
λεῖμαξ, pré, prairie, limace.
λειμών, pré, prairie.
λίβανος, arbre qui distille l'encens, encens.
λιβάς—βός, λίψ, goutte.
λιμήν, port.
λίμνη, marais, étang,
λιμνόω, f. ώσω, inonder.
λοιβή, libation.

Λίπος, graisse.
λίπα, *adv.*, avec de la graisse.
λιπάζω, f. άσω, *et* :
λιπαίνω, f. ανῶ, graisser, engraisser.
λίπασμα, graisse.
λιπάω, s. f., être gras.

Ἀλείφω, f. ψω, graisser, enduire.
ἄλειμμα—φα—φαρ, graisse, enduit, poix.
ἀλείπτης, celui qui oint, *par ext.*, maître, instituteur.

Λιπαρός, gras, brillant de graisse, de force, de santé, riche, visqueux, tenace.
λιπαρέω, f. ήσω, être tenace, persister, insister, prier.
λιπαρέως, *adv.*, assidûment.
λιπαρής, assidu, constant, continuel, pressant.

Πιαρός—ῖος—ιώδης—ίων, gras, fertile.
πιαίνω, f. ανῶ, engraisser, *en tous sens.*
πῖαρ, graisse, fertilité, *adj.*, gras,
πίασμα, graisse, engrais, fertilité.
πιμελή, graisse, embonpoint.
πιμελής, gras.
πίναξ, écuelle, table, tablette, planche, ais, table, *dans tous les sens*
πῖον, graisse.

Πινόω, f. ώσω, frotter de graisse, salir.
πίνος, crasse, saleté, homme sale.
πινώδης, sale, crasseux.
πίνωσις, souillure.

Φιάλη, fiole *à graisse*, vase.
ὑπερφίαλος, qui rompt les traités, *sanctionnés par des libations*, fier, insolent.

Πίνω, *f.* ίομαι *et* ιοῦμαι, boire, avaler.
πιπίσκω, *f.* πίσω, donner à boire.
πίσεα, *plur. neut.*, les prairies, les marais.
πόσις, boisson, breuvage.
ποτήριον, vase à boire.
πότης, buveur.
ποτής, boisson.
ποτίζω, *f.* ίσω, donner à boire, amuser.
πότιμος, potable, supportable, aimable.
ποτισμός, action de donner à boire, d'arroser.
ποτιστήρ—τής, celui qui donne à boire, qui arrose.
ποτιστήριον, abreuvoir, piscine.
ποτίστρα, abreuvoir.
πότος, breuvage.
ποτός, potable,
πῶμα *et* πόμα, breuvage, *le* 1er, pot. couvercle.

Ποταμός, fleuve.
ποτάμιος, de fleuve.
ποταμηδόν, comme un fleuve.

Πόσις, fiancé, *qui a bu le vin des fiançailles, par ext.* époux.
πότνια, *adj. fém.*, auguste, respectable.
ποτνίαω, *f.* άσομαι, invoquer, supplier.

† Λέπω, *f.* ψω, écosser, écaler, peler, écailler, écorcher.
λαῖφος, haillon.
λέπαδνον, attache du joug et du col du cheval
λέπας, roche nue.
λεπίζω, *f.* ίσω, *c.* λέπω.
λεπίς, écaille, écale, croûte.
λέπισμα, écorce enlevée.
λέπος, écorce, écaille, peau, pelure.
λέπρα, lèpre.
λεπράς, *adj. fém.* escarpée, pelée.
λεπράω, *f.* ήσω, avoir la lèpre.
λεπρός, lépreux, rude au toucher, escarpé.
λεπρόω, *f.* ώσω, rendre écailleux, lépreux.
λεπταλεός, *poét.*, mince, frêle, tendre.
λεπτός, *même sens et* subtil, minutieux.
λεπτύνω, *f.* υνῶ, rendre mince, exténuer.
λέπυρον, cosse, écale, pelure.
λεπυρόω, *f.* ώσω, *c.* λέπω.

ληδάριον, vieux haillon, habit.
λημνίσκος, bandelette, ruban.
λῆνος, laine.
λίνον, lin.
λοβός, cosse, gousse, bout de l'oreille, lobe.
ὀλόπτω, *f.* ψω, peler, pincer, égratigner.

Λόφος, crin, *et souvent*, cou, colline, sommet.
λοφάω, *f.* ήσω, avoir un panache.
λοφία, cou garni d'une crinière.
λοφιήτης, habitant des collines.

Κολοφών, sommet, faîte.
κολοσσός, colosse, statue.
κολώνη, colline, tertre.

Κεφαλή, tête, chef.
κεφάλαιον, sommet, le principe, chapitre.
κεφαλαῖος, principal, sommaire.
κεφαλαιόω, *f.* ώσω, mettre en chapitre, résumer.
κεφαλαιώδης, sommaire.
κεφαληδόν—ώδης, en forme de tête.
κέφαλικώς, *adv.* de la tête.
κεφαλίς, coiffure.

† Φελλός, liége, écorce de liége.
φέλλινος, de liège.
φελλώδης, subéreux, poreux.

Φλοιός, écorce, pellicule, peau.
φλοΐζω, *f.* ίσω, écorcer, peler.
φλόϊνος, d'écorce.
φολίς, peau, écailles *des reptiles*.

ΛΕΊΧΩ, *f.* ξω, lécher.
λειχάζω, *f.* άσω, *id.*
λειχήν, lichen.
λεκάνη, plat, bassin.
λέκιθος, jaune d'œuf, bouillie de légumes.
λέκος, plat, assiette.
λίκτης, qui lèche.
λιχανός, l'index.
λιχμάζω, *f.* άσω, } lécher.
λιχμάω, *f.* ήσω, } lécher.
λιχμόω, *f.* ώσω, } lécher.
λίχνος, friand, avide, envieux.

Λεῖος, lisse, poli, uni, calme.
ἄλεισον, vase ciselé, vase.
λεαίνω, *f.* ανῶ, polir, niveler, broyer, adoucir.
λειότης, le poli, la douceur.
λειόω, *f.* ώσω, lisser, polir, *etc.*
λειριόεις, doux, suave, de lis.
λείριον, lis, narcisse, *fleur.*
λίσπος, ras, uni, lisse, maigre, grêle, malin, rusé.
λισσός, lisse, uni.
λίστρον, bêche, hoyau.
λιτός, uni, simple, sobre, mesquin, petit.
λιτότης, simplicité, sobriété, mesquinerie.

Λήκυθος, fiole, burette, *et souv.* ornements, fleurs de rhétorique.
ληκυθίζω, *f.* ίσω, boursoufler.

ΛΗΘΩ, *f.* σω *poét. formateur de :*
λανθάνω, se tenir caché, être caché, ignorer, *au moy.* oublier.
ἀλαστέω, *f.* ήσω, être indigné, affligé.
ἀλαστορία, remords, *et plus souvent ce qui donne des remords,* impiété, scélératesse.
ἄλαστος, insupportable, accablant, affreux.
ἀλάστωρ, qui a des remords, impie, scélérat, fléau, peste.
ἀλήθεια, vérité.
ἀληθεύω, *f.* εύσω, dire vrai.
ἀληθής, vrai.
ἀληθίζω, *f.* ίσω, dire vrai.
ἀληθινός, véritable, légitime.
ἀληθῶς, vraiment.
λάθρα, secrètement, à l'insu de.
λαθραῖος, clandestin, secret.
λαθριμαῖος, *id. et* bâtard.
λάθυρος, pois chiche.
λήθαιος, qui ôte la mémoire, qui oublie, qui est oublié.
λήθη, oubli, Léthé.
ληθώδης, oublieux.

ΛΙΘΟΣ, rocher, pierre.
λιθάζω, *f.* άσω, lapider.
λιθεία, matériaux, pierres.
λίθειος, de pierre.
λιθουρία, gravelle.

λιθόω, *f.* ώσω, changer en pierre.
λιθώδης, pierreux.

ΛΊΤΡΑ, livre.

ΛΎΓΟΣ, osier.
λυγίζω, *f.* ίσω, plier.
λύγινος, d'osier.

ΛΎΠΗ, douleur, tristesse, offense, outrage.
λυπέω, *f.* ήσω, affliger, outrager.
λυπηρός—πρός, affligeant, triste, odieux.

Λώβη, injure, tache, *sorte de* lèpre.
λωβάομαι, *f.* άσομαι, } insulter.
λωβέομαι, *f.* ήσομαι, } insulter.
λωβεύω, *f.* εύσω, } insulter.
λωβήεις, insultant.
λώβησις, action d'outrager.
λωβητήρ, qui iusulte.
λωβητός, taché, gâté.

Λοίδορος, qui injurie, médisant.
λοιδορέω, *f.* ήσω, injurier.

ΛΎΡΑ, lyre.
λυρίζω, *f.* ίσω, jouer de la lyre.
λυρικός—ρόεις, lyrique,

ΛΎΩ, *f.* σω, délier, délivrer, ôter, dissoudre.
λύα, sédition.
λύσιμος, qu'on peut délier.
λύσιος, qui délie.
λύσις, délivrance, rachat, paiement, expiation, solution.
λυσιτελής, utile, avantageux, précieux, à bon marché.
λυτήρ, qui délie, qui délivre.
λυτήριος, libérateur, expiatoire.
λυτός, délié.
λύτρον, rançon.
λυτρόω, *f.* ώσω, payer la rançon.
λύτρωσις, rédemption.
λυτρωτής, libérateur, rédempteur.

Λύσσα, rage, fureur.
λυσσάω, *f.* ήσω, être enragé.
λυσσητήρ, enragé.
λυσσώδης, plein de rage.

† Λῦμα, ordure, *à mettre en arrière.*
λοιμός, peste, mal.
λύθρον, sang, poussière.
λυθρόω, *f.* ώσω, souiller de sang et de poussière.
λύμη, fléau, perte, ruine.

Λυμαίνομαι, *f.* ανοῦμαι, endommager, ravager, outrager.
λυμαντήρ, } destructeur.
λυμεών, }

Λούω, *f.* σω, laver, *au moyen.* se baigner.
λουτήρ, baignoire.
λουτρών, lieu où l'on se baigne
πλυνός, lavoir.
πλυντήρ, laveur.
πλύνω, *f.* υνῶ, laver les vêtements.

† Λυθείς, ayant été délié, *aor. part. pass. de* λύω.
ἐλεύθερος, libre, libre de, libéral.
ἐλευθεριά, liberté.
ἐλευθέριος, libéral, bien né, *né libre*
ἐλευθερόω, *f.* ώσω, délivrer, affranchir.
ἐλευθέρωσις, affranchissement.
ἐλεύθω, *et poét.* ἔλθω, *f.* σομαι, *inus., donne ses temps à* ἔρχομαι, aller, venir, arriver.
ἐλευθώ, Lucine.
ἔλευσις, *et* ἤλυσις, arrivée, venue.

Κέλευθος, chemin.
ἀκολουθέω, *f.* ήσω, accompagner, suivre, s'ensuivre
ἀκολούθημα, suite, conséquence.
ἀκολούθησις, action d'accompagner.
ἀκόλουθος, suivant, partisan, disciple, *adj.*, qui suit, conséquent.
ἀκολούθως conséquemment.

Κέλλω, arriver au but, courir vite.
κέλης, cheval de selle.
κίλλος, âne.
χελιδών, hirondelle.

Κῆλον, *ion.* trait, javelot.
κᾶλον, bois coupé, bois.
καλιά, maison de bois, nid.
φάκελλος, fagot, paquet.

φακελόω, *f.* ώσω, empaqueter.
σπέρχω, *f.* ξω, (*de* ἔρχομαι), pousser, exciter, être pressant, se hâter.
σπερχνός, prompt.

Ἀπόλλυμι, *f.* ολέσω *ou att.* ολέω, perdre, détruire, tuer, être privé de, périr.
ἀπόλλων, Apollon.

Ὀλέκω *et* ὀλέω, *poét même sens qu'*ἀπόλλυμι.
ὀλέθριος, mortel, funeste.
ὀλεθρός, perte, destruction, *adj.* scélérat.
ὀλετήρ, destructeur.
ὄλλυμι, *f.* ὀλέσω, *et att.* ὀλῶ, perdre, détruire, faire périr.
ὄλλυμαι, *f.* ὀλέσομαι *ou* ὀλοῦμαι, se perdre, périr.
ὀλόεις — λοιός, — λοός, — λώιος, pernicieux, funeste.
ὀυλιός, ὄυλος, οὐλόμενος, *id.*
λέων, *et poét.* λῖς, lion.
λέαινα, lionne.
λεοντιδεύς lionceau.
λέοντιος, de lion.

ΛΏΜΑ, frange, bordure.

ΛΩΤΌΣ, lotos, *sorte de jujubier.*

ΛΩΦΆΩ, *f.* άσω *et* λωφέω, *f.* ήσω } se reposer, cesser, reposer.
λῶφαρ, soulagement.
λώφημα—φησις, *id.*
λωφήϊον, sacrifice pour faire cesser un mal public.

M.

ΜΆ, *part. négative; serment*, non, par...
μή, *adv. nég.* non, ne pas.
μῶν, est-ce-que?

ΜΆΓΟΣ, mage, magicien, sorcier, *et adj.* magique.
μάγγανον, prestige, enchantement, piége.
μαγεία, magie. religion des mages.
μάγευμα, charme, sortilége, artifice.
μαγευτής, magicien, sorcier.
μαγεύω, *f.* εύσω, être magicien, ensorceler, duper.

μαγικός, magique.

ΜΆΓΝΗΣ, aimant, *pierre de Magnésie*.

ΜΆΝΔΡΑ, étable, lieu clos, cloître.

ΜΑΝῆΣ, esclave domestique.
μανός, mou, sans consistance, mince.
μανότης, rareté, défaut de densité.

Μαννᾶ, la manne.

ΜΆΡΗ, main.

Εὐμαρής, maniable, facile.
εὐμάρεια — αρία, humeur facile.
εὐμαρίζω, *f.* ίσω, faciliter.

Μάρναμαι, *s. f.*, combattre.

Μαραίνω, *f.* ανῶ, détruire, affaiblir, faner.
μάραθρον, fenouil, *plante (que l'on fait faner)*.
μαραθρών — θών, champ de fenouil.
μάρανσις, action de faner, affaiblissement.
μαρασμός, marasme, consomption.
μαργαίνω — άω, être libertin, insensé.
μάργος, libertin, fou, insensé.
μαρίλα — λη, cendre de charbon.

Μάρπτω, *f.* ψω, prendre, saisir, embrasser.
μάρσιπος — συπος, bourse, sac de cuir.
μάρτυρος, protecteur, témoin.

Μάρτυρ — τυς, témoin, confesseur de la foi, martyr.
μαρτυρέω, *f.* ήσω, être témoin, témoigner, être martyr.
μαρτύρημα — υρία, témoignage, déposition.
μαρτύριον, preuve.
μαρτύρομαι *f.* ροῦμαι, appeler en témoignage, attester.

† Μείρω, *s. f.* partager, recevoir en partage.
μερίς—έρος, partie.
μερίζω, *f.* ίσω, partager.
μέρισμα, portion.
μηρός, cuisse, (*part des Dieux dans les sacrifices*).
μοῖρα, sort, destin, part, la mort.
μοιραῖος—ίδιος, fatal.
μοιράομαι, *f.* άσομαι, avoir en partage, tenir du destin.
μοιράω, *f.* ήσω, partager, diviser.
μορία, partie.
μόρος, lot, sort, mort, *en comp. adj.* fortuné.

μόρσιμος, fatal.

Μεῖραξ, jeune homme, (*héritier*).
μειράκιον, enfant.
μειρακεύομαι, *f.* εύσομαι, se conduire en adolescent.

Μέτρον, mesure.
ἄμοτον, *adv.* démesurément.
μετρέω, *f.* ήσω, mesurer.
μετρητός, mesuré.
μετριάζω, *f.* άσω, se modérer.
μέτριος, mesuré, modéré, modeste.
μετριότης, modération, médiocrité.
μετρίως, modérément.

Μείων, moindre, inférieur.
μεῖον—ιόνως, moins.
μειονεξία, infériorité.
μειότερος, *c.* μείων.
μειόω, *f.* ώσω, amoindrir, diminuer.
μείωσις, diminution, affaiblissement.
μινύθω, diminuer.
μίνυνθα, petitement, peu.
μινυνθάδιος, de courte durée.
μινυρίζω, *f.* ίσω, } gémir d'une voix faible, gazouil-
μινύρομαι, *f.* υροῦμαι, } ler.
μινυρός, plaintif.
μίτος, trame de tisserand.

ΜΑΡΜΑΙΡΩ, *f.* αρῶ, briller, reluire, être reluisant.
μαρμαρύσσω, *f.* ξω, *même sens.*
μαρμαρυγή, éclat, lumière brillante.
ἀμαρύσσω, *c.* μαρμαίρω.
ἦμαρ, jour.
ἠμάτιος, de jour, qui se fait le jour.
ἡμέρα, *c.* ἦμαρ,
ἡμερεύω, *f.* εύσω, passer la journée.
ἡμερήσιος, d'un jour, qui dure un jour.
μεσημβρία, midi, le midi.
σήμερον, τήμερα—ρον, aujourd'hui.

Εὐημερέω, *f.* ήσω, couler des jours heureux.
εὐημέρημα—μερία, succès, *le* 2e, jour serein, heureux
εὐήμερος, heureux, tranquille.
ἥμερος, tranquille, doux, apprivoisé, privé, cultivé.

ἡμερόω, *f.* ώσω, apprivoiser, cultiver.

Ἠρέμος, doux, paisible, bon.
ἠρεμία, repos.
ἠρεμέω, *f.* ήσω, reposer.
ἠρεμίζω, *f.* ίσω, apaiser.

† Μάρμαρος, marbre, corps dur et brillant.
μάργαρον, perle.
μαρμάρεος, de marbre, poli et brillant.
μαρμαρίζω, *f.* ίσω, être brillant et dur.
μαρμαρίνος, de marbre.

ΜΆΣΣΩ, *f.* άξω, toucher, presser, piler, pétrir,
μαγάς, chevalet d'un instrument à corde, (*pressé par les cordes.*
μάγειρος, cuisinier.
μαγίς, pâte, huche, table de cuisine.
μάγμα, pâte, substance pâteuse.
μάζα, pâte, galette, pain.
Μαζός, mamelle, sein, nourrice,
Μαδός, *id. et* chauve.
μαδόν, nénuphar.
μακτής, celui qui pétrit.
μάκτρα, huche, pétrin.
μασθός—τός, mamelle.

Μαλάσσω, *f.* άξω, amollir en pétrissant, amollir, *au prop. et au fig.* fléchir.
μάλαγμα, cataplasme, émollient.
μαλακία, mollesse, faiblesse de caractère.
μαλακίζω, *f.* ίσω, amollir, énerver.
μαλακός, mou, tendre, délicat, doux, faible.
μαλακύνω, *f.* υνῶ, amollir.
μαλακῶς, mollement.
μαλάχη, mauve, *plante.*
μάλθα, cire molle, *cire des tablettes à écrire.*
μάλκη, froid énervant, engourdissement.

Μαλός, ἁμαλός, ἀπαλός, } débile, doux, tendre, mou, *le* 1er *seul*, blanc, velu.
μάλη, μασχάλη, aisselle.
μαλλός, laine, toison.
μαλλόω, *f.* ώσω, couvrir de laine.
μάλλωσις, fourrure.

μασχαλίζω, *f.* ίσω, mutiler.
μῆλον, mouton, pomme.
μηλέα—λείη, pommier.
μηλωτή, peau de brebis.

Μασάομαι, *et* μασσάομαι, *f.* ήσομαι, mâcher, manger.
μάσημα, ce qu'on mange.
μαστάζω, *f.* άσω, mâcher.
μάσταξ, mâchoire,
μαστίχη, mastic.
ματτύα, mets délicat.

Μάστιξ, fouet, *qui touche.*
μαστιγέω, *f.* ήσω } fouetter.
μαστίζω, *f.* ίσω }
μάστιγεύς, qui fustige.

Σμάω, } *f.* ήσω. } frotter, essuyer, nettoyer.
σμέω, }
σμήχω, *f.* ξω }
σμῆγμα—μῆμα—μῆξις, frottement, nettoiement.
σμήκτης, dégraisseur.
σμυγερός, usé, consumé par la misère.
σμύχω, *f.* ξω, consumer à petit feu.
σμώχω, *f.* ξω, frotter, essuyer, battre.

ΜΆΩ, *s. f., inus.*, se porter, *ou* désirer avec ardeur, chercher.
μαῖα, grand'mère, mère, *par ext.*, accoucheuse nourrice.
μαιεύτρια, sage-femme.
μάιεύω, *f.* εύσω, } accoucher, être accoucheuse.
μαιόω, *f.* ώσω, }
μάμμα—μη, maman.
μήτηρ, mère.
μητρυιά, belle-mère.
Μαιόμαι, *emprunte des temps à* μάω, se porter avec ardeur, désirer.
Μαίνομαι, *f.* μανήσομαι, *ou* μανοῦμαι, être fou, furieux, être agité de désirs, de transports.
μαιμάσσω, *f.* άξω, } être agité de transports, se précipiter,
μαιμάω, *f.* ήσω, } être entraîné.
μαινάς, ménade, bacchante.
μανία, folie.
μανίκος, fou.

ματάζω, *f.* άσω, déraisonner, agir sottement.
μάταιος, vain, frivole, inutile.
ματαιότης, vanité, frivolité, inutilité.
ματαιόω, *f.* ώσω, rendre vain.
ματαιώς, *adv.* inutilement.
ματάω, *f.* ήσω, être inutile, inactif, lent.
μάτη, faute, défaut, crime.
μάτην *et* μάψ, inconsidérément, vainement.
μαψίδιος, vain, téméraire.

Ορμάω, *f.* ήσω, lancer, précipiter, mettre en mouvement, se lancer.
οἶμα, élan impétueux.
οἰμάω, *f.* ήσω, se lancer avec impétuosité.
οἴμη, οἶμος, chemin, sillon, canelure.
φροιμίον, *p.* πρό—οιμίον, préambule.
ὁρμαίνω, *f.* ανῶ, *c.* ὁρμάω, *et au fig.*, exciter, transporter, désirer, méditer.
ὁρμή, élan, effort, choc, passion.
ὁρμηδόν, avec impétuosité.
ὅρμημα, violent désir, objet de désir, rapt.

† Μανθάνω, *f.* μαθήσομαι, étudier, apprendre.
μάθημα, science, étude, leçon.
μάθησις, instruction, expérience.
μαθητεύω, *f.* εύσω, être disciple, avoir des disciples.
μαθητής, disciple.
προμήθεια, prévoyance, prudence.

Μάντις, devin.
μαντεία, divination, oracle.
μαντεῖον, oracle, lieu où l'on rend les oracles.
μάντευμα, réponse d'un oracle.
μαντεύομαι, *f.* εύσομαι, être devin, prédire, voir en songe, consulter l'oracle.

† Μαστεύω, *f.* εύσω, chercher avec désir.
μάστευσις, action de chercher.
μαστευτής, qui cherche.
μαστήρ—άστωρ, *id.*
μαστύς, recherche.
ματέω, *f.* ήσω, } rechercher.
ματίζω, *f.* ίσω, }

Μαστροπός—τρωπός, qui prostitue.
μαστροπεία, prostitution.
Μάχλος, lascif, incontinent.

μαχλάω, *f.* ήσω, être lascif.

† Μένος, ardent désir, impétuosité, valeur, colère, mouvement de l'âme.

ἀμενής—νηνός, sans force.
ἀμενηνόω, *f.* ώσω, priver de ses forces, affaiblir.
δυσμένεια, inimitié, haine.
δυσμενής, ennemi.
μενεαίνω, *f.* ανῶ, désirer ardemment, être furieux, machiner.
μενοινάω, *f.* ήσω, *id. et* méditer, machiner.
μενοινή, projet.

Μένω, *f.* μενῶ, être ferme, résister, soutenir, demeurer, attendre.
ἀμείνων, plus brave, meilleur.
μενετός, qui attend, patient, lent.
μιμνάζω, μίμνω, } *poët. pour* μένω,
ὑσμίνη, combat, mêlée.

Μῆνις, colère, ressentiment, courroux.
μηνιθμός, *id.*
μήνιμα, acte de vengeance.
μηνίω, *f.* ίσω, être irrité.

Μνάομαι *f.* ήσομαι, se souvenir, briguer, rechercher.
μιμνήσκω, *f.* ήσω, faire souvenir, avertir, *au moyen*, *mixte*, se souvenir, faire mention de.
μνεία, souvenir, mention.
μνῆμα, tombeau, monument, souvenir.
μνημεῖον, monument, archives.
μνήμη, mémoire, souvenir, mention.
μνημόνευμα, souvenir, objet digne de souvenir.
μνημονεύω, *f.* εύσω, se rappeler, rappeler.
μνημοσύνη, mémoire, Mnémosyne.
μνημόσυνον, monument mémoratif.
μνήμων, qui se souvient.
μνῆσις, souvenir, réminiscence.
μνηστεύω, *f.* εύσω, rechercher en mariage.
μνηστή, fiancée, *qqfois*, épouse.
μνηστήρ, prétendant, qui recherche en mariage.
μνηστός, recherché en mariage, fiancé.
μνῆστρον, fiançailles, mariage.

Μονή, action de s'arrêter, halte, séjour.

μόνιμος, stable, immobile, durable.
μονιμότης, stabilité.

Μόνος, solitaire, seul, *et par ext.*, abandonné, désert.
μονάδην, en particulier, isolément.
μονάζω, *f.* άσω, vivre seul.
μονάς, *c.* μόνος, *et subst.*, unité, monade.
μοναστής, μοναχός, } seul, solitaire, moine.
μονίας, solitaire.
μόνιος, *id. et* sauvage.
μονόθεν, à part.
μονονού—ούκ—ουχί, presque.
μονόω, *f.* ώσω, isoler, laisser seul.

† Μοῦσα, muse.
μουσεῖον, temple des muses.
μουσίζω, *f.* ίσω, chanter.
μουσική, musique.
μουσικός, poëte, musicien.
μουσόω, *f.* ώσω, faire selon les règles de l'art.

Μῦθος, parole, discours, fable.
μυθέομαι, *f.* ήσομαι, μυθόομαι, *f.* ώσομαι, } parler.
μυθεύω, *f.* εύσω, μυθίζω, *f.* ίσω, } faire une fable.
μύθευμα, conte.
μυθητήρ—θητής—θίτης, parleur.
μυθικός, fabuleux.

ΜΈΓΑΣ, grand.
μεγαλεῖος, grand, magnifique.
μεγαλειότης, grandeur, magnificence.
μεγαλίζω, *f.* ίσω, rendre grand, exalter, vanter.
μεγαλότης, grandeur, étendue.
μεγαλύνω, *f.* υνῶ, agrandir, éxagérer.
μεγάλως, grandement.
μέγαρον, grande salle du palais, palais, temple.
μέγεθος, grandeur.
μέγιστος, le plus grand, très-grand.
μείζων, plus grand, préférable, *au neutre devient adv.*, plus, davantage.

Μεγαίρω, *f.* αρῶ, envier, haïr.

Μῆκος, longueur.

μηκεδανός, long.
μηκύνω, *f.* υνῶ, rendre long.
μήκων, pavot, (*plante à longue tige*), suc de pavot, opium.

Μέχρι, ἄχρι—χρις, *adv.* jusque.
Μακρός, long, grand, lointain.
μακράν, *adv.*, loin, longuement, longtemps.
μάκρυμμα, *bible*, éloignement, aversion.
μακρύνω, *f.* υνῶ, allonger, étendre, différer, prolonger.
μάκρων, qui a une longue tête.
μακρῶς, *adv.* longuement.

Μάλα, fort, très, beaucoup.
μαλερός, violent, fort, impétueux.
μάλιστα, le plus, surtout, à peu près, oui, certainement.
μᾶλλον, plus, davantage, plutôt.

ΜΈΔΩ, *s. f. us. seul. au moy.* avoir soin de, méditer, vouloir.
μέδων, roi, chef, souverain.
μήδομαι, *f.* σομαι, avoir soin de, méditer.
μῆδος, soin, application, projet, membre viril.
μήστωρ, inventeur, auteur, conseiller, arbitre.

Μῆτις, sagesse, prudence, habileté, conseil, ruse, finesse.
μητιάω, *f.* άσω, méditer, exécuter.
μητιέτης—όεις, sage, prudent.
μητιόω—τίω, *c.* μητιάω.
μελεδαίνω, *f.* ανῶ, avoir soin de, s'inquiéter, désirer.
μελέδη—έδημα—εδών—εδώνη, souci, soin, inquiétude.
μελετάω, *f.* ήσω, avoir soin de, s'exercer, s'exercer à la déclamation.
μελέτη, soin, sollicitude, étude, exercice littéraire.
μελέτωρ, ami, vengeur.
μέλημα, objet de soins, soin.
μέλησις, soin, sollicitude.
μελίζω, *f.* ίσω, moduler, chanter, démembrer.
μέλισμα, chant, chanson, air, mélodie.
μελιστής, chanteur.
μέλος, cadence, mélodie, musique, chanson, membre, articulation.
μέλπηθρον, jouet.
μέλπω, *f.* ψω, chanter.
μερίμνα, soin, souci.

μεριμνάω, *f.* ήσω, être inquiet,
μερμαίρω, *s. f.*, s'inquiéter.
μέρμηρα, soin.
μέρμερος, inquiet, difficile, ardu.
μολπή, chant.

† Μέλω, *f.* μελήσω, soigner, s'occuper de, prendre à cœur.
μέλομαι, *f.* μελήσομαι, être un objet de soins, intéresser, concerner, être destiné à.
μέλει, *f.* μελήσει, il importe, il est à cœur.
μέλεται, *f.* μελήσεται, *id.*
μέμβλομαι, *dans Hom. c.* μέλω.
μέμφομαι, *f.* ψομαι, reprocher, blâmer, accuser.
μέμψις, action de blâmer, blâme.
μομφή, reproche, blâme.

Μῶμος, *id et* mépris, raillerie.
αμύμων, irréprochable, parfait.
μωκάω, *f.* ήσω, se moquer, faire la grimace.
μώκημα, raillerie.
μῶκος, grimace, moquerie, grimacier.
μωμάομαι, *f.* ήσομαι, blâmer, railler.
μώμευμα—μημα, reproche, sujet de reproche.
μωμητός, blâmable.

Μιμέομαι, *f.* ήσομαι, contrefaire, imiter,
μιμάς, actrice, mime.
μίμημα, imitation, image.
μίμησις, imitation.
μιμητής, imitateur.
μιμικός, mimique.
μῖμος, mime, bouffon·
μιμώ, guenon, singe.
μορμώ, épouvantail, masque de théâtre.
* Μέλι, miel, (*objet de soins*).
μειλίσσω, μελίσσω, *f.* ξω, adoucir, apaiser, cajoler, séduire.
μειλίχια, sacrifices expiatoires.
μειλίχιος, doux, flatteur, expiatoire.
μέλδομαι, *s. f.* se fondre, se liquéfier.
μελίκρας, hydromel.
μέλισσα, abeille.
μελισσών, ruche d'abeilles.
μελίτεια, melisse, *plante.*
μελίτινος, de miel.

† Μῆχος—χαρ, moyen, expédient, remède.
μηχανάομαι—νεύω, arranger, bâtir, machiner.
μηχανή, moyen.
μηχανικός, industrieux, habile, mécanique.

ΜΕΛΊΑ, frêne.

ΜΈΛΛΩ, *f.* ήσω, tarder, devoir être.
μέλλημα—σις, retard, temporisation.
μελλητής, qui temporise.

ΜΈΝ, *adv.* à la vérité.
μήν, or, certes.

ΜΈΡΜΙΣ, corde, fil.
μηρύω, *f.* ύσω, dévider, peletonner, ourdir.
Μηρυκάομαι, *f.* άσομαι, ruminer.
μηρυκάζω, *f.* άσω, *id.*

ΜΈΣΟΣ, milieu.
ἡμί, ἥμισυς, demi, la moitié.
ἡμίσεια, moitié, demie.
ἡμισεύω, *f.* εύσω, partager par moitié.
μεσάζω, *f.* άσω, être au milieu.
μεσεύω, *f.* εύσω, *id.*
μεσηγύ—γύς, au milieu, entre.
μεσήεις, qui est au milieu.
μεσιτεύω, *f.* εύσω, être au milieu, être médiateur, réconcilier.
μεσίτης, médiateur.
μεσότης, milieu, médiocrité, modération.
μεσόω, *f.* ώσω, être au milieu.
μέσως, médiocrement.
μέτωπον, front, le front.
Μέσφα—φι, *adv.* jusque, cependant.

Μετά, *prép.* avec, après, parmi, *en comp. idée de déplacement, de transformation.*
μεθίημι, *f.* θήσω, laisser aller, permettre, laisser, reposer, relâcher, négliger, cesser, pousser, faire naître.
μεταμώλιος—νιος, vain, inutile.
μεταξύ, dans l'intervalle, entre.
μέτειμι, *f.* μετέσομαι, exister entre, être parmi, appartenir.
μετέωρος, haut, élevé, météore.

ΜΉΝΗ, la lune.
μήν, mois, lunaison.
μηνίς, croissant.
μηνίσκος, lunule, croissant *en général*.
μηνυτής, indicateur.
μηνύω, *f.* ύσω, indiquer, annoncer, découvrir.

ΜΊΓΩ, *f.* ξω, *inus. formateur de :*
μίγνυμι, mêler, unir, amalgamer.
μίγα—δην, *adv.* confusément.
μίγμα—ιγμός, mélange, mixtion.
μίξ, pêle-mêle.
μίξις mélange, mixtion, union charnelle.

Μίσγω, *pour* μίγω.
μιστύλλω, *f.* υλῶ, hacher, couper par menus morceaux, broyer, piler.
μίσυ, produit minéral, *espèce de* truffe.
μίσχος, *espèce* de houe, petiole, *ou* queue de fruit.
μυστιλάομαι, tremper du pain dans la sauce.
ΜΙΚΡΌΣ, *att.*, σμικρός, *dor.*, μικκός, petit.
μικκίζομαι, *f.* ίσομαι, être petit.
μικκύλος, minime.
μικρότης, petitesse.
μικρύνω, *f.* υνῶ, rappetisser.

ΜΊΝ, *ion. et poét.*, lui, elle, eux, elles.
νίν, *même sens*.
ΜΊΝΘΑ—θη, menthe, *plante*.

ΜΙΣΘΌΣ, salaire, récompense, solde, loyer.
μισθαρνέω, *f.* ήσω, être salarié.
μισθάρνης, mercenaire.
μίσθιος, pris à loyer, salarié.
μισθόω, *f.* ώσω, donner à loyer.
μίσθωμα, paie, salaire.
μισθωτής, homme à gages.
μισθωτός, loué, pris à loyer, salarié.

ΜΊΤΡΑ, turban, ceinture, bandeau, mitre.

ΜΊΤΥΛΟΣ, *adj.*, qui manque de cornes.

ΜΝᾶ, mine, *poids et monnaie*.

ΜΌΓΟΣ, travail, peine, fatigue, souffrance.
μογερός, pénible, laborieux, triste.

μογέω, *f.* ήσω, se fatiguer, souffrir.
μόγις, à peine, avec peine.
μόθος, travail, combat, mêlée.
μόθων—θαξ, esclave né dans la maison, insolent *comme un esclave.*
μόλις, avec peine, à peine, pleinement.
μόλος, *et* μῶλος, travail, guerre.
Μῶλυς, *adj.* fatigué, hébêté, mou, faible.
ἀνεμώλιος, vain, frivole.
μέλεος, vain, sot.
μωλύω, *f.* ύσω, fatiguer, débiliter.
μωλωπίζω, *f.* ίσω, meurtrir, faire des cicatrices.
μώλωψ, meurtrissure, marque de coups.

Μολέω, μολίσκω, μόλω, *inus., prête ses temps à* βλώσκω, aller, venir.
Μολοβρός, gourmand, parasite.
μολύνω, *f.* υνῶ, gâter, souiller.
μορύσσω, *f.* ύξω, rendre sale, infecter.

Μόχθος, peine, travail, fatigue, souffrance.
μοχθέω, *f.* ήσω, être dans la peine.
μοχθηρία, misère, méchanceté.
μοχθηρός, misérable, pervers.

ΜΌΛΙΒΔΟΣ—υβδος, plomb.

ΜΟΡΦΉ, forme, figure, beauté, représentation.
μορφάζω, *f.* άσω, gesticuler, faire des mines.
μορφόω, *f.* ώσω, former, façonner, figurer.
μόρφωμα, forme, configuration.
μόρφων, qui porte un masque.
μόρφωσις, formation, conformation.

ΜΫ, *ou* μύ, *son imitatif d'un gémissement, d'un grognement.*
μυγμός—υχμός, murmure, grognement.
μυζάω, *f.* ήσω, murmurer, grogner.
μύζω, *f.* ύσω, sucer, gronder.
μυῖα, mouche.

Μυκάομαι, *f.* ήσομαι, mugir.
μηκάομαι, *f.* ήσομαι, bêler.
μηκάς, chèvre, bétail bêlant
μυκηθμός—ύκημα, mugissement.

μυκητής, mugissant.
μυχθίζω, *f.* ίσω, souffler par le nez, gémir, railler.
Μυκτήρ, narine, nez, museau, moquerie.
Μῦκος, mucus, viscosité, champignon.
μύκης, champignon.
μυκτηρίζω, *f.* ίσω, railler, se moquer de.
μυκτηρισμός, moquerie, raillerie.
μύξα, morve, pituite, champignon.
μυξώδης, muqueux, pituiteux.
μύσσω, moucher.
Μύδος, humidité, moisissure.
μυδαίνω, *f.* ανῶ, humecter.
μυδαλέος, humide, moisi.
μυδάω, *f.* ήσω, être humide, moisir.
μυδών, lambeau de chair pourrie.
Μύρω, *f.* υρῶ, *plus usit. au moyen:*
μύρομαι, *f.* υροῦμαι, pleurer, déplorer.
μορμύρω, *f.* υρῶ, murmurer en coulant, distiller.
μυρεψία, parfumerie.
μυρεψός, parfumeur.
μυρίζω, *f.* ίσω, parfumer.
μυρίκη, tamaris.
μυρίκινος, de tamaris.
μυρόεις, parfumé.
μύρον, parfum liquide.
μυρόω, *f.* ώσω, parfumer.
μύῤῥα, *et* σμύρνα, myrrhe, *parfum.*
μυῤῥίνη *ou* μυρσίνη, *ou* μύρτος, myrte.
μύῤῥινος, de myrrhe, *subst.*, myrte.
μυῤῥινών, bosquet de myrtes.
μυῤῥίς, cerfeuil musqué.
μυρτίς, baie de myrte.
μύρτον, fruit de myrte.
μύρτων, tendre, faible.
Μυρίος, innombrable, infini, au nombre de dix mille.
μυριάς, myriade.
μυριόεις, innombrable.
μυριοστός, dix millième.
Μύρμος—ρμηξ, fourmi.
μυρμηκία, démangeaison.
μυρμηκιάω, *f.* ήσω, } avoir des démangeaisons.
μυρμηκίζω, *f.* ίσω, }
Μύλλω, murmurer entre ses dents, fermer les lèvres.

μυλιάω, *f.* άσω, grincer des dents.
μυλλαίνω, *f.* ανῶ, faire des grimaces, se moquer de, railler.

Μύλη, dent molaire, meule.
μυλαῖος—λικός, de meule.
μύλαξ, meule.
μυλίας—λίτης, meulière, (*pierre*).
μυλόεις, en forme de meule.
μυλόω, *f.* ώσω, durcir.
μυλών, moulin.

† Μύω, *f.* σω, fermer la bouche, taire, se taire, fermer, fermer les yeux.
ἠμυόεις, qui ferme les yeux, penché, incliné.
ἠμύω, *f.* ύσω, incliner, pencher, s'écrouler, périr.
μύαξ, moule, (*qui se ferme*).
μυελός, moelle, cervelle, (*substance enfermée*).
μυελώδης, semblable à de la moelle.
μυέω, *f.* ήσω, initier aux mystères, sacrer, ordonner, enseigner.
μύησις, initiation.
μυΐσκη, petit coquillage.

Μῦς, rat, souris, muscle.
μύϊνος, de souris.
μυωνία, trou de souris.

Μυών, gros muscle.
μυωτός, musculeux.

Μύσις, l'action de fermer les yeux.

Μῦσος, chose affreuse, abomination, horreur, crime abominable.
μυσαρία, chose honteuse, abomination.
μυσαρός, abominable, sale, obscène.
μυσάττομαι, *f.* άξομαι, *et poét.*
μυδάζομαι, détester, exécrer.
μυσαχθής—ώδης, exécrable, odieux,

Μῖσος, objet de haine, haine, aversion.
μισάνθρωπος, misanthrope.
μισέω, *f.* ήσω, haïr.
μίσημα, objet de haine.
μισητός, haï, détesté, lubrique.

Μυστήριον, mystère.

μυστηριώδης, mystique, mystérieux.
μύστης, initié, initiateur, confident.
μυστικός, mystique,

Μυχός, fond, abîme, réduit secret d'une maison.
μυχιαῖος— ύχιος, profond, caché, secret.
μυχώδης, qui a des réduits.

Μοιχάω—χεύω, être adultère.
μοιχεία, crime d'adultère.
μοιχός—χάς, adultère, *le* 2ᵉ *fém.*

Μολγός, sac de cuir, *au fig.*, coquin.

Μύωψ, myope, taon, éperon.
μυωπάζω—πίαζω, *f.* άσω, cligner des yeux, être myope.
μυωπία, myopie.
μυωπίζω, *f.* ίσω, piquer de l'éperon, stimuler.

ΜΎΔΡΟΣ, fer brûlant.

ΜΩ̃ΛΥ, moly, *Hom.*, *plante fabuleuse.*

N.

ΝΑΊ, oui, assurément.
νή, *part. affirm.*

ΝΑΊΩ, *s. f.*, habiter.
ναέτης—ιέτης, habitant.
ναιετάω, *s. f.*, habiter, être situé.
ναός, *att.* νεώς, temple.
νάσσα, *pour* ἔνασσα, *aor. de* ναίω, bâtir, fonder, établir.

† Νάσσω, *f.* ξω, emplir, encombrer, bourrer, presser, fouler, aplanir, unir.
νάκος, toison, fourrure.
νακτά, feutre, *plur. neut.*
νάκτης, foulon.
νακτός, foulé.
νάστης, habitant.

ναστός, foulé, compacte, *subs.*, sorte de gâteau.

Ναῦς, *et ion.*, νηῦς, vaisseau.
ναυαγός, qui fait naufrage.
ναῦλον, prix d'un voyage sur mer.
ναυσία, mal de mer, nausée.
ναύτης, matelot, navigateur.
ναυτικός, nautique.
ναυτιλία, navigation, voyage sur mer.
ναυτίλος, matelot, navigateur, nautile, polype de mer.
νεών—ώριον, chantier pour les vaisseaux.
νήϊος, *ion.*, naval.

Νάω, *f.* ήσω, *ou* άσω, couler.
ναϊάς *et ion.*, νηΐς, naïade.
νᾶμα, courant d'eau.

Ναρός, coulant, limpide.
νάρδος, nard, *parfum.*
νάρθηξ, boîte à parfums, éclisse, férule, *au fig.* livre de médecine.

Νέομαι, *et* νίσσομαι, *f.* νείσομαι, refluer, se mettre en marche, aller, venir, s'en aller, s'en retourner.
νέα *et ion.*, νειός, *fém.*, jachère, terre nouvellement labourée.
νεάζω, *f.* άσω, être jeune, être nouveau, être nouvellement arrivé.
νεανίας, jeune homme, *adj.*, présomptueux.
νεανιεύομαι, *f.* εύσομαι, être jeune, agir en jeune homme.
νεανικός, de jeune homme.
νεᾶνις, jeune fille.
νεανισκεύω, *f.* εύσω, se conduire en jeune homme.
νεανίσκος, petit jeune homme, léger, indiscret.
νεαρός, récent, jeune, frais.
νεαρῶς, *adv.*, en jeune homme,
νεατή—τίς, jachère.
νέατος, récent, le dernier, l'extrême.
νεβρός, faon.
νέη *et* νέα, la nouvelle lune, le premier du mois.
νέηλυς—ῆλυς, nouveau venu, nouvellement venu.
νειαιρός, récent, extrême.
νέος, jeune, nouveau, extraordinaire, *subs.*, jeune homme, jachère.
νεοσσία, nid, ruche.

νεοσσίον—σος, νοσσός, poussin, le petit.
νεότης, nouveauté, jeunesse.
νεοχμέω—μόω, renouveler, innover.
νεοχμός, nouveau, récent, jeune.
νεόω—άω, renouveler, mettre en jachère.
νέωμα, jachère.
νέως, nouvellement.
νέωτα, l'année prochaine.
νεώτατος, très-jeune, le plus jeune.
νεωτερίζω, *f.* ίσω, innover.
νεώτερος, plus jeune.
νηγάτεος, neuf, nouvellement fait.
νοστέω, *f.* ήσω, revenir, s'en aller, partir, voyager.
νόστιμος, relatif au retour, qui peut revenir.
νόστος, retour.
Νέω, *f.* νεύσομαι, naviguer, nager.
νεῦρον, force, vigueur, nerf, fibre, corde d'instrument.
νευρόω, *f.* ώσω, fortifier, tendre les cordes.
νεῦσις, action de nager, signe de tête, pente.
νευστάζω, *f.* άσω, incliner la tête, faire un signe de tête pencher, *et comme:*
νυστάζω, *f.* άσω, sommeiller, dormir.
Νεύω, *f.* εύσω, pencher, s'incliner, incliner la tête, faire un signe de tête pour accorder, promettre.
Νήκτης, nageur.
νηκτός, où l'on peut nager.
νῆξις, action de nager.
νησαῖος, insulaire.
νῆσος, île, presqu'île.
νῆσσα, canard.
νήχομαι, *f.* ξομαι, } nager.
νήχω, *f.* ξω, } nager.

* Νέω, *f.* ήσω, agglomérer, entasser, filer.
νηέω, *f.* νήησω, entasser, combler.
νήθω, *f.* *id et* filer.
νῆμα, fil, tissu.
νῆσις, action de filer.
νητός, entassé, accumulé, filé, tors.

ΝΆΝΝΑΣ, νέννος, oncle, *terme enfantin.*
νάννη, νέννα, tante.
νενίηλος, insensé.

ΝΆΠΗ, forêt, grand bois.

ναπαῖος, relatif aux bois, couvert de bois.
ναπαῖαι, les Napées, *nymphes des bois.*
νάπος, *c.* νάπη.

ΝΈΚΤΑΡ, nectar.

ΝΉ, *part. insép. négative.*
νάνος, (νή-ἄνω) nain.

Νάρκη (νή-ἀρκέω), torpeur, engourdissement, torpille, *poisson.*
ναρκάω, *f.* ήσω, être engourdi.
νάρκισσος, narcisse, *fleur.*
ναρκόω, *f.* ώσω, engourdir.
ναρκωτικός, narcotique.

Νεῖκος—είκη (νή—εἰκώς), invective, dispute, guerre.
νεικέω—κέω, *f.* έσω, invectiver, disputer, accuser.
νικαῖος, qui donne la victoire.
νικάω, *f.* ήσω, vaincre.
νίκη—ῖκος, victoire.
νίκημα, victoire remportée.
νικητήριον, prix de la victoire.
νικητής, vainqueur.

Νηδύπους, (νή—δύω—πούς), pieds nus.
νηλίπους, *id.*

ΝΊΨ, la neige.
νίζω, *f.* ψω, laver, (*blanchir*).
νιπτήρ, cuvette.
νίπτω, *f.* ψω, laver.
νίτρον, nitre, *sel blanc.*
νιφάς, neige, flocon de neige.
νιφετός, neige qui tombe.
νιφόεις, *poët.* couvert de neige.
νίφω, *f.* ψω, neiger, mouiller.
χέρνιβον, vase à laver les mains.
χερνίπτομαι, *f.* ψομαι, se laver les mains.
χέρνιψ, ablution, eau dont on se lave les mains.

ΝΟΜΌΣ, pâturage, paccage, habitation, distribution, partage; Nome, *province d'Egypte.*

Νέμω, *f.* μῶ *ou* μήσω *et poët.* νεμέθω, partager, attribuer, donner, gouverner, posséder, cul-

tiver, pratiquer, faire paître, dévaster, estimer, regarder comme.
νεμεσάω, *f.* ήσω, s'indigner, envier.
νεμεσητός, digne de blâme, envié.
νέμεσις, indignation, Némésis.

Νέμησις, partage, action de faire paître.
νέμος, bois, forêt, patûrage.
νομάς, qui paît, nomade.
νομεύω, *f.* εύσω, être pasteur.
νομεύς, pasteur, partie du vaisseau.
νομή, distribution, partage, l'action de faire paître, de dévaster.

Νόμος, loi, usage.
νομίζω, *f.* ίσω, observer comme loi, penser, juger, croire.
νομικός, légal.
νομικῶς, légalement.
νόμιμος, conforme á la loi.
νομίμως, légalement.
νόμιος, *pour* νομιμος *ou* relatif aux troupeaux.
νόμισμα, pratique légale, monnaie.
νομιστί, légalement.
νωμάω, *f.* ήσω, partager, gouverner, agiter, penser, estimer, favoriser.

Εὐνομίη, *Hom.* équité.

† Ὄνομα—νυμα, nom.
ὀνομάζω, *f.* άσω, | nommer, appeler par son nom, dési-
ὀνομαίνω, *f.* ανῶ, | gner, célébrer.
ὀνομασία, désignation nominale, nom.
ὀνόμαστός, nommé, renommé, qu'on peut, qu'on doit nommer.
ὠνομασμένως, nommément.
Ἐπωνύμια, surnom, titre.
ἐπώνυμος, convenant comme surnom.
εὐώνυμος, célèbre, *par antiph.* gauche, *par ext.* main gauche.

Ὄνομαι, *f.* ὀνόσομαι, injurier, accuser, blâmer, reprocher.
ὀνείδειος—διος, injurieux.
ὀνειδίζω, *f.* ίσω, reprocher, outrager.
ὀνείδισμα, reproche, injure.

ὀνειδισμός, *id. et.* action d'injurier.
ὄνειδος, reproche, injure, honte, *par antiph.* titre de gloire.

ΝΌΣΦΙ *ou* νόσφιν, à part, séparément.
νοσφίζω, *f.* ίσω, éloigner, séparer, dérober, faire périr.

ΝΌΤΟΣ, vent du sud, sud, pluie.
νοτία—τίς, humidité.
νοτίζω, *f.* ίσω, mouiller, être au sud.
νότιος, méridional.

ΝΎΜΦΗ *ou* νύμφα, nouvelle mariée.
νυμφεῖος, qui concerne les jeunes mariées.
νύμφευμα, mariage, noces.
νύμφευσις, action de se marier.
νυμφεύω, *f.* εύσω, épouser, donner en mariage.
νυμφίος, fiancé, époux.
νύμφιος, *subs.* les fiançailles, *adj.* relatif aux fiançailles.
νυμφών, la chambre nuptiale.

ΝΎΝ *ou* νύ *adv. poét.* donc, certes.
νῦν *adv.* maintenant.
τανῦν, *id.*

ΝΎΞ, la nuit.
νυκταλός, qui aime la nuit.
νυκτερεύω, *f.* εύσω, passer la nuit.
νυκτερινός, nocturne.
νυκτερίς, chauve souris.
νυκτικόραξ, *sorte de* hibou.
νυκτιμένη, hibou.
νύκτιος, nocturne.
νύκτωρ, *adv.* pendant la nuit.

Νύσσω, *f.* ξω, piquer, aiguilloner, frapper.
νύγδην, en piquant.
νύγμα, piqûre.
νύξις, action de piquer.
νύσσα, terme de la carrière, borne qui l'indique, but, fin.

Ἐνυάλιος—νυεύς, Mars, *et adj.* vaillant.
ἐνυῶ, déesse du sang; Bellone.

Ὄνυξ, ongle, serre, griffe.
ὀνυχίζω, *f.* ίσω, couper les ongles.
ὀνύχιον, petit ongle, onyx.

ὀνυχιστήρ, fissure du sabot des animaux.

ΝΩΓΑΛΑ, friandises.

ΝΩΡΟΨ, brillant, éclatant.

ΝΩΤΟΣ, dos, *au plur.* moyeux des roues.
νωτίζω, *f.* ίσω, mettre en fuite.

Ξ.

ΞΑΝΘΟΣ, blond, jaune, jaune doré.
ξανθίζω, *f.* ίσω, rendre jaune, jaunir, faire cuire.
ξουθός, jaune foncé.

ΞΕΝΟΣ, *ion. et poét.*, ξεῖνος, *subst.*, hôte, étranger, *adj.*, étranger, étrange.
ξεινήϊος, *c.* ξενικός.
ξενία, hospitalité, droit d'hospitalité, qualité d'étranger.
ξενίζω, *f.* ίσω, donner l'hospitalité, fêter.
ξενικός—ένιος, d'hôte, d'étranger, qui concerne l'hospitalité.
ξενισόμς, étrangeté, nouveauté.
ξενιτεία, voyage et service militaire chez l'étranger.
ζενοσύνη, hospitalité, droit d'hospitalité.
ζενόω, *f.* ώσω, rendre étranger, priver de, *au moy.*, recevoir comme hôte.
ξενών, hôtellerie.
ξένως, *adv.*, comme un étranger.

ΞΕΩ, *f.* έσω, polir, équarrir, gratter, râcler, biffer.
ξαίνω, *f.* ανῶ, carder, peigner, tisser, *au fig.*, déchirer, silloner, battre.
ξάνιον, peigne.
ξάντης, cardeur de laine.
ξεστός, poli, lisse, *par ext.*, chauve.

Ξηρός—ερός, sec, *au prop. et au fig.*
ξηραίνω, *f.* ανῶ, sécher, mettre à sec.
ξηρασία—ρότης, sécheresse.

Ξιφός, épée.
ξιφιστής—τήρ, baudrier.

Ξόανον, sculpture en bois, statue.

ξοΐς, ciseau.

Ξύω, *f.* ύσω, *c.* ξέω.

Ξύλον, *tout ce qui est en bois équarri et raboté*, bois, cotonnier.
ξυλάριον, petit morceau de bois.
ξυλεύομαι, *f.* εύσομαι, travailler en bois, ramasser du bois.
ξυλεύς, ouvrier en bois.
ξύλινος, de bois, de coton.
ξύλοχος, plein de bois, touffu.
ξυλόω, *f.* ώσω, changer en bois, construire en bois.
ξύλωσις, action de ramasser du bois, de construire en bois.

Ὕλη, bois, forêt, matériaux, matière, lie.
ἄϋλος, immatériel.
ὑλήεις, couvert de bois.
ὕλημα, broussailles, taillis.
ὑλίζω, *f.* ίσω, nettoyer, purifier, clarifier, filtrer.
ὑλικός, matériel.
ὑλώδης, boisé, couvert de lie.

Πύλη, porte.
πύλαιος, situé aux portes.
πυλόω, *f.* ώσω, garnir de portes.
πυλών, portier.

† Ξυράω, *et att.* ξυρέω, *f.* ήσω, raser.
ξύρομαι, *f.* υρεῦμαι, se raser, être rasé.
ξυρόν—ρός, rasoir.

Ξύσις, l'action de gratter, de râcler.
ξύσμα, râclure, limaille, poussière, charpie, rognure.
ξυστικός, qui gratte, âcre.
ξυστόν, grattoir, pique, lance, bois de la pique.
ξυστός, gratté, râclé, rapé, (*habit*).
ξυστρίς, étrille, brosse.
ξύστρον, *id. et* ratissoire.

Ξυστίς, vêtement de théâtre.

† Ψάω, *f.* ήσω, équarir, polir, gratter, essuyer, nettoyer, torcher, approcher, être adhérent émincer, émier, brûler, fondre.
ψαδαρός—θυρός—φαρός, friable, sec, fragile, infirme, gâté.
ψαθάλλω, *f.* αλῶ, gratter, tâter.
ψαίρω, *f.* αρῶ, raser, effleurer, toucher légèrement.

ψαῖσμα, petit morceau.
ψαιστός, réduit en morceaux.
ψαίω, f. ίσω, couper en menus morceaux, essuyer.
ψῆγμα, miette, rognure, limaille, paillette.
ψήκτρα, étrille, racloir.
ψηστός, essuyé, frotté, étrillé, raclé.
ψήχω, f. ξω, brosser, étriller, gratter.
ψύλλα—ος, puce.
ψωλός, circoncis.
ψωμίζω, f. ίσω, faire des bouchées.
ψωμίον—μός, bouchée, morceau.
ψώρα, gale.
ψωραλέος—ρώδης, galeux.
ψωριάω, f. άσω, avoir la gale.

Ψακάς—εκάς, goutte, parcelle, rosée.
ψακάδιον, petite goutte.
ψακάζω—εκάζω, f. άσω, distiller,
ψάκαλον, embryon, fœtus.

Ψαλίς, ciseaux, objet croisé comme des ciseaux, clé de voûte, voûte, arc.
ψαλιδόω, f. ώσω, voûter, cintrer.
ψαλιδωτός, vouté, cintré.
ψαλίζω, f. ίσω, couper avec des ciseaux.
ψάλιον, gourmette du frein, (*à cause de sa courbure*), frein, *et c.*
ψέλλιον, collier, bracelet.

Ψελλός, bègue, (*dont la langue a un frein*), qui bredouille.
ψελλίζομαι, f. ίσομαι, bégayer, bredouiller, dire des sornettes.
* ψάλλω, f. αλῶ, effleurer, toucher les cordes d'un instrument, jouer un air, chanter, psalmodier.
ψαλάσσω, f. ξω, effleurer, toucher légèrement.
ψαλμός, action de jouer d'un instrument, air, chant, psaume.
ψαλτήρ—άλτης, harpiste.
ψαλτήριον, psaltérion, harpe.
ψαλτός, joué, chanté sur la harpe.

Ψάμαθος—άμμος, sable.

ἄμαθος—μμος, *id.*
ἀμαθόεις—θώδης, sablonneux.
ἀμαθύνω, *f.* υνῶ, détruire.
ἀμμώδης, sablonneux.
ἠμαθόεις, *id.*
ψαμαθώδης—αμμώδης,—μωτός, *id.*

Ψάρ, étourneau, (*qui vole en effleurant*).
ψαρός, mobile, agile.
ψῆρος, *c.* ψάρ.

Ψαύω, *f.* σω, effleurer, atteindre.
ψαυκρός, qui effleure, vif, agile.
ψαῦσις, léger attouchement.

Ψεδνός, chauve.
ψηνός, *même sens.*

Ψῆφος, petit caillou; *par ext.* pierre précieuse, boule, bulletin, jeton, dame *de damier;* pion.
ψηφίζω, *f.* ίσω, calculer, voter, juger.
ψηφίς, petit caillou, pierre précieuse, pierre de mosaïque.

ψήφισμα, décret.
ψηφιστής, calculateur.

Ψίας, goutte.
ψιάζω, *f.* άσω, faire égoutter, tomber goutte à goutte.
ψίαγος, éclisse; natte, cabas, jonc.
ψιθυρίζω, *f.* ίσω, murmurer, gazouiller.
ψιθύρισμα—υρισμός, doux murmure.
ψιθυριστής, chuchoteur.
ψίθυρος, chuchotement, chuchoteur, médisant. *adj.* léger, (*en parlant du discours*), à voix basse.
ψίνομαι, *f.* νοῦμαι, couler.

Ψίω, *f.* σω, couper par morceaux, émietter.
ψίξ, mie, parcelle.

Ψιλόω, *f.* ώσω, épiler, raser, dépouiller, priver.
ψιλός, épilé, rasé, dépouillé, désarmé, armé à la légère, simple, bref.
ψιλότης, manque de cheveux, nudité.
ψιλῶς, à nu, simplement.
ψώχω, *f.* ξω, gratter, broyer, concasser, émietter, tailler.

Ο.

ὁ *art. fém.* ἡ, le, la.
ὦ, *voc.* ô.
ὤ, *interj.* oh!
ὠγμός, cri, exclamation.
ὠέ, hélas!
ὤζω, *f.* ξω, pousser des exclamations.

Ὅς, *fém.* ἥ, *neut.* ὅ, qui, lequel, celui qui, celui que, quelqu'un, celui-ci, le sien, laquelle, celle qui, *et c.*

ὅ, *poét.* *p.* ὅς.
ὅθεν, ὅθι, οἷ, ὅπη, ὅπου, οὗ, où.
πόθεν, πόθι, ποῖ, ποῦ; où?
ποί, vers quelque endroit.
πῶς, comment?
τόθι, là.
ὥ, de même que, comme.
Ἕτερος, autre, l'autre, l'un, l'un l'autre.
ἑτεροῖος, différent.
ἑτερότης, différence.

Οἷος, οἱόσπερ—τε, quel, tel que, capable de, possible.
τοῖος, τοιοῦτος, tel, de telle sorte.
ὁπόσος, ὅσος, combien grand, combien nombreux, aussi grand, aussi nombreux,
ὅπως, comment, de quelle manière.
ὅσαγε, autant que.
ὁσάκι—κις, aussi souvent que.
ὁσαχῆ, *id et* en autant de façons que.
ὁσαχοῦ, en autant de lieux que.
πόσος, combien grand?
τόσος, τοσοῦτος, aussi grand.

Τοσάκις, autant de fois, tant de fois.

Ἡλίκος, combien grand, tel que, de même âge que.

ἀλίγκιος, semblable.
ἡλικία, taille, stature, âge, jeunesse.
ἧλιξ, qui est du même âge, compagnon.
πηλίκος, combien grand?
τηλίκος—ικοῦτος, si grand, aussi grand, aussi âgé.

Ὥστε, *p.* ὥς *au n.* ὅτε.

εὖτε, ἠΰτε, comme, quand, puisque.
οἱονανεί—ονεί, comme si, comme.
ὅστις, quiconque, *et c.* ὅς.
ὅταν—τε, ὁπόταν, ὅκα, quand, lorsque.
ποτέ, quelquefois , un jour, enfin.
πότε; ὁπότε; dans quel temps?
τότε, alors, tant que, jusquà ce que.

Ὅτι, que, parce que.
ὁτιή, puisque.
ὅτου, qui, lequel.
ὁτουδή, qui que ce soit.
ὄφρα, afin que.
τόφρα, alors, cependant.
Οὗτος, *fém.* αὕτη, celui-ci, ce, cet.
οὕτω, ainsi.
τοῦτο, *neut. de* οὗτος.
Πός, τίς, quelque, quelqu'un, ou, qui? lequel, laquelle?
δεῖνα, tel ou tel.
μήτις, οὔτις, personne.
τίποτε, τίπτε, pourquoi.

Πότερος, ὁπότερος, lequel des deux.
πότερον, laquelle des deux choses.

Ποθέν, πῶ, d'où, de quel lieu? comment, de quelle manière?

Τό, *neut. de* ὁ *et de* ὅς.
ταυτό *p.* τό αὐτό.
τευτάζω, *f.* άσω, être empressé, officieux, s'employer pour autrui.

ὌΘΩ, ἐνόθω, } *inus.* mouvoir.
ἔνοσις, secousse.

Σοβέω, *f.* ήσω, pousser, chasser, remuer.
σοβαρεύομαι, *f.* σομαι, marcher vite.
σοβαρός, impétueux, fier.
σόβη, queue du cheval.

Ὄμβρος, pluie.
ὀμβρέω, *f.* ήσω, pleuvoir.
ὄμβριος, pluvieux, pluvial,
ὀμβρυνός, pluvieux.
Σείω, *f.* σω, ébranler.

σαίνω, *f.* ανῶ, agiter, remuer la queue, (*en parlant du chien.*)
σεῖσις—μα—ισμός, tremblement de terre.
σειστός, secoué.

Σεύω, élancer, précipiter avec toutes ses forces.
ἐσσυμενός, *part. parf. moy.* lancé.
πανσυδίη, *adv.* d'un effort commun, avec toutes ses forces.
συτος, *en comp.* ardent, lancé, poussé, repoussé.
σοῦς, élan.
Σῶτρον, jante de roue.
ἐπίσωτρον, bande de roue.
Σήθω, *f.* σω, cribler.
σῆσις, action de cribler.
σηστός, criblé,
σῆστρον, tamis.
ἠθέω, ἤθω, *f.* ἠθήσω, filtrer, passer, couler.
ἠθμός, filtre.
ἤτριον, tamis, le foie, tissu, trame.
ἧπαρ, le foie, *au fig.* fertilité.
ἡπατικός, hépatique, qui a rapport au foie.

† Ὀτοβέω, *f.* ήσω, faire du bruit.
ὄτοβος, bruit.

Ὀτρύνω, *f.* υνῶ, pousser, exciter, exhorter.
ὀτραλέος—τρηρός, prompt.
ὀτρυντής, instigateur.
ὀτρυντικός, propre à exciter.

Ὠθέω, Ὤθω, *f.* ὠθήσω *ou* ὤσω, pousser, ébranler, renverser, repousser, ôter, chasser.
ὠθίζω, *f.* ίσω, pousser, coudoyer, vexer.
ὦσις, ὠσμός, impulsion.
ὠστίζω, *c.* ὠθίζω.
ὠστισμός, foule, presse.
* Ρόθος, bruit des vagues.
ἐπίῤῥοθος—ιτάῤῥοθος, bruyant, tumultueux, secourable.
ῥοθέω, *f.* ήσω, faire du bruit, crier.
ῥόθιος, bruyant, impétueux.
ῥοιβδέω, *f.* ήσω, faire un bruit aigu, avaler avec bruit, engouffrer.
ῥοιζέω, *f.* ήσω, siffler, aboyer, crier, glapir.
ῥοῖζος, sifflement, bruit, impétuosité.

ῥοφάω—φέω, *f*. ήσω, avaler, engloutir.
ῥοχθέω, *f*. ήσω, faire du bruit comme les flots.
ῥοχθός, bruit des flots qui se brisent, bruit.

Ῥέγκω, *f*. ξω, ronfler.
ῥέγκος—ξις, ronflement.
ῥέγχω, *f*. ξω, ronfler.
ῥογκιάω, *f*. άσω, *id*.
ῥόγκος—χος—ογμός, ronflement.
ῥύγχος, groin, bec, museau.

Λάρυγξ, fond du gosier, larynx.
λαρυγγίζω, *f*. ίσω, vociférer.

Φάρυγξ—ραγξ, *le premier*, devant du gosier, pharynx, *les deux*, vallon, précipice.

ἀσφάραγος, gosier, bruit du gosier, bruit.

Σφάραγος, *id*.
σφαραγέω, *f*. ήσω, produire le bruit du gosier, bruire.
σφαραγίζω, *f*. ίσω, exciter avec bruit.
Σμαραγέω, *f*. ήσω, bruire, retentir.
σμαραγίζω, *f*. ίσω, *id*.
σμερδαλέος, effrayant, terrible.
ὠρυγή—ρύωμα, hurlement.
ὤρυγμα, *id*.
ὠρύομαι, *f*. ύσομαι, hurler, rugir.

† Φοιτάω, *f*. ήσω, aller et venir, parcourir, fréquenter une école.
φοιτητήρ—τής, qui va et vient, errant, disciple.
φοιτίζω, *f*. ίσω, *c*. φοιτάω.

Οἴ, *interj*. ah! hélas!
ὀϊζυρός, lamentable.
οἰζύς, lamentation, sujet de lamentation.
ὀϊζύω, *f*. σω, se lamenter.
οἰκτείρω, *f*. ερῶ / οἰκτίζω, *f*. ίσω } avoir compassion de.
οἰκτιρμός—ἶκτος, compassion, lamentation.
οἰκτρός, lamentable, déplorable.
οἴμοι, malheur à moi! hélas!
οἰμωγή—γμός—ἴμωγμα, pleurs, gémissements, lamentations.
οἰμώζω, *f*. ξω *et* ξομαι, se lamenter, pleurer.
οἶτος, misère, malheur, mort.
ὀλολύζω, *et* λύζω, } *f*. ξω, crier, sanglotter.

ὀλολυγή, hurlement.
ὀλοφύζω, *f.* ξω, se lamenter.
ὀλοφύρομαι, *f.* υροῦμαι, pleurer, se lamenter.
λύγδην en sanglottant,
λυγμός—ύγξ, sanglot.
Λυγρός, triste, faible, funeste.
λευγαλέος, *même sens.*
λοιγός, funeste, mortel.
λοιγός, *subs.* mort, fléau, dommage.
λύγη, ténèbres.

Λυγαῖος, obscur.
λαιός, sinistre, gauche.

Ὀτοτοῖ, hélas! ah! ah!
ὀτοτύζω, *f.* ύσω, se lamenter.
τονθορύζω, *f.* ύσω, murmurer.

ΟἿΝΟΣ, vin.
οἴναρεν, pampre.
οἰνάς, *subs. id. et* pigeon ramier, *adj.* riche en vignes.
οἰνίζω, *f.* ίσω, acheter du vin.
οἰνοχοεύω, *f.* εύσω, } être échanson, verser à boire.
οἰνοχοέω, *f.* ήσω, }
οἰνοχόος, échanson.
οἴνοψ, couleur de vin, sombre.
οἰνόω, *f.* ώσω, enivrer,
οἴνωσις, ivresse.
οἰνωτός, enivré, ivre.
Ὠνέομαι, *f.* ήσομαι, acheter.
ὠνή, achat, emplette.
ὤνημα, emplette, chose achetée.
ὠνητής, acheteur.
ὠνητός, acheté.
ὤνιος, vénal.
ὦνος, prix.

ΟΪΩ, *f.* σω, *inus.* donne des temps à φέρω, porter.
Ὁδός, voie, chemin, voyage.
Ὁδαῖος, de voyage.
ὁδάω, *f.* ήσω, vendre, acheter.
ὁδευτής, voyageur.
ὁδεύω, *f.* εύσω, voyager.
ὁδίτης, voyageur.
ὁδόω, *f.* ώσω, mettre en chemin, diriger.

ὁδωτός, praticable.
οὖδος *ion. p.* ὁδος.
οὖδας, sol, pavé.
οὐδος, *et att.* ὀδός, seuil.
φροῦδος, qui est parti, inutile, vain.

Ὄζος, rejeton, branche, nœud d'arbre.
μόσχος, veau.
ὀζόομαι, *f.* ωθήσομαι, former des branches, des nœuds.
ὀζωτός, noueux.
ὄσχος, *c.* ὄζος.
πτόρθος, *id.*

Ὄζω, *f.* ὀζήσω *ou* έσω, exhaler une odeur.
ὀδμή, puanteur, odeur.
ὀσμαόμαι. *f.* ήσομαι, sentir, flairer:
ὀσμή, odeur, odorat.
ὀσμώδης, odorant.

Ὄθομαι, avoir souci de, avoir soin.
μοτός, bande de linge, charpie.
ὀθόνη, linge, voile de vaisseau.
ὀθόνιον, *c.* μοτός.

Οἶς, brebis, mouton, (*porte toison*).
κῶας, toison.
κώεα, toisons.
ὄα, peau de brebis.
οἴα *et* ὤα, *id.*
ὄιος, de brebis.
οἴσυπος, suint de la laine, laine brute.
Οἰστέος, qu'il faut porter, supporter.
οἰστός, facile à porter, supportable.

Οἶσον, câble, (*propre à porter*).
οἶσος—ἰσύα, osier, saule *à tresser des câbles*.

Ὀϊστός, trait, flèche.
ὀϊστευτής, archer.
ὀϊστεύω, *f.* εύσω, lancer des traits.
οἰστράω—τρέω, *f.* ήσω, être aiguilloné, aiguilloner.
οἶστρος, fureur, taon, *insecte*.

Ὠλένη, le bras, le haut du bras.
σωλήν, canal, tuyau.

Ληνός, pressoir.
ληναί, bacchantes.

ληναῖος, Bacchus.

ὌΚΝΟΣ, crainte, paresse, lenteur.
ὀκναλέος, paresseux.
ὀκνείω—νέω, être craintif, paresseux, tarder, différer, supporter avec peine.
ὀκνηρός, paresseux, craintif, lent, difficile à supporter.
ὀκνηρῶς, nonchalamment, lâchement.

ὈΚΤΏ, huit.
ὀκτάκις, huit fois.

ὈΛΙΣΘΑΊΝΩ—θέω, *f.* ήσω, glisser, tomber.
ὀλίσθημα, glissade, chute.
ὀλισθηρός, glissant, dangereux, inconstant.
ὀλίσθησις, action de glisser.

ὌΛΥΜΠΟΣ, Olympe.
ὀλύμπιος, *épith. de* Jupiter.

ὈΜΙΧΈΩ, uriner.

ὌΝΑΡ, songe, *adv.* en songe,
ὄνειρος, songe,

ὈΠΥΊΩ, *f.* ύσω, s'unir charnellement, épouser.

ὉΡΆΩ, *emprunte ses temps à* εἴδω, *et à*
ὄσσομαι, *ou à*
ὄπτομαι, *inus. f.* ὄψομαι, voir, regarder, songer à, veiller à, avoir l'air, *les deux derniers*, présager.
ἔσοπτρον, miroir.
ὄμμα, ce qu'on voit, œil.
ὀπτάζομαι, être vu, se faire voir.
ὀπταίνω, *f.* ανῶ, voir, regarder.
ὀπτασία, vue, vision.
ὀπτήρ, espion.
ὀπτικός, optique.
ὅραμα, vision, spectacle.
ὅρασις, la vue, ce qu'on voit.
ὁρατής, spectateur.
ὁρατικός, relatif à la vue, visuel.
ὁρατός, vu, visible.
ὄσσε, les yeux.
ὄψις, vue.

Ὀφθῆναι, avoir vu.
ὀφθαλμός, œil.

Ὤψ, regard, aspect, visage.

κνώσσω, *s. f.*, dormir profondément.
ὦπες, les yeux, la vue.

Ὄρομαι, *poët. usit. en comp. avec* ἐπι, veiller, surveiller, garder.

Οὐρά, arrière garde, *par ext.*, poupe, extrémité postérieure, queue.
ὀῤῥος, croupion.
ὀῤῥώδης, effrayant, horrible, séreux.
οὐραῖος, de la queue, qui est au bout.
οὐρεύς, *mieux* οὖρος, gardien, sentinelle.
οὔρια, frontière.
οὐρίαχος, pointe la queue, pointe extrême.
φρουρός, gardien.

Ὥρα, soin.
ὠρεύω, *f.* εύσω, } soigner.
ὠρέω, ὠρήσσω } *f.* ήσω, } soigner.

Ὥρα, saison, temps, heure.
ὡραΐζομαι, *f.* ίσομαι, se parer.
ὡραῖος, opportun, qui est de saison, de l'été, beau, jeune.
ὡραιότης, maturité *des fruits*, jeunesse.
ὡραιόω, *f.* ώσω, embellir.
ὡραϊσμός, parure, coquetterie.
ὡραϊστής, élegant, coquet.
ὡρικός, joli.
ὡριμότης, maturité.
ὥριος, qui se fait en temps fixe, opportun.
ὡρίως, à temps.
ὧρος, le temps.

† Ὀπή, ouverture, (*de* ὄπτομαι).
ὀπίζω, *f.* ίσω, exprimer le suc d'un arbre par une incision
ὄπιον, opium.
ὄπισμα, suc.
ὀπισμός, action d'extraire le suc.
ὀπόεις, succulent.
ὀπός suc des arbres, suc, jus.
ὀπώρα, automne, *saison des sucs.*
ὀπωρίζω, *f.* ίσω, récolter les fruits de l'automne.
ὀπωρικός, qui concerne l'automne, et ses fruits.
ὀπωρινός, d'automne, caniculaire.
ὀπωρώνης, qui trafique sur les fruits.

† ὄαρ, compagne, épouse.
ὀαρίζω, *f.* ίσω, causer, vivre en commerce intime.
ὀαρισμός—τύς, doux entretien, causerie, discours.
ὀαριστής, compagnon, familier.
ὄαρος, causerie, compagne.

* Παπταίνω, *f.* ανῶ, regarder de toute part, considérer.
παπταλάω, *même sens.*

† Σκέπτομαι, *f.* ψομαι, regarder attentivement, observer, méditer.
σκέμμα, réfléxion, dessein.
σκεπτικός, qui examine, sceptique.
σκέψις, observation.
σκόπελος, promontoire, écueil, *qu'on observe.*
σκοπεύω, *f.* εύσω, épier, observer.
σκοπέω, *f.* ήσω, guetter, méditer.
σκοπή, σκοπιά, observatoire, guérite, action d'observer.
σκοπιάζω, σκοπιάω, *f.* άσω, observer d'un lieu élevé.
σκοπός, sentinelle, espion, observateur, observation, but.

Τηρέω, *f.* ήσω, observer, surveiller, garder.
ἀτενής, (ἀ τηρής), attentif, obstiné.
ἀτενίζω, *f.* ίσω, regarder attentivement.
τήρησις, observation, garde.
τηρητής, surveillant, conservateur.

Τέρας, prodige, signe des Dieux, (*à observer*), signal
τερατεία, mensonge prodigieux.
τερθρεύω, *f.* εύσω, se servir de prestiges, fasciner.

Κτέρεα, funérailles.
κτερίζω, *f.* ίσω, célébrer des funérailles.
κτερίσμα, offrande funéraire.

† Μῶρος, fou, hébêté, (*qui ne voit pas*).
μωραίνω, *f.* ανῶ, être fou.
μωρία, folie.

Ὕποπτος, suspect, soupçonneux.
ὑποπτεύω, *f.* εύσω, soupçonner.
ὑπόπτης, soupçonneux, ombrageux.

ὈΡΌΔΑΜΝΟΣ, rameau.
ὄρπηξ, *id. et* bouture.

ὌΡΤΥΞ, caille.
ὀρτάλις—τάλιχος, petit oiseau, poussin.

ὌΡΦΟΣ, rouget, *poisson*.

ὌΡΧΙΣ, grosse olive, testicule.
ἔνορχος, animal entier, mâle, bouc,

ὍΣΙΟΣ, pur, saint, juste.
ὁσία, cérémonie sainte, funérailles, justice.
ὁσιότης, sainteté.
ὁσιόω, *f.* ώσω, sanctifier.
ὁσίωσις, action de sanctifier.
ὡσιομένος, saintement.

ὈΣΤΈΟΝ, os.
ὀστέϊνος, ὄστινος, d'os,
ὀστίτης, des os.
ὀστώδης, osseux.
Ὄστρακον, coquille, terre cuite, vase de terre cuite.
ὀστρακίζω, *f.* ίσω, bannir (*à Athènes*), *écrire son vote sur une coquille.*
ὀστράκινος, formé d'une coquille, fait de terre cuite, testacé.
ὀστρακισμός, ostracisme.
ὄστρεον, huître.
ὀστρίτης, perle.

ὈΣΦΡΑΊΝΟΜΑΙ, *f.* ήσομαι, sentir, flairer.
ὀσφρασία, odeur.
ὄσφρησις, flair, *au plur.*, les narines.

ὈΣΦΎΣ, hanche, reins, flanc.

ΟΥ̓, non, ne, ne pas.
οὐκ, οὐχ, *id.*
οὐκέτι, ne, ne plus.
οὐκί—χί, *c.* οὐ.
οὐδέ, ni, ne pas.
οὐδενεία, nullité, néant.
οὐδέπη, en aucune façon.
οὐδέποτε, jamais.
οὐδέπω, pas encore.
οὐδεπώποτε, jamais, pas encore.
οὐδέτερος, ni l'un ni l'autre.

οὐθήν, non certainement.
οὔπη, nulle part.
οὔποθι, en aucun lieu.
οὔποτε, jamais.
οὔπω, pas encore.
οὐπώποτε, jamais encore.
οὔπως, point du tout, jamais.
οὔτοι, non certes, cependant.

ΟΥ̃Ν, donc, au moins.
γοῦν, *id.* et c'est-à-dire, ainsi donc, car, en effet.
οὔκουν, non pas, certes, du moins.

ὈΦΕΊΛΩ, *f.* ήσω, devoir.
ὀφειλέτης, débiteur.
ὀφείλημα, dette.
ὄφελον, plût au ciel !
ὄφελος, utilité.
ὄφλημα, et ὀφείλημα, dette, amende.
ὄφλησις, état de débiteur.
ὀφλητής, débiteur.
ὀφλισκάνω, *s. f.* / ὄφλω, *f.* ὀφλήσω, } être comdamné à, être coupable de, devoir.
ὀφέλλω, *f.* ελῶ, augmenter.

Ὀλβίζω, *f.* ίσω, être riche, heureux ; réussir.
ὄλβιος, riche, heureux.
ὄλβος, richesse, aisance, bonheur.
ὀφέλλιμος—έλσιμος, utile.
ὄφελμα, accroissement.
ὠφέλεια, utilité, avantage, secours,
ὠφελέω, *f.* ήσω, être utile, servir à, aider,
ὠφέλημα, avantage, profit.
ὠφέλησις, secours, avantage.
ὠφέλιμος, utile, secourable.

Στίλβω, *f.* ψω, *de* ὄλβος, briller.
στίλβη, éclat, splendeur.
στιλβόω, *f.* ώσω, faire briller.
στίλβωσις, action de polir, éclat.
στιλπνός, brillant, luisant.
στιλπνότης, éclat.

ὌΦΙΣ, serpent, bracelet, *etc.*, ὀφιάσις, maladie des cheveux.

ὈΦΡΥ̃Σ, sourcil, fierté, escarpement,
ὀφρυάζω, *f.* άσω, froncer le sourcil, être fier.

ὀφρυόεις, sourcilleux, fier, montagneux.
ὀφρυώδης, escarpé, élevé, sourcilleux.

ὌΧΝΗ—γχνη, poirier.

Π

ΠΆΠΥΡΟΣ, papyrus, papier, livre.

ΠΑΡΆ, *prép.* de, d'auprès de, auprès de, chez, vers; *en comp. diminution de l'action et de la qualité ou adjonction.*
παραί, *p.* παρά.
παρέκ—ρέξ, hors de, outre.
παρεκτός, dehors.
παρήορος, cheval de volée.
πάροιθε—θεν, devant, avant, auparavant.
πάρος, devant, en face de, auparavant, avant que.
παρόσον, autant que.

Παραβάλλω, *f.* βαλῶ, jeter en passant, passer, traverser, tourner de côté, comparer, trahir, confier à.
παραβλήδην, par comparaison, avec ruse.
παραβολή, rapprochement, comparaison, parabole.

Παρα-δίδωμι, *f.* αδώσω, livrer, trahir.

Πάρδος, léopard, panthère, (*bête perfide*).
παρδαλέη—λῆ, peau de panthère.
παρδάλειος—λεος, de léopard, de panthère.
πάρδαλις, panthère.

Παρά-φημι, *f.* αφήσω, exhorter, tromper.

Παρδακός, humide, (*arrosé de prés*).

Παρειά, joue.
παρήιον, *id. et* bouffettes de harnais.

Πάρειμι, *f.* ἔσομαι, être présent, secourir.
πάρεστι, il est possible, il est permis.
παρόν—ρόντα, l'état présent des affaires, les affaires présentes.

Πάρειμι, *f.* ειμι, passer outre, passer.
παρίημι, *f.* ρήσω, laisser passer, négliger.

ΠΑΡΆΔΕΙΣΟΣ, jardin, paradis.

ΠΆΣ, tout.

ἅπαξ, tout d'une fois, une fois, rarement.
ἅπας, tout entier, absolu, extrême.
πανταχῆ—χοῦ, partout.
πανταχόθεν, de tous côtés.
πανταχοῖ—χόσε, vers tous les côtés.
πάντη, complétement.
πάντοθεν, de tout côté.
πάντοθι, partout.
παντοῖος, de toute sorte.
πάντοσε, de tous les côtés.
πάνυ, beaucoup.
πανώλης, perdu, funeste.
πρόπας, tout entier.

Πάν, Pan.
πανικός—άνιος, panique.

Πανοῦργος, industrieux *et par ext.* rempli de ruse, coquin.
πανουργέω, *en comp.*, ουργέω, tramer, machiner, être capable de tout.

ΠΑΣΧΩ, *f.* πείσομαι, souffrir *dans tous les sens.*
παθαίνω, *f.* ανῶ, émouvoir, exciter les passions.
πάθη, malheur, chagrin, accident, maladie.
πάθημα, affection, sensation.
παθητικός, pathétique.
παθητός, souffrant.
πάθος, souffrance, maladie, passion.

Πείθω, *f.* πείσω, animer, pousser, faire faire, persuader, *au moyen*, croire, obéir.
πειθήμων, croyant, obéissant, persuasif.
πειθήνιος, docile, obéissant.
πειθώ, persuasion, art de persuader, obéissance.
πεῖσα, obéissance, frein, repos.
πεῖσμα, amarre, corde, câble, motif d'obéissance.
πεισμονή, persuasion, croyance.
πειστικός, persuasif, docile.
πιθανεύομαι, *f.* εύσομαι, parler d'une manière persuasive.
πιθανός, persuasif, docile.
πιθανότης, talent de persuader, vraisemblance.
πίθηκος—θηξ, singe, *animal docile à imiter.*
πίστευμα, acte de bonne foi.
πιστευτικός, confiant, crédule.
πιστευτικῶς, avec confiance.

πιστεύω, *f.* εύσω, se confier à, se fier à *ou* dans, croire à, croire, confier.
πιστικός, persuasif, croyable, docile.
πίστις, foi, confiance, mandat, fidélité, bonne foi.
πιστός, digne de foi, certain, fidèle, sûr.
πιστότης, fidélité, bonne foi.
πιστόω, *f.* ώσω, prendre des garanties de la foi d'autrui, *au moy.* engager sa foi.
πιστῶς, fidèlement.
πίστωσις, preuve.
πιστωτικός, démonstratif.
πίσυνος confiant en, obéissant à.

Πεύθομαι, πυνθάνομαι, } *f.* πεύσομαι, { devenir certain, savoir, comprendre, questionner.
πεῦσις, question, nouvelle.
πευστός, appris par ouï dire.

Πένθος, deuil, affliction.
πεῖνα, faim.
πεινάω, *f.* άσω, avoir faim.
πένης, pauvre.
πενθερά, belle-mère. } *dont on prend le deuil.*
πενθερός, beau-père. }
πενθέω, *f.* ήσω, pleurer.
πενθήμων—θήρης—θίκος, lugubre, triste.
πένθιμος, *id.*
πενία, pauvreté.
πενιχρός, pauvre.
πένομαι, s, *f.*, être pauvre, travailler, faire.
ποθεινός, désirable.
ποθέω, *f*, ήσω, désirer, regretter.
ποθή—όθημα—όθησις,—όθος, désir d'une chose dont on manque, envie, désir, passion, regret, amour, *le dernier*, Cupidon.
ποθητός, désirable.
πονέω *f.* ήσω, travailler.
πόνημα—σις, travail.
πονηρός, mauvais, méchant.
πονητικός—νικός, laborieux.
πονόεις, pénible.
πόνος, peine, travail.

Πῆμα, perte, mal, malheur.
πημαίνω, *f.* ανῶ, endommager, transgresser *un traité.*

πήμανσις, tort, dommage.
πημαντός, blessé.
πημονή—μοσύνη, perte.

Πηρός, estropié.
πηρότης, mutilation.
πηρόω, *f.* ώσω, estropier.
πήρωμα—ρωσις, état de l'estropié.

Πήρα, besace (*de l'estropié*), mendicité.
πηρίδιον, petite besace.
πηρίς, bourse.

† Πετάω, *inus.*, πετάννυμι } *f.* άσω, déployer, étendre, (*de* παθαίνω).
πέταλον, feuille, pétale.
πέταλος, large *et* plat.
πέτασμα, déploiement.
πιτνάω, πίτνημι, } déployer, étendre.

Πέταμαι, ἵπταμαι } *f.* πτήσομαι; πέτομαι, *f.* *id et* πετήσαμαι, } voler, voltiger.
πέταυρον, perchoir, perche, échalas.
πετεεινός—εηνός—εινός—ηνός, qui vole, volatile.
ποτάομαι, πωτάομαι, } *f.* ήσομαι, voler, voltiger.
ποτή, vol.
ποτηνός, qui vole, ailé.
ποτητός, qui peut voler, ailé.
πτέρις, fougère.
πτερόεις, ailé,empenné, fougueux, rapide.
πτερόν, aile, plume, oiseau, rame.
πτερόω, *f.* ώσω, donner des ailes.
πτερύγιον, petite aile, bout de l'aile, extrémité.
πτερυγώδης, ailé, qui a la forme d'un aile.
πτέρυξ, aile, plume, frange, bout.
πτερύσσομαι *f.* ύξομαι, battre des ailes, voler, tressaillir de joie.
πτέρωσις mouvement des ailes, croissance des plumes, plumes.
πτερωτός, ailé, garni de plumes.
πτῆμα, vol d'oiseau.
πτηνός, qui vole, léger, agile.
πτῆσις, vol d'oiseau.

πτίλον, plume légère, duvet.
πτίλος, plumé.
φθάνω, *f*. σω, devancer, prévenir.

Πτῆξις, effroi, épouvante.
πτηκτικός, craintif.
πτήσσω, *f*. ξω, | se blottir de peur, trembler, fuir,
πτώσσω, | *le* 1er. effrayer.
πτωκάζω, *f*. άσω, | *les* 2e. *et* 3e. mendier.
πτωκάς, *adj*. *fém*.. timide.
πτώξ, *subst*., lièvre, *adj*., timide.
πτωχεία, mendicité, pauvreté.
πτωχεύω, *f*. εύσω, mendier.
πτωχίζω, *f*. ίσω, ruiner.
πτωχός, mendiant, pauvre.

Πτόα, consternation, frayeur.
πτοέω, *f*. ήσω, frapper de stupeur.
πτόησις—οία, *p*. πτόα.
πτύρω, *f*. υρῶ, épouvanter.

ΠΑΤΉΡ, père,
πάτρα, patrie.
πατριά, famille, lignée, tribu.
πατρικός, du père, paternel.
πάτριος, du père, transmis par le père.
πατρίς, patrie, tribu.
πατρίως, à la manière de ses ancêtres.
πατριώτης, compatriote.
πατρότης, paternité.
πατρυιός, beau-père.
πατρωϊος—ῷος, du père, des ancêtres, de la patrie.
Εὐπατρίδης—πάτωρ, noble, patricien.
εὔπατρις, *id*.

Πάππας, papa.
παππάζω, *f*. άσω, caresser son père.
πάππος, aieul.
πάτρως, oncle, parent.

Παπαί, *interj*, ah! oh!
πόποι, oh! ah! Dieux!
Φρατρία, tribu, assemblée, curie.
φρατρικός—άτριος, relatif aux curies.
φράτωρ, membre d'une même curie, analogue.

ΠΕΊΡΩ, *f*, περῶ, traverser, passer, percer.

ἔμπειρος, expérimenté.
ἤπειρος, continent.
ἠπειρώτης, continental.
πεῖρα, voyage, preuve, tentative, effort, tentation.
πειράζω, *f.* άσω, tenter, essayer.
πείρασις, tentation.
πειρατεία, piraterie.
πειρατεύω, *f.* εύσω, être pirate.
πειρατήριον, épreuve, preuve, repaire de pirates.
πειρατής, pirate.
πειρατικός, de pirate.
πειράω, *f.* άσω, tenter, essayer, éprouver.
πραός, doux, (*éprouvé*).

† Περάω, *f.* άσω, πέρνημι, πιπράσκω, } passer, traverser, éviter, surpasser, vendre.
πέρα, extrémité, région lointaine, *adv.* au-delà, excessivement.
περαίνω, *f.* ανῶ, finir, conclure.
περαῖος, ultérieur.
περαιόω, *f.* ώσω, transporter au-delà, finir, achever.
περαίτερος, ultérieur, situé au-delà.
περαιτέρω, *adv.* au-delà de.
περαίωσις, action de transporter au-delà.
πέραν, au-delà.
πέρας, fin, but, *adv.* enfin.
περάσιμος, guéable.
περασμός, conclusion, fin.
περάτης, passager.
πέρατος, lointain, extrême.
περατόω, *f.* ώσω, terminer.
πέρθω, *f.* σω, ruiner, exterminer, ravager.
πέρι, *adv:* par dessus tout, extrêmement.
περί *et q q f.* πέρι *prépos.* plus que, par dessus, au dessus, pour, concernant, à cause de, autour de, vers, environ; *en comp. action d'entourer, idée de supériorité, de retour d'une chose sur elle-même; adv. comme* πέρι.
πέριξ, *adv.* à l'entour de.
περισσεία—ίσσευμα, superfluité, redondance.
περισσεύω, *f.* εύσω, l'emporter sur, être excessif.
περισσός, supérieur.

περισσότης, excellence.
περισσῶς, supérieurement, plus, trop.
περιστερά—ρός, pigeon, (*qui vole autour de demeures solides*).
περιστερεών—ρών, pigeonnier.
πειρώσιος, extrême, outré.
περονάω, *f*ν ήσω, agrafer.
περόνη, pointe de l'agrafe, agrafe.
πέρσις, sac *d'une ville*.
πέρυσι, *adv.*, l'an passé, jadis.
περυσινός, de l'an passé.
πιμπράω, πίμπρημι, } *c.* πρήθω, *f.* πρήσω, brûler.
πορεία, voyage, route.
πορεῖν, donner, procurer.
πορεύομαι, *f.* εύσομαι, marcher, aller, faire route.
πορεύσιμος, guéable.
πορευτικός, πορευτός, } *id.* et qui peut marcher.
πορεύω, *f.* εύσω, faire passer, conduire, envoyer, procurer, donner.
πορθέω, *f.* ήσω, saccager, piller, détruire.
πορθητής, destructeur.
πορθμεῖον, détroit, gué, bac, prix du passage.
πορθμεύς, batelier.
πορθμεύω, *f.* εύσω, passer d'un bord à l'autre.
πορθμός, trajet, détroit, défilé.
πορίζω, *f.* ίσω, donner accès, procurer.
πόριμος, pénétrable, qui aide à pénétrer, pénétrant.
πορσίμος, gain, revenu, taxe.
ποριστός, facile à acquérir.
πόρκης, anneau qui fixe au bois le fer du javelot.
πόρκος, nasse.
πόρος, passage, gué, moyen.
πόρπαξ, agrafe, anneau du bouclier.
πορπάω, *f.* ήσω, agrafer, boucler.
πόρπη, boucle, agrafe.
πορσαίνω,—ύνω, procurer, fournir, donner.
πόρταξ—τις, veau, (*bon à vendre*), génisse.
πρέπω, *s. f.* exceller.
πρήθω, *f.* σω, brûler.
πρῆσις. action de brûler.
πρηστήρ, celui qui brûle, météore, coup de foudre, ouragan, trombe.

πρίαμαι, *inus.* acheter.
πρίν, *adv.* auparavant.
πρυλέες, troupe de fantassins.

Ἄπορος, sans passage, embarrassé, irrésolu, embarrassant.
ἀπορέω, *f.* ήσω, être embarrassé, hésiter.
ἀπορία, embarras, besoin, pauvreté.

Πρό, *prépos.* au dessus de, *et par ext.* avant, *puis* devant, antérieurement; pour, par suite de, *en comp. idée d'antériorité, de préférence.*
πρέμνον, souche, pied d'un arbre, tronc.
προβαίνω, *f.* ήσωμαι, marcher en avant.
πρόβασις, action de marcher en avant, produit des troupeaux, revenu.
προβάτειος, de mouton.
προβατεύς, berger.
προβατεύω, *f.* εύσω, élever des moutons.
πρόβατον, mouton, brebis, (*qui marche avant le berger*).
προΐκτης, mendiant.
προίξ, don, dot.
πρόμος, le premier.
πρόξ, pointe acérée, faon.
πρός, προτί, πότι, *prép.* outre, en sus de, au nom de, du côté de, en venant de, par, auprès de, à, dans, sur; *en comp. idée d'augmentation, ou de mouvement vers*
πόῤῥω, en avant, fort loin, bien au delà.
πόρσω, *id.*
πρόσω, *id.*
πρότερος, le premier des deux
πρύμνα—νη, extrémité d'un vaisseau, *puis* poupe, vaisseau, extrémité, postérieure.
πρυμναῖος, de la poupe.
πρυμνήσια, cables qui retiennent un vaisseau.
πρυμνητής, le pilote.
πρυμνός, qui est à l'extrémité de.
πρυτανεία, présidence.
πρύτανις, président, chef.
πρῷ, πρωΐ, le matin, *adv.*
πρώην, avant hier, récemment.
πρωΐζος, d'avant hier.
πρώϊμος, précoce,
πρώϊος, *id. et* matinal.

πρωϊότης, précocité.
πρώξ, goutte de rosée.
πρώρα, proue, bec, front.
πρωράτης, pilote de l'avant.

Πέπρωται, *verb. impers. de* πρόω *verb. inus.* il est décidé par le destin, *d'où*
πεπρωμένος, fatalement voué.

Πρωτεία, primauté.
πρωτεῖον, *id. et* premier prix.
πρωτεύω, *f.* εύσω, être le premier.
πρώτιστος, le premier.
πρῶτος, premier.
πρώτως, premièrement.

Πρηνής, qui tombe, qui penche en avant.
πρηνηδόν, en tombant en avant.
πρηνίζω, *f.* ίσω, précipiter la tête en avant.

Φέρβω, *s. f.* (de πρόβατον) paître, nourir, entretenir.
φορβειά—βειά, licou.
φορβή, paturage, fourrage, nourriture.

* Πορνεία, prostitution.
πορνεῖον, maison de débauche.
πορνεύω, *f.* εύσω, prostituer.
πόρνη, prostituée.
πορνικός, de prostituée.
πόρνος, débauché.

† Πρίω—ίζω, *f.* ίσω, scier.
πρῖνος, yeuse, *chêne à feuilles dentelées.*
πριστήρ, scie, scieur.
πρίστης, *id. et* scie, *poisson de mer.*
πριών, scie.

† Σπείρω, *f.* ερῶ, semer *en tout sens.*
σπαρνός, clair-semé.
σπάρτη, corde de genêt.
σπάρτος, *sorte de* genêt, sparte.
σπαρτός, semé, épars.
σπέρμα, semence.
σπερματίζω, *f.* ίσω, monter en graine.
σπερματώδης, séminal.
σπορά, ensemencement, race.
σποράδην, *adv.* çà et là.
σποραδικῶς, dispersé, errant.
σποράς, épars, dispersé.

σπορητός, *subs*. temps des semailles, *adj*. semé.
σπόριμος, bon à semer.
σπόρος, ensemencement, temps des semailles.

Σπαργάω, *f*. ήσω, être exuberant, être gonflé.
σπαργή, gonflement des mamelles.
σφιγάω, *f*. ήσω, être plein de suc, de sève, désirer ardemment.
σφυγμός, désir, palpitation, pouls.
σφύζω, *f*. ξω, désirer, palpiter.

Σπεῖρα, cercle (*que fait le mouvement des semeurs*), spirale, entortillement.
σπαργανίζω, *f*, ίσω, entortiller, envelopper, *plus spécial*, emmailloter.
σπάργανον, lange.
σπαργανόω, *f*. ώσω, *comme* σπαργανίζω.
σπαργάνωμα, lange.
σπαργάνωσις, action d'emmailloter.
σπειράω, *f*. ήσω, entortiller, tourner en spirale.
σπειρηδόν, *adv*. en ligne spirale.
σπειρώδης, de forme spirale.
σπυρίς, corbeille de jonc.

Σφαῖρα, balle, sphère.
σφαιρίζω, *f*. ίσω, jouer à la balle.
σφαιρόω, *f*. ώσω, arrondir.
σφαιρωτός, arrondi.
σφῦρα, marteau.
σφυρόν, cheville du pied.
σφυρωτός, travaillé au marteau.

ΠΕΛΑΣ, *adv*. proche, auprès de.
πελάζω, πλάθω, πλῆμι, *f*. άσω, approcher.
πελάτης, qui approche, serviteur.
πίλναμαι, } *poet. p.* πελάζω.
πιλνάω, }
πλησιάζω, *f*. άσω, approcher, être en relation.
πλησίον, *adv*. proche, auprès de.
πλησίος, *adj*. proche, voisin.

Πλήσσω, *f*. ξω, frapper, blesser.
δασπλῆς, terrible, effrayant.
παγλος, *en comp.*, *même sens*.
πληγή, blessure, coup, *au prop. et au fig*,

πλῆγμα, coup, blessure.
πληγμός, apoplexie.
πλήκτης, batailleur, médisant.
πληκτίζομαι, *f.* ίσομαι, batailler, se frapper la poitrine.
πληκτός, frappé.
πλῆκτρον, instrument pour frapper.
πλήξ, aiguillon.
πλῆξις, action de frapper.
πλήστιγξ, fouet.

Πέλαγος, mer, pleine mer, (*qui se brise auprès du rivage ou effrayante*).
πελαγίζω, *f.* ίσω, voguer en pleine mer.
πελάγιος, marin,

Ὅπλον, arme, (*qui frappe*), bouclier, agrès.
ὁπλή, sabot des animaux, corne.
ὁπλίζω, *f.* ίσω, armer, équiper, apprêter.
ὅπλισις, action d'armer, d'équiper.
ὅπλισμα, équipement, appareil, arme, armée.
ὁπλίτης, hoplite.
ὅπλομαι, *c.* ὁπλίζω.
ὁπλόσμιος, armé.
ὁπλότατος, le plus jeune, *le plus propre à porter les armes.*
ὁπλότερος, plus jeune.

Πέλλος, noir, brun, livide, (*comme une contusion*).
ἄπελος, ulcère, noire blessure.
πέλανος, suc épaissi, pâte, *sorte de* gâteau.
πελαργός, cigogne, (*noire et rapide*).
πέλεια, pigeon ramier.
πελείας, *même sens.*
πελίδνος—λιός, livide, plombé.
πέλλα, vase (*de terre*) à traire, à boire.
φαιός, brun, olivâtre, noirâtre.

ΠΈΜΠΩ, *f.* ψω, envoyer, congédier, escorter.
πεμπτός, envoyé.
πέμψις, envoi.
πομπαῖος, qui escorte, *épith. de Mercure.*
πομπεία, transport d'un lieu à un autre, procession, étalage.
πομπεύω, *f.* εύσω, congédier, transporter, marcher avec pompe,

πομπή, mission, action d'escorter, escorte, pompe, procession.
πομπικός, qui concerne les cérémonies pompeuses.
πομπικῶς, avec pompe, pompeusement.
πομπός, guide, qui conduit, qui escorte.

ΠΈΛΟΜΑΙ, πέλω, } s. f. être, exister, tourner, se mouvoir.
πέλωρ, prodige, monstre.
πελώριος, prodigieux, monstrueux, grand.
πέλωρον c. πέλωρ.
πρόσπολος, serviteur, ministre d'un temple.

ΠΈΝΤΕ, cinq.
πεμπάζω, f. άσω, compter par cinq, compter sur ses doigts, méditer.
πεμπαστής, calculateur.
πεμπταῖος, qui arrive le cinquième jour.
πεμπτάς, nombre de cinq.
πέμπτος, cinquième.
πενταδικός, quinaire.
πεντάκις—κι *adv.* cinq fois.
πεντάς, c. πεμπτάς.
πένταχα, de cinq manières, en cinq parties.
πενταχῆ, de cinq manières.
πενταχοῦ, en cinq endroits, de cinq côtés.
πεντήκοντα, cinquante.
πεντηκοστός, cinquantième.
πεντηκοστή, la Pentecôte.

ΠΈΠΕΡΙ, poivre.

ΠΈΡ, *adv.* quoique, du moins, sans doute.
ἀπερεί, comme si, comme.
ὅπερ selon que, de même que.

ΠΈΡΔΙΞ, perdrix.

ΠΈΡΔΟΜΑΙ, πέρδω, } f. ήσομαι, faire un pet, péter.

ΠΕΡΚΝΌΣ, πέρκος, } noir.
περκάζω, f. άσω, noircir.
πέρκη—ερκίς, perche *poisson tacheté de noir.*

ΠΈΡΠΕΡΟΣ, léger, téméraire.
περπερεία—ρία, légèreté.

περπερεύομαι, *f* .σομαι, agir légèrement.

ΠΈΤΡΑ, rocher, pierre.

πετραῖος, de nature de pierre.

πετρηδόν, à la manière d'une pierre.

πετρήεις—τρήρης—τρώεις, pierreux.

πετρίδιος—έτρινος, de pierre.

πέτρος, pierre, éclat de rocher.

πετρόω, *f*. ώσω, pétrifier, lapider.

πέτρωμα, lapidation.

ΠΕΎΚΗ, picea, poix, vaisseau.

ἐχεπευκής, amer, (*qui a de la poix*).

πευκεδανός, amer, funeste.

πεύκινος, de pin, de picea.

πίσσα, poix.

πισσόω, *f*. ώσω, poisser.

πισσώδης, plein de poix.

πισσωτός, poissé.

πιτυόεις, abondant en pins.

πίτυς, pin.

πιτυών, bois de pin.

Πήγνυμι, *f*. ήξω, rendre compacte, coaguler, construire, fixer.

πηγνύμαι, ficher, assembler.

παγερός, glacé, glacial.

παγετός, gelée, glace.

πάγη, filet, (*qu'on fixe*).

παγιδεύω, *f*. εύσω, prendre au filet.

πάγιος, fixe, stable.

παγίς, filet.

παγίως, solidement.

πάγος, gelée, froid, glaçon, objet compacte, rocher, colline.

παγώδης, gelé, glacial.

πασσαλεύω, *f*. εύσω, } attacher à un poteau.
πασσαλίζω, *f*. ίσω, }

πάσσαλος—σαξ, poteau, cheville.

πασσαλόω, *f*. ώσω, cheviller.

πάχνη, gelée, gelée blanche.

παχνήεις, couvert de gelée blanche.

παχνόω, *f*.ώσω, geler.

πάχος—χυνσις, grosseur.

παχύνω, *f*. ύσω, rendre épais.

παχύς, gros, épais, riche, sot.

παχυσμός—χυτής, grosseur.
πηγάς, glace, rocher.
πῆγμα, chose fichée.
πηγός, *subs.* congélation; *adj.* uni, attelé; noir *d'épaisseur*, blanc *de congélation;* compacte.
πηκτός, compacte, solide, ajusté, fiché, figé, coagulé.
πῆξις, coagulation.

Ἀπήνη, litière, (*voiture bien ajustée*).
πήνη, toile, étoffe, *et par ext.* fil.
πηνίζω, *f.* ίσω, tisser, filer.
πηνίον, toile, étoffe, fil de la trame, fil du fuseau, fuseau.
πήνος *c.* πήνη.

Πῆχυς, coude, bras, coudée.
πηχυαῖος, long d'une coudée.

Πικέριον, beurre, (*crême coagulée*).

† Πικρός, amer *en tout sens.*
πικραίνω, *f.* ανῶ, aigrir.
πικρασμός, aigreur, haine.
πικρία, gout amer.
πικρίς, chicorée sauvage.
πικρότης, amertume.
πικρῶς, amèrement.

† Πύκα, avec densité, solidement.
πυκάζω, *f.* ήσω, rendre épais, épaissir, envelopper, doubler, couvrir, affermir.
πυκινός—κνος, dru, serré, épais, prudent.
πύκνακις, souvent.
πυκνότης, épaisseur, multitude.
πυκνόω, *f.* ώσω, épaissir, multiplier.
πύκνωσις, condensation, obstruction.

Πύξ, avec le poing, au pugilat.
πυγμή, poing, coudée.
πυγών, coudée.
πύκτευσις, pugilat.
πυκτεύω, *f.* εύσω, combattre au pugilat.
πύκτης, qui combat au pugilat.
πυκτικός, relatif au pugilat.

Πτύσσω, *f.* ξω, plier.
πτύγμα,—ύξ—υχή, pli.
πτυκτός, plié.

ΠΛΆΞ, vaste plaine, (*où l'on erre*)? plateau, plaque, tableau, tout objet large et plat.
πλακερός,—όεις, applati.
πλακοῦς, gâteau.
πλακόω, *f.* ώσω, plaquer, incruster.
πλακωτός, plaqué.

Πλάζω, *f.* άγξω, faire errer, égarer.
πλαγκτήρ—τός, errant.
πλαγκτοσύνη—τύς, erreur.
πλανάω, *f.* ήσω, faire errer, égarer.
πλάνη, erreur, égarement.
πλανής—ανήτης—άνιος—άνος, errant.
πλίξ, pas.
πλίξις—γμα, enjambée.
πλίσσω, *f.* ξομαι, faire une enjambée.

Πλάγιος, oblique.
πλαγιάζω, *f.* άσω, } placer obliquement.
πλαγιόω, *f.* ώσω, }
πλαγιότης, obliquité.

Πλατύς, large, vaste, eau salée.
πλάταμος, roche à fleur d'eau.
πλαταμών, grève, marais salant.
πλατάνιστος—άτανος, platane.
πλατεῖα, rue large, place,
πλάτη, partie large de la rame, rame.
πλάτος, largeur.
πλατυγίζω, *f.* ίσω, ramer, faire un bruit de rames, parler haut.
πλάτυγξ, c. πλάτη.
πλατύνω, *f.* υνῶ, élargir, étendre.
πλάτυσμα, objet large et plat.
πλατυσμός, dilatation, étendue en plat, emphase.
πλατύτης, largeur, ampleur.

Πλέθρον, pléthre, *cent pieds carrés, cent pieds de long.*
ἀπέλεθρος, immense.
πλεθρίζω, *f.* ίσω, s'étendre en long

Πλέκω. *f.* ξω, tisser, ourdir, (*fabriquer une chose plate*), tramer, nouer, tresser, enlacer, plier.
πέπλος, voile.
πέπλωμα, robe.

πλέγδην, en nouant, en pliant.
πλέγμα, tresse, tissu, filet.
πλέκος, ouvrage tissé, corbeille.
πλέκτος, tressé, tissu.
πλόκαμος, boucle de cheveux.
πλοκαμώδης, bouclé, frisé.
πλοκή, action de tresser.
πλόκιος, entrelacé.
πλόκιον, bandeau,

† Φλάζω | s. f., s'emporter (*errer au moral*), bouillon-
παφλάζω, | ner, être en ébullition, bredouiller.
πάφλασμα, ébullition.

ΠΛΊΝΘΟΣ, tuile, brique.
πλινθεύω, f. εύσω, faire de la brique,
πλινθόω, f. ώσω, bâtir en brique.

ΠΝΈΩ, f. εύσω, souffler, exhaler.
ἰπνός, four.
πλεύ—πνεύμων, poumon.
πλευρά, côte, côté, flanc.
πλευρίτης, costal, latéral.
πλευρόν, côté.
πνεῦμα, souffle, esprit, vent.
πνευματικός, qui concerne le souffle.
πνευμονία, pulmonie.
πνευμονικός, pulmonique.
πνεῦσις, action de souffler, souffle, vent
πνευστιάω, f. άσω, haleter.
πνόη—οιή, souffle, vent, odeur.

Νόος, esprit, intelligence, âme, raison, sagesse, pensée, sentiment, sens, projet.
νοέω, f. ήσω, penser, projeter, comprendre, être sage.
νόημα, pensée, dessein, invention, connaissance.
νοήμων, raisonnable, sage.
νόησις, pensée, intelligence, esprit.
νοητός, intellectuel, intelligible.

Γιγνώσκω, γινώσκω, f. γνώσομαι, connaître, savoir, comprendre, penser, décider.
ἀναγινώσκω, lire.
γεγωνέω, f. ήσω, parler haut, crier.
γνῶμα, avis, opinion, gnomon.

γνώμη, avis, sentence, esprit, pensée.
γνωμικός, sentencieux.
γνώμων, *subs.* indicateur, gnomon, *adj.* sage.
γνωρίζω, *f.* ίσω, faire connaître, discerner.
γνώριμος, facile à connaître.
γνώρισμα, insigne, ornement.
γνωριστής, connaissance, devise, charlatan.
γνῶσις, connaissance.
γνώστης, devin, charlatan.
γνωστικός, cognitif, gnostique, (*illuminé*).
γνωστός, reconnaissable, connu.
γνωτός, ami, parent, frère.
μεταγινώσκω, changer de projets, se repentir, faire pénitence.
μετάγνοια, repentir, regret, pénitence.
μετανοέω, μετάνοια, } *mêmes sens.*
νουθετέω, *f.* ήσω, avertir, faire ressouvenir, apaiser.

Πινύσκω—νύω, *f.* ύσω, inspirer, instruire, rendre sensé.
πινυτή, sagesse, prudence.
πινυτός, sage, prudent.

Πνίξ, suffocation, étranglement.
πνίγω, *f.* ξομαι, suffoquer, étrangler, étouffer.
πνικτός, étouffé, étranglé, suffoqué.

Ποιέω, *f.* ήσω, faire, (*être inspiré*).
ποίημα, œuvre, poëme.
ποίησις, manière de faire, composition, poésie.
ποιητής, celui qui fait, poëte.
ποιητικός, qui peut faire, poétique.
ποιητός, fait.

Ποιπνύω, *f.* ύσω, s'empresser, se hâter.

ΠΟΛΙΌΣ, blanc, gris, (*en parlant des cheveux*).
πολιαίνομαι, *f.* ανθήσομαι, grisonner.
πολιότης, blancheur (*des cheveux*).
πολιόω, *f.* ώσω, faire blanchir.

ΠΌΛΤΟΣ, bouillie.

ΠΟΛΎΣ, nombreux, fréquent, étendu.
πολλός, *même sens.*
πλεῖστος, très nombreux.

πλείων, plus nombreux.
πολλάκις, souvent.
πολλαχῆ—χόθι—χοῦ, en beaucoup d'endroits.
πολλαχόθεν, de beaucoup d'endroits.
πολλαχόσε, dans plusieurs directions.
πολλόν—ολύ, beaucoup.
πολλοστός, vulgaire.
Ἁπλόος, simple.
ἁπλότης, simplicité.
ἁπλόω, *f.* ώσω, simplifier.

Διπλόος, double.
διπλάζω, *f.* άσω, doubler.
διπλάσιος, double.
διπλῆ, diple.
διπλόη, chose pliée en deux.
διπλόω, *f.* ώσω, doubler.

† Πλεῖος—έος—έως, plein.
πιμπλάω, πιμπλάνω, πίμπλημι, *f.* πλήσω, remplir.
πλῆθος, abondance, multitude, foule.
πληθύνω, *f.* υνῶ, rendre nombreux, multiplier.
πληθύς, *ion.* *c.* πλῆθος.
πληθυσμός, multiplication.
πλήθω, être plein.
πληθώρα, plénitude, réplétion, pléthore.
πλήν, excepté, excepté que, mais.
πλήρης plein.
πληρότης, plénitude.
πληρόω, *f.* ώσω, remplir, compléter.
πλήρωμα, ce qui sert à remplir.
πλήρωσις, action de remplir.
πλήσμη—μονή, abondance, plénitude.
πλήσμιος, qui remplit.
πληστεύομαι, *f.* σομαι, se remplir de.
πλουσιάζω, *f.* άσω, enrichir.
πλούσιος, riche.
πλουτέω, *f.* ήσω, être riche.
πλουτίζω, *f*, ίσω, enrichir.
πλοῦτος, richesse, Plutus.

† Πόλις, πτόλις, ville, cité.

πολίεθρον, } même sens.
πτολίεθρον, }
πολίζω, f. ίσω, bâtir une ville.
πόλισμα, ville, bourg, bourgade.
πολιτεία, régime politique, politique, droit de cité.
πολίτευμα, même sens, et mesure politique.
πολιτεύω, f. εύσω, gouverner, exercer des droits politiques.

Τόπος, lieu.
τοπάζω, f. άσω, établir, placer, conjecturer.
τοπίκος, local.
τοπίτης, habitant d'une localité.

Πολέω, } f. ήσω, { habiter, fréquenter, tourner, faire
πολεύω, } f. εύσω { tourner, remuer, labourer.
πόλος, pivot, pôle, terre labourée, *adj.* labouré.
πωλέω, f. ήσω, tourner, colporter, vendre.
πώλημα, marchandise.
πώλησις, vente.
πωλητήριον, marché.
πωλητής, marchand.

Πόλεμος, } guerre, combat.
πτόλεμος, }
πολεμέω, f. ήσω, faire la guerre.
πολεμήϊος, de guerre, guerrier.
πολεμίζω, f. ίσω, *et* ίξω, faire la guerre.
πολεμικός, guerrier.
πολέμιος, ennemi.
πολεμιστής, combattant.
πολεμόω, f. ώσω, exciter à la guerre.

ΠΟΠΠΥΖΩ, f. ύσω, siffler.
ποππυλιάζω, *id.*
πόππυσμα, } sifflement.
ποππυσμός, }

ΠΟΡΦΥΡΑ, pourpre.
πορφύρεος—υρόεις, de pourpre.
πορφυρίς, manteau de pourpre.
πορφύρω, f. υρῶ, devenir pourpre.
πορφυρώδης, pourpré.

ΠΟΣΕΙΔΑΩΝ—δῶν, Neptune.

ΠΟΥΣ, pied.

ποδήρης, qui descend jusqu'aux pieds.
ποδιαῖος, long d'un pied.
ποδίζω, *f.* ίσω, garotter, mesurer au pied.
ποδίσκος, petit pied.

Πατέω, *f.* ήσω, fouler aux pieds, marcher, se promener.
παταγέω, *f.* ήσω, faire du fracas, craquer.
πατάγημα, bruit, bavardage, bavard.
πάταγος, bruit, fracas.
πατάσσω, *f.* άξω, battre avec bruit, frapper.
πάτημα, marche, pas, ce qu'on foule aux pieds, chose vile.
πάτος, chemin, pas, marche.

Πέδη, entrave.
ἐμποδών, *adv.*, actuellement, à ce moment, de manière à faire obstacle.
πεδάω, *f.* ήσω, mettre des entraves, entraver.
πέδων, esclave.

Πέδιλον, chaussure, sandale, brodequin.

Πέδον, sol, pays, demeure.
ἔμπεδος, stable, ferme.
ἐμπεδόω, *f.* ώσω, affermir.
πεδανός, terre à terre, humble, chétif.
πεδαῖος, qui habite les plaines.
πεδίον, plaine.
πέζα, *comme* πέδον, *mais plus souv.* plante du pied, cheville du pied, pied, bord, bordure.
πέζευμα, l'infanterie.
πεζεύω, *f.* εύσω, aller à pied.
πεζῆ, à pied,
πεζικός, de pied.
πεζός, qui va à pied, qui est terre à terre.
Σπεύδω, *f.* σω, se hâter, hâter, être plein de zèle.
σπουδάζω, *f.* άσω, faire avec zèle, prendre à cœur, avoir soin de.
σπουδαῖος, soigneux, zélé, vertueux.
σφεδανός, prompt, vif, agile, violent, véhément.
σφόδρα, beaucoup.
σφοδρός, violent, fort.
σφοδρότης, violence.
σφοδρύνω, *f.* υνῶ, rendre violent.

Σφαδάζω, *f.* άσω, trépigner, palpiter, se débattre.

σφάκελος, convulsion, carie, gangrène.
φάτνη, étable, crêche, alvéole, râtelier, lambris.
φάτνωμα, lambris.

ΠΡΆΣΟΝ, poireau.

ΠΤΑΊΡΩ, *f.* αρῶ, éternuer.
πταρμός, éternuement.

ΠΤΑΊΩ, *f.* ίσω, se heurter contre, heurter.
πταῖσμα, échec.

Πτίσσω, *f.* ίσω, frapper, battre, égruger, monder.
πίσος, pois, *légume*.
πίτυρον, son.
πτίσμα, ce qu'on a pilé.
πτισμός, action de piler.
πτισάνη—ίσανον, orge mondée, tisane.

ΠΤΕΛΈΑ, ormeau.

ΠΤΈΡΝΑ, talon.
πτερνίζω, *f.* ίσω, frapper avec le talon.
πτερνίς, fond d'un vase.
πτερνισμός, ruade.
πτερνιστής, rétif.

ΠΎΞΟΣ, buis.

ΠΥ͂Ρ, feu, fièvre.
ἔμπυρος. brûlé, *subst.* holocauste.
πυρά, bûcher.
πυρεῖον, brasier, réchaud.
πυρεκτικός—ετώδης, fébrile.
πυρέσσω, *f.* ξω, } avoir la fièvre.
πυρεταίνω, *f.* ανῶ, }
πυρετός, fièvre, chaleur.
πυρεύς, incendiaire.
πυρεύω, *f.* εύσω, incendier, allumer.
πυρία, sueur, vapeur.
πύρινος, de feu.
πυρκαϊά, bûcher, incendie.
πυρόω, *f.* ώσω, mettre en feu.
πυρώδης, brûlant, ardent.
πύρωμα. ce qui est brûlé.
πύρωσις, action de brûler.
πυρωτής, celui qui enflamme.
πυρωτικός, caustique.

πυρωτός enflammé, igné.

Πυραμίς, pyramide, *figure semblable à la flamme.*

πύργος, tour, citadelle, mur.

πυργόω, *f.* ώσω, flanquer de tours, fortifier, élever.

Πυρήν, noyau d'un fruit, (*mûri par la chaleur*)?

Πυρός, blé, froment.

πυραμοῦς, gâteau de miel et de farine.

πύρινος, de blé.

πύρνος, pain.

† Πυῤῥάζω, *f.* άσω, } être roux.
πυῤῥίζω, *f.* ίσω, }

πύῤῥιχος, rougeâtre, roux.

πυῤῥος—ώδης, *même sens.*

πυῤῥότης, couleur rousse.

πυῤῥόω, *f.* ώσω, } rendre roux.
πυρσαίνω, *f.* ανῶ, }

† Πυρσεύω, *f.* εύσω, donner des signaux par le feu, éclairer.

πυρσεία, signaux par le feu.

πυρσός, *même sens et* torche allumée, flambeau.

πυρσόω, *f.* ώσω, allumer comme un flambeau.

P.

ῬΆ, *part. explétif. q q f. p.* ἄρα.

ῥάθυμος, (ῥά—ἀ—ἰθύω) inerte, nonchalant, insouciant, sot.

ῬΈΘΟΣ, peau du corps, corps.

ῬΈΠΩ, *f.* ψω, pencher, incliner, désirer.

ῥόπαλον—τρον, massue, bâton.

ῥοπή, mouvement d'une balance, poids, cause de déclin.

ῥοπίκος, qui vacille.

Ἐρείπω, *f.* ψω, renverser, démolir.

ἐρείπομαι, *aor.* ἤριπον, tomber.

ἐρείψιμος, caduc.

ἔρειψις, action de démolir.

ἐρίπνη, précipice.

Ῥίπτω, *f.* ψω, précipiter, jeter.

ῥίμφα, rapidement, facilement.

ῥιπή, jet, exhalaison.

ῥιπίζω, *f.* ίσω, éventer, agiter, lancer.

ῥιπίς, éventail.

ῥιπτάζω, *f.* άσω, jeter souvent.

ῥιπτός, jeté.

ῥιφή—ίψις, jet.

Πίπτω, πιπέτω, πιτνέω, πίτνω, } *f.* πεσοῦμαι, tomber.

πέσημα—έσος—τῶμα—τῶσις, chute.
πτώσιμος—τωτός, caduc.

Παλιμπετής, qui retombe, qui rétrograde, qui se contredit.
παλιμπετές, *adv.* en arrière, de nouveau.

Πεσσός, dame, jeu de damier.
πεσσεύω, *f.* εύσω, jouer aux dames.

Πότμος, sort, mort.

Σκίμπτω, *f.* ψω, tomber sur, attaquer étendre, ficher, enfoncer à terre.

Ῥῖπος, ῥιψ, } (*de* ῥιπίς), claie, natte, *le deuxième*, branches à faire des nattes.
ῥωπεῖον—πήϊον, lieu couvert de broussailles.
ῥῶπες, broussailles.
ῥῶπος, menue marchandise.

† Τέρπω, *f.* ψω, plaire, charmer, attirer.
τερπνός, réjouissant, agréable.
τερπνότης, charme.
τέρψις, *id. et* action de réjouir.

Τρέπω, *f.* ψω, changer, agiter, tourner.
τράπεζα, table (*à pied tournant*).
τραπεζεύς, commensal, domestique.
τραπεζιτής, banquier.
τράπηξ, pieu.
τραπέω, *f.* ήσω, pressurer le raisin.
τρεπτός, tourné, versatile.
τρόπαιον, trophée, *de*:
τροπαῖος, qui concerne la fuite, *de*:
τροπάω—έω, *f.* ήσω, *pour* τρέπω.
τροπή, tour, conversion, tropique.
τρόπις, quille d'un vaisseau, base.
τρόπος, manière d'être, mœurs.
τροπός—πωτήρ, courroie de rameur.
τροπέομαι, *f.* ώσομαι, mettre en fuite.
τρωπάω, *pour* τρέπω.

Στρέφω, *f.* ψω, tourner, faire tourner, tordre.
στράβαλος, sinueux, trapu.

στραβίζω, *f.* ίσω, loucher.
στραβός, louche.
στραγγάλη—γαλία, corde torse, nœud coulant.
στραγγαλίζω, *f.* ίσω, tordre, étrangler.
στραγγαλίς, corde torse, piége.
στραγγαλιώδης, tors, fourbe.
στραγγαλόω, *f.* ώσω, tordre, étrangler.
στραγγεύω, *f.* εύσω, tordre, exprimer goutte à goutte, torturer.
στραγγίζω, *f.* ίσω, exprimer goutte à goutte.
στραγγός, tors, tordu, corrompu.
στράγξ, goutte.
στρέβλη, instrument de torture, cylindre, cabestan.
στρεβλός, tortu, courbe, pervers.
στρεβλόω, *f.* ώσω, tordre, pervertir.
στρεβλωτής, bourreau.
στρέμμα, chose tordue.
στρεπτός, tourné, entortillé.
στρεύγω, tordre, exprimer goutte à goutte, torturer.
στρέψις, action de tourner, ruse.
στροβέω, *f.* ήσω, tourner, faire tournoyer, tourmenter.
στρόβιλος, sabot, toupie.
στρόβος, tourbillon, tournoiement.
στρογγυλίζω, *f.* ίσω, arrondir.
στρογγύλος, rond, sphérique, cylindrique.
στρόμβος, *comme* στρόβος.
στροφάλιγξ, tournoiement, tour, gond, essieu.
στροφαλίζω, *f.* ίσω, faire tournoyer.
στροφάς, *adj. fém.* tournoyante, tortueuse.
στροφεύς, gond de porte.
στροφέω, *f.* ήσω, tourner, ruser.
στροφή, conversion, strophe.
στρόφιγξ, gond, pivot, vertèbre.
στρόφιον, ceinture, bande.
στρόφος, *id. et* colique.

Ῥέμβω, *s. f.*, faire tourner, inquiéter, *au pass.* tourner, errer.
ῥεμβηκιάω—βικιάω, pirouetter.
ῥεμβηκίζω—βικίζω, faire pirouetter.
ῥέμβηξ—βιξ, sabot, toupie, tourbillon.
ῥαιβός, courbé, tortu.
ῥαμβή, *sorte de* coutelas.
ῥάμφος, bec crochu.

ῥεμβάζω, *f.* άσω, errer, être inquiet.
ῥεμβασμός, égarement, inquiétude.
ῥεμβεύω, *f.* εύσω, errer, être inquiet.
ῥεμβός, *adj.* errant, inquiet.
ῥέμβος, *subs.* égarement, inquiétude.
ῥόμβος, tournoiement, rouet, rhombe.
ῥομφαία, glaive.

Τραχύς, (*de* στραγγεύω,) âpre, dur, raboteux, hérissé, rauque.
τραχέως, rudement, âprement.
τραχηλιάω, *f.* άσω, être fier, porter le cou droit.
τραχηλίζω, *f.* ίσω, *id. et* tourmenter, supplicier.
τράχηλος, cou, col.
τραχύνω, *f.* υνῶ, rendre âpre.
τραχυτής, rudesse.
τραχών, lieu âpre.

ῬΙ͂Σ, } nez.
ῥίν, }
ῥινάριον, petit nez.
ῥίον, éminence, promontoire, golfe.
Ῥίνος, cuir, peau, bouclier.

ῬΙ͂ΝΗ, lime.
ῥινάω, } *f.* ήσω, limer, polir.
ῥινέω, }

ῬΌΑ, } grenade.
ῥοιάς, }

ῬΌΔΟΝ, rose.
ῥόδειος—δεος—δινος—διος, de roses.
ῥοδόεις, *même sens.*
ῥοδωνία, bosquet de roses, rosier.

Ῥοδάνη, trame d'une étoffe, (*mince comme une rose?*) fil, mince.
ῥοδανός, frêle.

ῬΥ͂ΠΟΣ, saleté, petit lait.
ῥυπαίνω, *f.* ανῶ, salir.
ῥυπαρεύομαι, *f.* εύσομαι, être sale, sordide.
ῥυπαρία, saleté, avarice.
ῥυπαρός, sale, malpropre.
ῥυπάω, *f.* ήσω, être sale.

ῥυπόω, *f.* ώσω, salir.
ῥύπτω, *f.* ψω, nettoyer.

ῬΩΝΝΥΜΙ, ῥωννύω } *f.* ώσω, fortifier.
ῥωμαλέος, fort, robuste.
ῥώμη, force du corps, Rome.
ῥῶσις, force.
ῥώσταξ, appui, piédestal.
ῥωστήριος—τικός, corroboratif.

Ἄρωμα, aromate, arôme.
ἀρωματίζω, *f.* ίσω, aromatiser.

Σ.

ΣΑΊΡΩ, *f.* αρῶ, balayer, grincer des dents, bailler.
σαρδάνιος—δώνιος, (γέλως), sardonique, *rire où l'on montre ses dents.*
σαρδώ, Sardaigne, *lieu où l'on récolte une herbe qui provoque le rire sardonique.*
σαρμός, amas d'ordures.
σάρος, balai.
σαύρα, lézard, *qui se traîne.*
σείριος, Sirius, *étoile de la constellation du Grand-Chien.*

Σύρω, *f.* ρῶ, balayer, traîner.
συρμός, traînée.
σύρτις, syrte.
συρτός, balayé, traîné.
συρφετός, σύρφος, amas immonde, populace.

Σωρός, monceau.
σορός, urne cinéraire, bière.
σωρεύω, *f.* εύσω, entasser, accabler.

† Σαπρός—θρός, pourri, *bon à balayer.*
σαπρίζω, *f.* ίσω, pourrir.
σηπεδών, corruption.
σηπτός, pourri.
σήπω, *f.* ψω, pourrir.
σής, ver.
σήψ, serpent venimeux.
σῆψις, corruption.

ΣΆΛΠΙΓΞ—πιξ, trompette.
σαλπίζω, *f.* ίσω, sonner de la trompette.

σάλπισμα, son de la trompette.

ΣΆΤΤΩ, *f.* ξω, charger *une bête de somme.*
σάγη, bat, selle, harnais, armure.
σαγηνεύω, *f.* εύσω, envelopper, *et par ext.* pêcher au filet.
σαγήνη, seine, *filet.*
σάγιον, sayon.
σάγμα, *comme* σάγη, *et* enveloppe de bouclier, tas, monceau.
σάγος, saie, sayon.
σάκος, bouclier,
σανίς, ais, planche.

Σάκκος, étoffe de crin, étamine, sac.
σακκίζω, *f.* ίσω, clarifier, (*au tamis*).
σάκχαρ—χαρι—χαρον, sucre.

ΣΈΛΙΝΟΝ, persil.

ΣΕΛΊΣ, σέλμα, } ligne, espace entre deux rangs de rameurs.
εὔσσελμος, bien espacé, vaste, *en parlant d'un navire.*

ΣΙΓΉ, silence, *au dat.* en silence.
σίγα, en silence.
σιγάζω, *f.* άσω, faire taire.
σιγάω, *f.* ήσω, ήσομαι, se taire.
σιγηλός—ρός, silencieux.
σιωπάω, *f.* ήσω, ήσομαι, se taire.
σιωπή, silence.
σιωπηλός—ρός, silencieux.

ΣΊΔΗΡΟΣ, fer.
σιδηρεῖον, forge.
σιδήρειος—ρεος, de fer.
σιδηρεύς, forgeron.
σιδηρεύω, *f.* εύσω, être forgeron.
σιδηρόω, *f.* ώσω, ferrer.

ΣΊΖΩ, συρίζω, *f.* ίξω, siffler, *le* 2*e.* jouer de la flûte.
σύριγξ, flûte, chalumeau, essieu, défilé.
συρικτής, joueur de flûte.
σύρισμα—ριγμα—ρισμος, sifflement.
ψιττακός, perroquet.

Σπίζω, *f.* ίσω, gazouiller, s'étendre.
σπιδής—δόεις, étendu.
σπιδόθεν, de loin.

σπίζα—νος, pinson, *oiseau*.
σπιθαμή, empan, palme.
ΣΙΚΧΌΣ, dégoûté, morose, fâcheux.
σικχαίνω, *f*. ανῶ, être sans appétit.
ΣΊΜΒΛΟΣ, ruche.
ΣΙΜΌΣ, camus.
σιμόω, *f*. ώσω, aplatir.
ΣΊΝΑΠΙ, νᾶπυ } sénevé, moutarde.
Σινίον, crible, *à cribler le grain de sénevé*.
σινιάζω, *f*. άσω, passer au crible.
ΣΊΝΟΜΑΙ, *f*. σινοῦμαι, ravager, endommager, blesser.
σίνις, voleur.
σίνος, dommage, blessure.
σινόω, *f* ώσω, *comme* σίνομαι.
σίντης—τίς—τωρ, qui nuit, qui ravage.
ΣΙΠΎΗ, huche au pain.
ΣΙΣΎΡΑ, fourrure grossière.
ΣΙ͂ΤΟΣ, blé, pain, vivres.
σιτεία, action de nourrir.
σιτευτός, engraissé
σιτεύω, *f*. εύσω, nourrir, engraisser.
σιτέω, *f*. ήσω. nourrir, se nourrir.
σιτηρός, de blé.
σιτία, vivres.
σιτίζω, *f*. ίσω, nourrir, alimenter.
σιτικός, qui concerne le blé.
σίτινος, de blé.
σιτιστός, engraissé.
σιτώ, *surnom de* Cérès.
σιτώνης, acheteur de blé.
ΣΙΦΛΌΣ, σιπαλός, σιφνός, } difforme, blâmable, ridicule.
σιφλόω, *f*. ώσω, estropier, railler.
σίφων, siphon, *tube courbé*.
ΣΜΊΛΑΞ, if, *arbre*.
μίλαξ, *id et* hêtre.
Σμιλίον, lancette, (*aigue comme la feuille d'if*).
ΣΜΙΛΆΣ, terre à détacher, argile.

σπῖλος, tache, *qq. fois* montagne.
σπιλόω, *f.* ώσω, tacher.
σπίλωμα, tache, souillure.
σπιλωτός, taché.

ΣΠΙΝΘΗΡ, étincelle.
σπινθηρίζω, *f.* ίσω, étinceler.

ΣΠΛΑΓΧΝΟΝ, entrailles, amour tendre.
σπλαγχνεύω, *f.* εύσω, prédire par l'inspection des entrailles.
σπλαγχνίζομαι, *f.* ίσομαι, être ému de compassion.
σπλαγχνισμός, commisération.
σπλήν, rate.

ΣΠΟΛΑΣ, vêtement de cuir, de peau.

ΣΤΑΖΩ, *f.* ξω, faire tomber goutte à goutte, dégoutter.
στάγδην, *adv.* goutte à goutte.
σταγών—γετός, goutte, liqueur, liquide.
στακτή, huile distillée de la myrhe.
στακτός, distillé, filtré.
σταλάζω, *f.* ξω, distiller, filtrer.
στάξις, écoulement goutte à goutte.

ΣΤΙΖΩ, *f.* ίξω, piquer, stigmatiser.
στίγμα, piqûre, stigmate.
στιγματίζω, *f.* ίσω, stigmatiser.
στιγμή, point, *en tous sens.*
στικτός, piqué, pointillé.
στόρθη, pointe de lance.
στρουθίζω, *f.* ίσω, gazouiller, dégraisser, *de :*
στρουθός, passereau, (*oiseau qui picote*), *par antiphrase,* autruche, herbe à foulon.
στυγερός—γητός—γνός, odieux, triste, malheureux.
στυγέω, *f.* ήσω, haïr.
στύγημα, haine, objet de haine.
στύγιος, odieux, infernal.
στυγνάζω, *f.* άσω, être chagrin.
στύγος, haine, tristesse.
στύξ. haine, frisson, horreur, le Styx.
στυράκιον, *c.* στόρθη.

ΣΥ, tu, toi.
σφῶϊ, vous deux.

Σφεῖς, eux-mêmes, elles-mêmes.
σφέτερος, leur, son, sien, *qqfois* mon, mienne.

σφός, *même sens.*

ΣΥΚΗ, figuier.
σύκινος, de figuier.
συκίς, plantation de figuiers.
συκομορέα, sycomore.
συκοφάντης, sycophante, délateur, calomniateur.

ΣΦΑΛΛΩ, *f.* αλῶ, faire tomber, supplanter.
ἀσφαλής, ferme, solide.
ἀσφαλίζω, *f.* ίσω, fortifier.
σφαλερός, glissant.
σφέλας, escabeau.

Σῦφαρ, dépouille des serpents, vieille peau.
ἀσύφηλος, de peu de prix, vil, abject, infâme.
φηλέω, *f.* ήσω, tromper.
φήληξ—ηλός, trompeur.
Φέναξ, *id.* *et* charlatan, railleur.
πηνίκη, φενάκη, perruque.
πηνικίζω, φενακίζω, *f.* ίσω, tromper, railler.

T.

ΤΑΡΙΧΟΣ, salaison.
ταριχεύω, *f.* εύσω, saler, fumer, embaumer.
ταριχηρός, salé, confit.
ταρχύω, *f.* ύσω, ensevelir.
Ἀταρίχευτος, frais, jeune.
ἀτάρμυκτος, intrépide.

ΤΑΡΤΑΡΟΣ, le Tartare.

ΤΕ, *conj.*, et.
ἔστε, jusqu'à ce que.
θήν, certes, assurément.
τοί, *id.*

ΤΕΛΜΑ, mare, bourbier.
ΤΕΜΝΩ *f.* τεμῶ, } couper, fendre, briser, abattre, séparer,
τάμνω, *f.* ταμῶ, } sacrifier.
στόμα, bouche, tranchant, face.
στομαλγής—όμαργος, bavard, insolent.
στόμαχος, orifice, estomac.
στόμιον, petite bouche, orifice, mors.
στομόω, *f.* ώσω, fermer la bouche, ouvrir, tremper le fer.

στόμωμα, trempe du fer, vigueur.
ταμία, femme de charge, économe.
ταμίας, distributeur, intendant.
ταμιεία, intendance.
ταμιεῖον, office, trésor.
ταμιεύω, *f.* εύσω, régler, distribuer.
τάμισος, compote, présure.
τέμαχος, tranche, morceau.
τέμενος, enclos, terrain sacré.
τμήγω—ήσσω. *f.* ξω, *pour* τέμνω,
τμῆμα, coupure, fraction.
τμῆσις, coupure, tmèse.
τμητός, coupé, divisible.
τομαῖος, *id.*
τομεῖον, scalpel.
τομεύς, coupeur, tranchet.
τομή, coupe, coupure, dévastation.
τομίς, ciseaux.
τομός, coupant.
τόμος, morceau coupé, fraction, tome.

Περιτέμνω, *f.* μῶ, circoncire, couper autour, couper.
περιτομή, la circoncision.

ΤΈΣΣΑΡΕΣ, quatre.
πίσυρες, *poét.*, *id.*
τεσσαράκοντα, quarante.
τεσσαρακοστός, quarantième.
τετράκις, quatre fois.
τετρακόσιοι, quatre cents.
τετραπλῆ, au quadruple.
τετράς, nombre de quatre.
τέτρατος, le quatrième.
τέτραχα—ετραχθά, de quatre manières, en quatre parties.

ΤΈΤΤΑ, ami, *appellation familière.*

ΤΈΤΤΙΞ, cigale.
τιτίζω, *f.* ίσω, piailler.

ΤΕΥ̃ΤΛΟΝ, bette, *plante.*

ΤΗ͂ΘΟΣ, mollusque, coquillage.

ΤΟΛΎΠΗ, peloton de laine.
τολυπεύω, *f.* εύσω, pelotonner, machiner.

ΤΡΕΙ͂Σ, trois.

τρία, *neutre de* τρεῖς.
τρίαινα, trident.
τριαινόω, *f.* ώσω, mouvoir avec le trident.
τριάκοντα, trente.
τριακοντάκις, trente fois.
τριακόσιοι, trois cents.
τριακοστός, trentième.
τριάς, nombre trois.
τρίπλαξ, triple.
τριπλῆ, en triple.
τρίς—ισσάκις, trois fois.
τρισσαχῆ, en trois endroits, de trois manières.
τρισσεύω, *f.* εύσω, tripler, durer trois jours.
τρισσός, triple, *au plur.* trois.
τρισσόω, *f.* ώσω, tripler, partager en trois.
τριταῖος, qui se fait le troisième jour.
τριτεύω, *f.* εύσω, être le troisième.
τρίτος, troisième.
τρίχα, en triple, en trois parts, la troisième part.

θρίον, feuille de figuier, (*à trois pointes*), feuille.

ΤΥΛΟΣ, cal, cheville, durillon.
τύλη, cal, matelas.
τυλόω, *f.* ώσω, rendre calleux.
τυλώδης, calleux.

ΤΥΝΝΟΣ, petit, jeune.
τυτθός, *id.*

ΤΥΡΟΣ, fromage.
βούτυρον, beurre.
τύρευμα, caillé.
τυρόεις—ρώδης, de fromage.

Υ.

ΥΛΑΩ, *s. f.*, aboyer.
ὑλακάω, *s. f.*, *même sens.*
ὑλακή, aboiement.
ὑλακτέω, *f.* ήσω, aboyer, rugir, mugir, bruire avec force.

ΥΠΕΡ, *prépos.* au-dessus de, pour, au sujet de, malgré, contre, *en composition, idée d'éminence, d'excès.*
ὕπαρ, vision, (*vue supérieure*).

ὕπατος, *p.* ὑπέρτατος, le plus haut, *subst.* consul romain.
ὕπερθε—θεν, en haut, d'en haut, au-dessus.
ὑπερτερία, supériorité.
ὑπέρτερος, supérieur.
ὑψήεις—ηλός, haut, élevé.
ὑψηλότης, hauteur, élévation.
ὕψι, *adv.*, haut.
ὕψος, hauteur, élévation, cime, faîte, le ciel.
ὑψόσε, en haut, *avec mouvement.*
ὑψοῦ, eu haut, *sans mouvement.*
ὑψόω, *f.* ώσω, élever, exalter,
ὕψωμα—σις, action d'élever, ouverture, *le* 1*er*, chose élevée.

Ὕβρις, outrage, insolence, violence.
ὑβρίζω, *f.* ίσω, outrager, être insolent.
ὕβρισμα, *c.* ὕβρις.
ὑβρισμός, *id.*
ὑβριστής, qui outrage, insolent.
ὑβριστικός, porté à l'insolence.
ὑβριστός, outragé.

Ὕπερος, pilon de mortier.

ΥΠΌ, *prépos,* sous, par, avec, pendant, vers le temps de, *en comp. idée de position inférieure, de soustraction.*
ὕπαιθα, sous les yeux, devant.
ὑπόδρα, d'un regard irrité.
ὕστατος, le dernier.
ὑστεραῖος du lendemain.
ὑστερέω, *f.* ήσω—ρίζω, *f.* ίσω, être postérieur, tarder.
ὑστέρημα—ρησις, infériorité, postériorité, retard.
ὕστερος, postérieur, inférieur, qui vient après, *au neutre adv.* plus tard.

Ὕπτιος, couché sur le dos, tombé à la renverse.
ὑπτιάζω, *f.* άσω, être couché sur le dos, tomber à la renverse.
ὑπτιότης, position à la renverse.

Ὕπνος, sommeil.
ὑπναλέος—νηλός, assoupi.
ὑπνίζω, *f.* ίσω, endormir, assoupir.
ὑπνόω, *f.* ώσω, dormir, endormir.
ὑπνώδης, de nature endormie.

ὑπνώσσω, *s. f.*, sommeiller.

ὙΣΣΌΣ, javelot.

ὙΦΑΊΝΩ, *f.* ανῶ, tisser, tresser, ourdir.
ὕφανσις, action de tisser, tissure.
ὑφαντής, tisserand.
ὑφαντός, tissu, qu'on peut tisser.
ὑφή, action de tisser, tissure, tissu.
ὕφος, tissu.

ὝΩ, *f.* σω, pleuvoir, verser de la pluie, *féconder.*
ὑάδες, les hyades, *groupe d'étoiles.*
ὑακίνθος, jacinte, hyacinthe.
ὑετός, pluie.
ὕης, pluvieux.
ὗσμα—σις, pluie.

Ὕδος—δωρ, eau.
ἱδάλιμος, sudorifique.
ἱδίω, *f.* ίσω, suer.
ἶδος, sueur, chaleur extrême.
ἱδρόω, *f.* ώσω, suer, être en sueur.
ἱδρώς, sueur.
ὑδαρής—ρός, aqueux, pâle, affaibli.
ὕδερος, hydropisie.
ὕδρα, hydre.
ὑδραίνω, *f.* ανῶ, baigner.
ὑδρεύω, *f.* εύσω, puiser de l'eau.
ὑδρία, vase à puiser de l'eau.
ὕδρος, serpent d'eau.

Ὕαλος, verre, cristal, toute pierre transparente comme l'eau.
ὑάλεος, de verre, transparent.
ὑάλινος, fait de verre.
Ὑγρός, humide, tendre, mou.
ὑγραίνω, *f.* ανῶ, humecter, rendre humide.
ὑγρότης, humidité, humeur.

† Ὑγιής, vigoureux, sain, vrai.
ὑγιάζω, *f.* άσω, assainir, guérir.
ὑγιαίνω, se bien porter.
ὑγίεια, santé.
ὑγιεινός—ηρός, sain, salubre, salutaire.

Υἱός, fils, race.

υἱωνος, petit fils, fils du fils.

Ὑμήν, hymen, mariage, membrane.
ὑμέναιος, Hyménée, chant nuptial.

Νύος, *p.* ὕνος, bru, *belle-sœur du côté du frère.*
εἰνάτηρ, femme du frère.

Ὕννις—νις, soc de charrue, coutre.

Ὕννος, ἴννος, γίννος, jeune mulet, *le dernier*, fruit avorté.

Ὗς *et* σῦς, porc, sanglier, truie, laie.
Σίαλος, porc gras, *adj.* gras.
σίαλον, graisse, *par ext.* salive.
σιαλόω, *f.* ώσω, engraisser.
σιγαλόεις, luisant, (*de graisse*), brillant.
συφεός, étable à porcs.
συφορβός, porcher.
ὕαινα, hyène.
ὕϊννος, de porc.

† Κύω, *f.* σω, concevoir, être enceinte, porter, contenir, embrasser.
κυνέω, baiser, embrasser.
προσκυνέω, se prosterner, adorer.

Κύαμος, fève, *par ext.* sort, suffrage.
κυαμεύω, *f.* εύσω, tirer au sort.
κυαμευτός, décidé au scrutin.

Κῦμα, vague, flot, tempête, *rarement*, portée des animaux.
κυμαίνω, *f.* ανῶ, agiter, soulever les flots.
κυματίζω, *f.* ίσω, *même sens, au propre et au figuré.*
κυμάτιον, petite vague, cymaise.
κυματόω, *f.* ώσω, agiter, soulever les flots.

Κύος, fœtus, fruit, portée.
κυοτοκία, accouchement.
κύσθος—υσός, anus, parties obscènes.

Κύων, } chien, (*animal obscène*) ? églantier, (*arbris-*
κύν, *inus.*, } *seau fécond*).
κυνάριον, petit chien.
κύναρος, églantier.
κυνάς, *id. et* laine grossière.
κυνέη—νῆ, casque en peau de chien.
κύνειος—νεος, *ion.*, de chien, cynique.
κυνηδόν—νιστί, en chien.

κυνικός, de chien, cynique.
κυνισμός, cynisme.
κύντατος, le plus chien, le plus audacieux.
κύντερος, plus chien, plus audacieux.
κυνώπης, impudent, qui a l'œil d'un chien.

* **Κέω**, *poét.*, aller se coucher.
ἔγχελυς, anguille, *qui vit dans la bourbe.*
κείω, avoir envie d'aller se coucher.

κεῖμαι, κεέμαι, κέομαι,	*f.* κείσομαι,	être couché, être étendu, être mort, être placé, dépendre.

κειμήλιος, rare, précieux.
κειμηλιόω, *f.* ώσω, garder comme précieux.
κοιμάω, *f.* ήσω, se coucher, dormir.
κοιμίζω, *f.* ίσω, endormir.

Κοίτη, *poét.* κοῖτος, lit.
ἀκοίτης, époux.
ἄκοιτις, épouse.
παρακοίτης, époux.
παράκοιτις, épouse, concubine.
παράκοιτος, qui partage la couche.

Κοιτάζω, *f.* άσω, faire mettre au lit.
κοιταῖος, couché.
κῶμα, sommeil léthargique.
κωμαίνω, *f.* ανῶ, dormir d'un sommeil léthargique.
κωμόομαι, *f.* ώσομαι, tomber dans un sommeil léthargique.

Κώμη, bourg, village, rue.
κωμηδόν, par bourgade.
κωμήτης—τωρ, villageois.

Κῶμος, festin, *et par ext.* orgie, Comus.
κωμάζω, *f.* άσω, faire une orgie, désirer, aimer lascivement.
κώμαξ, un plaisant.
κωμασία, procession orgiaque en l'honneur de Bacchus.
κωμαστής, buveur, prêtre de Bacchus, amoureux.
κωμαστικός, d'orgie.
κωμικός, comique.
κωμικεύομαι, *f.* σομαι, être comique.

Κεύθω, *f.* εύσω, cacher, être caché.
κευθάνω, *f.* ανῶ, *poét. id.*

κεῦθμα—θος, κευθμός,—μῶν, } demeure cachée, gouffre.
κίβδηλος, adultère, (*fraude cachée*), falsifié, altéré.
κιβδηλεύω, *f.* εύσω, falsifier, être adultère.
κύβαλος, imposteur, bouffon.

Κῆτος, baleine, cétacé.
κήτειος, cétacé, de baleine, énorme.
κητώεις, remplis de cétacés, énorme.

Κρύπτω, *f.* ψω, cacher, dissimuler.
κρύβδην, secrètement.
κρυπτάδιος, caché.
κρύπτη, crypte, voûte souterraine.
κρυπτός, caché, clandestin.
κρύφα *et* κρυφῆ, secrètement.
κρυφαῖος, secret, furtif.
κρύφιος, caché, secret.
κρυφιότης, obscurité, mystère.
κρύψις, dissimulation.

Καλύπτω, *f.* ψω, cacher, couvrir, ternir.
κάλπη—πις, urne cinéraire, vase, seau.
καλύβη, hutte.
κάλυμμα, couverture, enveloppe, voile, filet, tombe.
κάλυξ, calice, bouton de fleur.
καλυπτός, couvert.
καλύπτρα *comme* κάλυμμα.
κελύφη, enveloppe, écorce, tégument.
ὄλπη, ὀλπίς, huilier, burette.

Κλέπτω, *f.* ψω, cacher, dissimuler, dérober, voler, tromper.
κλέβδην, en secret.
κλέμμα, objet volé, vol, fourberie.
κλεμμάδιος, dérobé, furtif.
κλέπος, vol.
κλέπτης, voleur, filou, homme caché.
κλεπτοσύνη, habileté à voler, ruse.
κλεψιμαῖος, volé, dérobé.
κλοπαῖος, volé, dérobé, furtif.
κλοπεία—πή, vol, larcin.
κλοπεύς, voleur.
κλόπιμος, de voleur, qui vole, qui est volé.

κλωπάομαι, *f.* άσομαι, } voler.
κλωπεύω, *ou* κλοπεύω, *f.* εύσω, }
κλώψ, voleur.

Χέω, *poét.* χείω, *f.* εύσω, είσω verser, répandre, élever en monceau, fondre, tenir.
κύαθος, tasse.
κυκάω, *f.* ήσω, mélanger, faire une mixtion.
κυκεών, mixtion.
κώθων, *sorte de* coupe.
κωθωνίζω, boire à pleines coupes.
κωκύω, *f.* ύσω, pleurer, se lamenter.
κώκυμα, lamentation.
κωκύτος, pleurs, Cocyte.
χαμαί—μᾶζε, *adv.* par terre.
χεῦμα, ce qu'on verse, libation, fleuve, fonte.
χοή, action de verser, libation, offrande, sacrifice.
χοῦς, amas de terre.
χυδαῖος, commun, vulgaire :
χύδην, abondamment.
χυλίζω, *f.* ίσω, réduire en jus, pressurer.
χυλός, jus, suc, chyle.
χυλόω, *f.* ώσω, réduire en jus, arroser de sucs.
χύμα, ce qu'on verse, fluide, ondée, flux de la mer.
χυμός, suc, saveur, humeur.
χύτλον, bain préparé.
χυτλόω, *f.* ώσω, laver *le corps*, oindre.
χυτός, versé, liquéfié, répandu, étendu, amassé.
χύτρα—τρος, pot de terre, marmite.

Χεῖμα, χειμών, hiver, mauvais temps.
χειμάδιος, d'hiver, pour l'hiver.
χειμάζω, *f.* άσω, hiverner, être orageux, troubler.
χειμάς—μερινός—μέριος, d'hiver.

Χιών, neige.
χιόνεος, de neige, neigeux.
χιονίζω, *f.* ίσω, neiger.
χιονόω, *f.* ώσω, couvrir de neige.

* Σκύζα, rut, chaleur.
σκυζάω, *f.* ήσω, être en chaleur.
σκύζομαι, *f.* σομαι, grogner, *en parlant des chiens*, s'irriter.
σκύλαξ, jeune chien.
σκύμνος, *id et* lionceau.

Σκυδμαίνω, *f.* ανῶ, s'indigner.
σκυθράζω, *f.* άσω, être maussade.
σκυθρός, chagrin.
Σκῦτος, fouet, *par ext.* lanière de cuir, cuir.
σκυτάλη, massue, dépêche *écrite sur une lanière.*
σκύταλον, bâton, massue.
σκυτεύς, cordonnier.
† Οὖλος, touffu, *par ext.* frisé, moelleux, *subst.*, gerbe.
ἴουλος, gerbe, poil follet, duvet.
οὐλαί, orge des sacrifices.
οὐλαμός, troupe de guerriers.
οὐλότης, frisure.
οὐλώ, déesse des gerbes.
Οὖλος, entier, sain.
ὅλος, tout, tout entier.
ὁλότης, totalité.
ὅλως, entièrement.
οὐλή, cicatrice.
οὖλον, gencive.
οὐλόω, *f.* ώσω, cicatriser.
οὔλω, *usité seul. à l'impératif*, se bien porter.
ὕπουλος, trompeur, perfide, d'apparence trompeuse.
Πτύω, *f.* σω, cracher, *en comp.* dédaigner, mépriser.
πτύον, van.
† Φύω, *f.* σω, engendrer, enfanter, produire, caresser.
πεφυκότως, naturellement.
φυή, nature, forme, beauté, esprit, race.
φῦκος, algue marine, fard.
φυκόω, *f.* ώσω, farder.
φυλλάς, feuillage.
φυλλεῖα, feuille de laitue.
φύλλον, feuille, fleur, plante.
φυλλώδης, couvert de feuilles, de feuilles.
φῦμα, rejeton.
φυσικός, naturel, physique.
φυσιόω, *f.* ώσω, rendre naturel.
φύσις, nature, génération, naissance.
φυταλιά, verger, plant.
φυτεία, action de planter, plantation.
φύτευμα, plante, plant.
φυτεύω, *f.* εύσω, planter, caresser, engendrer, machiner.
φυτόν, arbre cultivé, plante.
φυτών, plant, verger, vignoble.

φώκη, phoque.
φώς, homme.

Φαίνω, *f.* ανῶ, faire naître, mettre au jour, *et plus souv.* faire paraître, faire voir, montrer, briller, éclairer, se montrer.
παιφάσσω, *f.* ξω, manifester, éclairer, fondre sur, palpiter, être agité, jeter les yeux çà et là.
φαέθω, *s. f.*, briller.
φαεινός, brillant, beau, illustre.
φαιδιμόεις—αίδιμος, *id.*
φαιδρός, brillant, pur, serein, gai.
φαιδρότης, éclat, sérénité, gaîté.
φαιδρόω, *f.* ώσω } faire briller, polir, orner, égayer,
φαιδρύνω, *f.* υνῶ } laver.
φαιδρῶς, avec éclat, joyeusement.
φαίνοψ, brillant.
φαλακρός, chauve, (*tête luisante*), lisse, uni.
φάλαρον—λος, cimier, aigrette.

Φαλαρός—λός, brillant, blanc.
ὀμφαλος, point brillant d'un bouclier, centre, bosse, nombril, point culminant.
φασιανός, sycophante, faisan.

Φανερός, clair, évident, convaincu.
φανερόω, *f.* ώσω, démontrer, convaincre.
φανέρωσις, manifestation.
φανός, *subst.* flambeau, *adj* splendide, limpide, beau, illustre, évident.
φανότης. clarté.
φανόω, *f.* ώσω, rendre visible, clair.
φαντάζω, *f.* άσω, faire apparaître.
φαντασία, apparence, image, fantaisie, imagination.
φάντασμα, apparition, vision, fantôme.
φανταστικός, qui imagine, imaginaire, fantastique.
φάσις—μα, apparition, prodige, présage, *le* 1*er*. mot, parole.

Φάω, *s. f.*, briller, être ardent, faire périr, tuer, dire.
ἥφαιστος, Vulcain, feu, flamme.
σάφα—αφηνῶς—αφῶς, clairement, évidemment.
σαφηνίζω, *f.* ίσω, rendre manifeste.
σαφής—φηνής, manifeste.
σοφία, science, sagesse.

σοφίζομαι, *f.* σομαι, apprendre, enseigner la sagesse, être enseigné, savoir, comprendre, s'ingénier, ruser, machiner.
σόφισμα, invention, artifice, sophisme.
σοφισμός, sophisme.
σοφιστεία, subtilité, vaine sagesse.
σοφιστής, inventeur, maître de philosophie, sophiste.
σοφιστικός, captieux, sophistique.
σοφός, sage.
σοφόω, *f.* ώσω, rendre sage.
σοφῶς, sagement
φάος, φόως, φῶς, lumière, éclat, œil, salut.
φέγγος, lumière, éclat.
φέγγω, *s. f.*, briller, luire.
φθέγγομαι, *f.* γξομαι, parler, dire, crier, résonner, faire entendre un son.
φθέγμα, son, voix, cri, parole.
φθόγγος, *même sens.*
φιαρός, brillant, luisant, blanc.
φλεγέθω, s. *f.*, être ardent, brûler.
φλέγμα, inflammation, flegme.
φλεγμαίνω, *f.* ανῶ, être ardent, fermenter, s'enfler.
φλεγυρός, brûlant, brillant, illustre.
φλέγω, *f.* ξω, enflammer, briller, faire briller, rendre illustre, faire entendre.
φλόγεος—ογερός, ardent, enflammé.
φλογιάω, *f.* άσω, être enflammé, rougir.
φλογίζω, ίσω, enflammer, rôtir.
φλόγινος, enflammé, rouge.
φλογμός inflammation, chaleur, ardeur, flamme, incendie, bûcher, éclair.
φλογώδης, enflammé, rouge, ardent.
φλόξ, flamme, *en tous sens.*
φοξός, *c.* φαλακρός,
Φοῖβος, clair, pur, qui prédit, Phébus.
φοιβάζω, *f.* άσω, prédire, être inspiré.
φοιβαστικός, qui est inspiré, qui prédit.
φοίβη, Phébé, la lune.
Φωσφόρος, lumineux, Lucifer, Vénus.
φωτεινός, lumineux, brillant.
φωτίζω, *f.* ίσω, éclairer, illuminer.
φωτισμός, action d'éclairer.
Φώγω, *f.* ξω, griller, rôtir.

φρύγω, *f.* ξω, *même sens.*
φρυκτός, rôti, allumé, *subst.* fanal.
φρυκτωρός, qui observe les signaux par le feu.

Φαύσκω, φάσκω, *c.* φάω.
πιφάσκομαι, *s. f.*, dire.
πιφαύσκω, *s. f.*, mettre au jour, montrer, dire, raconter.
φάτις, dire, parole, bruit, renommée, oracle.
φατός, dit, exprimé, renommé.
φαῦσις, action de montrer à la lumière, lumière, éclat.
φήμη, *c.* φάτις.
φημί, *f.* ήσω, parler, dire, prononcer, affirmer.
φημίζω, *f.* ίσω, parler, dire, nommer, prédire.
φῆμις, discours.

Φωνή, voix, cri, parole, son, accent, langage, bruit.
φωνάσκέω, *f.* ήσω, exercer sa voix.
φωνέω, *f.* ήσω, parler, dire, crier, chanter.
φωνήεις, vocal, qui parle.
φώνημα, son de la voix.

Απαφίσκω, *f.* φήσω, tromper, conseiller ; *et au moyen,* apaiser.

Φένω, *inus. remplacé par :*
πεφνεῖν, tuer.

Σφάζω, *f.* ξω, tuer, sacrifier.
σφαγεῖον, vase à recueillir le sang des victimes.
σφαγεύς, meurtrier.
σφαγή, meurtre, action d'égorger, gorge.
σφαγιάζω, *f.* άσω, sacrifier.
σφάγιον, victime.
σφαγίς, couteau.
φάσγανον, couteau, glaive.
φόνευμα, cadavre d'un homme tué.
φονεύς—νευτής, meurtrier, assassin.
φονεύω, *f.* εύσω, assassiner.
φονή, meurtre.
φονικός, de meurtre, homicide.
φόνιος, homicide, sanguinaire.
φόνος, meurtre, mort violente, carnage, sang, scélérat.

Φοίνιος, rouge de sang, pourpre, cruel, homicide.
φοινήεις, *id.*
φοίνικειος—κεος—οινικόεις, rouge, écarlate, pourpré, *le* 1er. de palmier, de Phénicie.

φοινίκη. la Phénicie.
φοινικίς, étoffe *ou* vêtement écarlate.
φοίνιξ, palmier, palme, datte, pourpre, Phénix, Phénicien.
φοινίσσω, *f.* ξω, teindre en rouge.

Ποινή, rançon d'un meurtre, châtiment, expiation.
ἄποινα, rançon, prix.
ἀποινάω, *f.* ήσω, rançonner.
ἀποίνητος, impuni.
ποινάζομαι, *f.* άσομαι, punir.
ποιναῖος—ίνιμος, pénal.

* Φῦλον. famille, race, genre, espèce, nation.

Φυλή, *id. et* tribu, corps de troupes.
φυλαδόν, par tribu.
φυλέτης, compagnon de tribu.
φύλοπις, cri de guerre, combat.

Φυλάσσω, *f.* ξω, (φυλή—ἄγω,) préserver, conserver, garder, veiller, surveiller, *au moy.* prendre garde, éviter.
φύλαγμα, ce qui est à garder, précepte, commandement.
φυλάκειον, corps de garde.
φυλακή, garde, action de garder, prison.
φυλακίζω, *f.* ίσω, emprisonner.
φύλακος—υλακτήρ, garde, qui garde.
φυλακτικός, qui sert à garder, qui garde bien.
φύλαξ, garde, protecteur, fidèle observateur.
* Φῦσα, exhalaison, souffle, vent, soufflet, orgueil.
φύσαλος, crapaud, (*qui se gonfle*).
φυσάω, *f.* ήσω, souffler, exhaler, enfler, s'enorgueillir.
φύσημα, souffle, exhalaison.
φυσητήρ soufflet.
φυσιάω, *f.* άσω, souffler, haleter, enfler, s'enorgueillir.

Φ.

ΦΑΓΕΙΝ, *infi. aor.* 2 *de l'inus.*, φήγω, manger.
φάγος, grand mangeur.
φακῆ—κός, lentille.
φάλαινα, baleine, *animal glouton.*
φηγός, hêtre, chêne à glands, comestibles, gland.

ΦΆΛΑΓΞ, phalange.

ΦΆΡΜΑΚΟΝ, plante vénéneuse ou salutaire, venin, remède.
φαρμακεύω—ακόω—άσσω, médicamenter, empoisonner, être sorcier.
φαρμακός, empoisonneur, sorcier.
φαρμακῶν, empoisonné.

ΦΑΫΛΟΣ, vil, bas, méchant, petit
σαυλόομαι, *f.* ώσομαι, être délicat, vivre dans la mollesse.
σαῦλος, délicat, efféminé, frêle, fragile, sec.
φαυλίζω, *f.* ίσω, avilir, mépriser.
φαύλιος, de mauvaise qualité.
φαύλισμα—αυλισμός, mépris.
φαυλότης, basse qualité, faiblesse, méchanceté.
φαῦρος, *c.* φαῦλος.

ΦΈΒΟΜΑΙ, *s. f.*, fuir, craindre.
φοβερίζω, *f.* ίσω, terrifier.
φοβερισμός, terreur.
φοβερός, effrayant, craintif.
φοβερότης, frayeur, cause d'effroi.
φοβέω, *f.* ήσω, effrayer, faire fuir.
φόβητρον, épouvantail.
φόβος, terreur, fuite.

Φάσσα, φάψ, palombe, (*qui fuit*).

Φόβη, crinière du lion, (*qui fait fuir*), crinière, chevelure, cheveux.

† φεύγω, *f.* ξομαι, fuir, éviter.
φευκτός, évité, à éviter.
φεύξιμος, qu'on doit, qu'on peut éviter.
φυγαδεία, banissement.
φυγαδεῖον, asile.
φυγαδεύω, *f.* εύσω, exiler.
φυγάς, exilé, fugitif, fuyard.
φυγγανῶ, *s. f.*, *c.* φεύγω.
φυγή—ύζα, fuite.

ΦΕΊΔΟΜΑΙ, *f.* σομαι, épargner, économiser, pardonner.
φειδομένως, avec épargne.
φειδός—δωλός, parcimonieux, avare.
φειδώ—δωλή—σμόνη, épargne, sobriété.
φειδωλία, économie, parcimonie.

φείδων, homme avare.

ΦΈΡΩ, *f.* οἴσω, porter, produire, obtenir, apporter, payer.
φαρέτρα, carquois.
φᾶρος, robe, voile.
φέρε, allons, çà, voyons.
φερέγγυος, qui porte des gages, valable, solvable, capable.
φέρετρον, brancard, cercueil.
φέριστος—τατος, le plus fort, le plus brave, le meilleur.
φερνή, dot.
φερνίζω, *f.* ίσω, doter.
φέρτερος, plus fort, plus brave, meilleur.
φερτός, tolérable.
φορά, action de porter, port, transport, rapport, revenu, tribut, charge.
φοράδην, en portant, étant porté.
φορεῖον, litière, voiture.
φορεύς, porteur.
φορέω, *f.* ήσω, porter.
φόρημα, ce qu'on porte.
φορητός, porté, qui peut porter.
φόριμος, fertile.
φόρμιγξ, lyre, (*qu'on porte au cou*).
φορμίζω, *f.* ίσω, pincer de la lyre.
φορμικτής—μιγκτής, joueur de lyre.
φορμός, panier, corbeille, natte.
φόρος, *subst.* tribut, impôt.
φορός, qui porte, qui tend à.
φορτηγίς—τίς, de transport, (*vaisseau*).
φορτίζω, *f.* ίσω, charger un vaisseau, charger.
φορτικός, de charge,
φορτίον, petit fardeau.
φόρτος, fardeau, charge.
φώρ, voleur, frelon.
φωρά, vol, larcin.
φωράω, *f.* άσω, prendre sur le fait.
φωριαμός, coffre, coffret.
φώριον, objet volé.
φώριος, volé, furtif.

ΦΕΫ, *interj.* oh! ah! hélas!

ΦΈΨΑΛΟΣ, étincelle, ardeur.
φεψαλόω, *f.* ώσω, faire jaillir en étincelles, brûler.
ΦΘΊΩ, *f.* σω, faire périr, consumer, corrompre, périr.

φθάρμα, corruption.
φθαρτός, corruptible.
φθείρ, vermine.
φθείρω, *f.* ερῶ, détruire, corrompre.
φθέω, *c.* φθίω.
φθίδιος, perissable.
φθίνω—ινύθω, dépérir, périr.
φθίσις—όη, dépérissement. consomption, phthisie.
φθιτός, corruptible, mort.
φθορά, corruption, fléau.
φθόρος, *id. et* perte, scélérat.
Νάφθα, naphte, *incorruptible.*
Φθόνος, envie.
φθονερός, envieux.
φθονέω, *f.* ήσω, être envieux, envier, être avare, épargner.
Πύθω, pourrir, se consumer.
Πῦον, pus.
Πύματος, extrême, le dernier.
πυθμήν, l'extrémité, le fond.
πύνδαξ, *id. et* poignée d'un glaive.

ΦΙΛΎΡΑ, tilleul.
φιλύριος, de tilleul.
φλιά, seuil d'une porte, (*en tilleul*).
ΦΡΆΣΣΩ, *f.* ξω, fortifier, renforcer, enceindre.
φράγμα—αγμός, clôture.
φρέαρ—ειᾶρ, puits.
Σφραγίς, sceau.
σφραγίζω, *f.* ίσω, sceller.
ΦΡΉΝ, diaphragme, sensation, esprit, entrailles, cœur, âme.
εὐφραίνω, *f.* ανῶ, réjouir, charmer.
εὔφρων, gai, sage, prudent, *d'où :*
εὐφρόνη, la nuit (*qui porte conseil*).
πραπίδες, estomac, diaphragme, esprit, cœur, âme.
σώφρων, d'esprit sage, prudent, doux.
φρενήρης, raisonnable.
φρενικός, qui appartient à l'esprit, au diaphragme.
φρενόθεν, de l'esprit, (*venant*).
φρενόω, *f.* ώσω, rendre, redevenir sage.
φρονέω, *f.* ήσω être sage, prudent, penser, méditer, être disposé à.

φρόνημα, sensation, pensée, confiance, orgueil, insolence.
φρόνησις—νις, science, sagesse.
φρόνιμος, sensé, sage, prudent.
φροντίζω, f. ίσω, méditer, réfléchir, inventer.
φροντίς, pensée, méditation.
φρόντισμα, *id.*
φροντιστήριον, école.

Φράζω, f. άσω, expliquer, faire comprendre, parler, dire.
πεφράδω, *poét.*, *id.*
φραδής—άδμων, prudent, sage, intelligent.
φραδμοσύνη, science, sagesse.
φράσις, locution, phrase.

ΦΡΊΞ, léger frémissement des eaux, frisson.
φρικαλέος—κτός—κώδης, qui fait frissonner, horrible, hérissé.
φρίκη, frémissement, frisson.
φρικιάω, f. άσω, avoir le frisson.
φρίσσω, f. ξω, être agité d'un léger frémissement, frémir, se hérisser, être hérissé, frissonner.

Φρυάττομαι, f. άξομαι, frémir, hennir.
φριμάσσομαι, *même sens*.
φρύαγμα, frémissement, hennissement.

† Ἀφρός, écume.
ἀφρίζω, f. ίσω, écumer.
ἀφροδίτη, Vénus.
ἔῤῥιγα, *parf. empl. c. prés.*, frémir, redouter.
ῥιγεδανός—γηλός, horrible, qui fait frémir, glacé.
ῥιγέω, f. ήσω, frémir, se hérisser, craindre.
ῥίγιον, plus douloureux.
ῥιγόω, f. ώσω, avoir froid, être glacé.
ῥικνός, ridé, courbé.
φαρκίς, ride.

ΦΎΡΩ, f. υρῶ, mêler, souiller, arroser.
πεφυρμένως, φύρδην, pêle-mêle.
φορύσσω, f. ξω, mêler, souiller.
φορυτός, ordures,
φυράω, f. άσω, mêler, gâcher, pétrir.
φρῦνος, crapaud, *qui souille*.

ΦΩΛΕΌΣ—λεά, antre, caverne.
φωλεύω, f. εύσω, se tapir.

X.

ΧΕΊΡ, main.
δυσχερής, difficile à manier, difficile, fâcheux.
χειρίζω, *f.* ίσω, opérer, manier.
χείριος, utile, maniable, qui est au pouvoir d'autrui.
χειρίς, gant, manche.
χειρόω, *f.* ώσω, soumettre.
χειρώναξ, manœuvre.
χειρωτός, que l'on peut soumettre.
χερμάδιον—μάς, caillou.
Καρπός, carpe, (*os*), poignet, (*qui saisit*), fruit (*que l'on saisit*).
ἁρπάγη, harpon, crochet.
ἁρπαγή, rapt, pillage.
ἅρπαγμα, objet enlevé.
ἁρπάζω, *f.* σω, *ou* ξω, accrocher, enlever, saisir, saisir rapidement.
ἁρπακτήρ—τής, ravisseur.
ἁρπαλέος, convoité.
ἅρπαξ, rapine, ravisseur.
ἁρπεδόνη, filet, lacet.
ἅρπη, crochet, faucille.
ἅρπυια, harpie.
καρπάλιμος, prompt, rapide.
καρπεύω, *f.* εύσω, recueillir, jouir de.
καρπίζω, *f.* ίσω, récolter, ramasser.
κάρπιμος, fertile, fructueux.
καρπόω, *f.* ώσω, porter des fruits, fructifier.
κάρπωμα, fruit, grain, offrande.
κάρπωσις, jouissance, possession.
καρπωτός, à longues manches.

† Κείρω, *f.* ερῶ, tondre, couper.
κέρμα, rognure, menue monnaie.
κερματίζω, *f.* ίσω, changer en menue monnaie.
κερματιστής, changeur.
κουρά, tonsure, action de tondre.
κουρεῖον, boutique de barbier.
κουρεύς—ρευτής, barbier.
κουριάω, *f.* άσω, avoir besoin d'être rasé.
κούριμος, concernant la tonsure.
κουρίξ, *adv.* par les cheveux.
Κόμη, chevelure, (*objet de soins*).

κομάω, *f.* ήσω, avoir de longs cheveux, de longues branches, être fier.
κομέω, *s. f., poét.*, soigner, parer, élever, nourrir.
κομήτης, chevelu, comète.
κομιδή, soin, entretien, voiturage, venue.
κομιδῆ, avec soin, tout à fait.
κομίζω, *f.* ίσω, soigner, élever, nourrir, accompagner, transporter, prendre, introduire, aller, venir.
κομιστής, qui porte, qui transporte, qui a soin de.
κομμός, soin de la parure, toilette, fard.
κομμωτής, coiffeur.
κομψεία, élégance, adresse, finesse.
κόμψευμα, discours fin, ingénieux.
κομψεύω, *f.* εύσω, rendre élégant, orner, parer, embellir, montrer de l'esprit, de la grâce.
κομψός, élégant, joli, gracieux, spirituel, adroit, fin, rusé.
κομψότης, élégance, esprit, finesse.
κομψῶς, élégamment.
κοσμέω, *f.* ήσω, orner, parer, mettre en ordre, apprêter, gouverner.
κόσμημα, ornement, parure.
κοσμητήρ—μητής—μήτωρ, celui qui met en ordre, qui orne, chef d'armée.
κοσμικός, mondain.
κόσμιος, réglé, modéré, sage, bien mis.
κοσμιότης, modération, décence.
κοσμίως, modérément, décemment.
κόσμος, ordre, arrangement, conduite sage, le monde, l'univers.
κόσυμβος, toupet de cheveux, rosette, frange.
κοσυμβωτός, garni d'une frange.

Κόννος, barbe.

Κορέω, *f.* ήσω, nettoyer, orner, parer.
κοράσιον, jeune fille, (*qui se pare*).
κορεία, virginité, nettoiement, satiété, dégoût.
κόρειος, de jeune fille, virginal.
κορέννυμι, *f.* έσω, rassasier.
κόρη, jeune fille, vierge, pupille de l'œil.
κορικός, virginal, délicat, frêle.
κόριον, jeune fille, coriandre, (*plante*).
κόρις, punaise, (*objet de dégoût*).
κόρος, jeune garçon, rejeton, satiété, dégoût, balai, orgueil.
κοῦρος, jeune garçon, rejeton.

κουρότερος, plus jeune, jeune.
κῶρος, κώρα, *dor. p.* κόρος *et* κόρη.
χορτάζω, *f.* άσω, engraisser de fourrage, nourrir.
χόρτασμα, fourrage.
χόρτος, foin, herbe, jardin, enclos.

Κόπρος, saleté, fumier.
κόπρανον, excrément, fiente.
κοπρία, tas de fumier.
κοπρίζω, *f.* ίσω, fumer, engraisser.
κοπριών, escarbot.

Σκώρ, excrément.
σκωρία, scorie.

Σκύβαλον, (σκώρ—βάλλω), fumier.
σκυβαλίζω, *f.* ίσω, mépriser.
σκυβαλικός, vil.
σκυβάλισμα, chose vile.
σκυβαλισμός, mépris.

Σκώληξ, (σκώρ—λέγω), ver.
σκόλοψ, aiguillon, broche, pieu, palissade, pal.
σκῶλος, pieu, bâton pointu.
σκωλύπτομαι, *f.* ψομαι, traîner en roulant.

Σκορπίος, scorpion, *insecte venimeux et machine de guerre.*
σκόρπειος, de scorpion.
σκορπιαίνομαι, *f.* ανοῦμαι, s'irriter,
σκορπίζω, *f.* ίσω, répandre (*comme fait le scorpion*), disperser, dissiper.

Χοῖρος, pourceau, porc non engraissé.
χοιράς, scrofule, roche nue.
χοιραδώδης, scrofuleux.
χοίρειος—ρεος, de pourceau.
χοιρίνη, peau *et* soie de porc.
χοιρίον—ρίδιον, jeune porc.

* Καῖρος, fil de la trame du tisserand *qu'il coupe et doit couper à propos.*
καίριος, opportun, mortel, (*en parlant d'une blessure et du lieu où elle est*).
καιρ΄ως, à propos, mortellement.
καιρός, temps opportun, occasion, lieu propice.
καιρόω, *f.* ώσω, tramer, tisser.

† Κεράννυμι—άω, *f.* άσω, mêler, mélanger.

κεραίνω—αίρω—αννύω, *id.*
κικράω, κιρνάω, *id.*
κρᾶμα, mélange, vin trempé.
κρᾶσις, mixtion, action de mélanger, crase.
κρατήρ, cratère, urne.

Κέρας, corne, (*où l'on buvait d'abord le vin mélangé*), cap, aile d'un armée.
κεραός—άτινος—ρόεις, de corne, cornu.
κεράς, chèvre, brebis, bête à cornes.
κεράστης, rameux, à long bois, cornu.

Κεραΐζω, *f.* ΐσω, disperser (*c. à coups de cornes*), ravager, détruire.
κεραΐς, destructrice.
κεραϊστής, cornu, dévastateur.
κεραυνός, la foudre.
κεραυνόω, *f.* ώσω, foudroyer.

* Κήρος, cire.
κηρίον, cellule, ruche.
κηρώδης, de cire.
κήρωμα, tablettes de cire.

† Κέρδος, gain, profit, *par ext*, ruse, prudence.
κερδαίνω, *f.* ανῶ, gagner, recueillir.
κερδαλέος, profitable, rusé.
κέρδιστος, le plus avantageux.
κερδίων, plus avantageux.
κερδοσύνη, ruse, prudence.
κερδώ—δαλέη, *le* 1*er*. renard, *le* 2*e*. peau de renard.
κερδῷος, rusé, de renard.

† Κερκίς, navette.
κερκίζω, *f.* ίσω, tisser.
κέρκος, queue des animaux, (*mobile c. la navette*).
κέρκω, κρέκω, *f.* ξω, tisser à la navette, jouer d'un instrument à cordes, faire retentir.
κρόκη, trame, caillou du rivage.
κροκίς, duvet.

Κροτέω, *f.* ήσω, toucher un instrument, faire claquer, applaudir.
κροαίνω—ταλίζω, *id.*
κρόταλον, grelot, bavard.

κροταφίς, marteau, maillet.
κρόταφος, tête d'un marteau, tempe.
κρότημα, bruit, applaudissement.
κροτητός, frappé, battu, retentissant.
κρότος, claquement, applaudissement.
κροῦμα, bruit, son, air.
κροῦσις, action de frapper.
κρούω, *f.* σω, frapper, faire retentir.

Κρύος, froid, (*qui fait claquer les dents*), gelée, glace.
κρυερός, glacé, glacial, affreux.
κρυμός, froid, gelée.
κρυόεις *et* ὀκρύοεις, glacial.
κρυόω, *f.* ώσω, glacer.
κρυσταίνω, *f.* ανῶ, *id.*
κρυσταλλόω, *f.* ώσω, *id.*

Κρύσταλλος, glace, cristal.
κρυσταλλίζω, *f.* ίσω, être transparent.
κρυστάλλινος, transparent, de cristal.

† Χράω, *f.* ήσω, effleurer, teindre, prêter, rendre un oracle, attaquer.
κεχρημένος, qui a besoin, qui manque.
κίχραμαι, *f.* χρήσομαι, emprunter.
κίχρημι, *f.* χρήσω, prêter, rendre un oracle.
χραίνω, *f.* ανῶ, effleurer, colorer, souiller, tacher.
χραίσμεῖν, être utile, aider, protéger, repousser.
χραίσμη—μησις,, aide, secours.
χράομαι, *f.* ήσομαι, se servir, être en rapport.
χραύω, *f.* σω, effleurer, égratigner.
χρεία, usage, emploi, utilité, besoin, affaire, cause, occasion, chose utile.
χρειακός—ώδης, utile.
χρέος—εῖος, dette, usage, utilité, besoin, affaire, cause, occasion, chose utile.
χρεώ—ιώ, besoin, nécessité.
χρεωστέω, *f.* ήσω, être débiteur.
χρεώστης, débiteur.
χρή, il faut, il est besoin.
χρήζω—ηΐζω, avoir besoin de, être indigent, demander.
χρῆμα, meubles, biens, chose.
χρηματίζω, *f.* ίσω, s'occuper d'affaires, s'occuper de, juger, délibérer, avoir commerce,

conверser, traiter, nommer, rendre un oracle, faire une collecte.

χρήμη—ημοσύνη, besoin, désir, demande.
χρησιμεύω, *f.* εύσω être utile, usité.
χρήσιμος, usité, utile.
χρῆσις, usage, commerce, prêt.
χρησμός, réponse de l'oracle.
χρηστεύομαι, *f.* σομαι, être bienveillant, bon.
χρηστός, bon, utile, efficace.
χρηστότης, bonté, utilité.

Χρυσός, or.
χρυσεῖον, mine d'or.
χρύσειος—εος, d'or.
χρυσίον, or monnayé.
χρύσωσις, dorure.

Χαράσσω, *f.* ξω, effleurer, graver, écrire, sillonner, tracer, raser, aiguiser.
χάραγμα, empreinte, sillon, gravure, caractère.
χαράδρα, ravine, crevasse, torrent, précipice, vallée.
χαρακτηρίζω, *f.* ίσω, caractériser.
χαρακτός, gravé, tracé, empreint.
χάραξ *et* κάμαξ, pieu, palissade, échalas, *le dernier* fort roseau.

Χρίω, *f.* σω, égratigner, colorer, *et plus souv.* oindre, plâtrer, farder.
χρίσις, action d'oindre, onguent.
χρίσμα, huile, parfum, onguent.
χριστιανός, chrétien.
χριστός, oint, *subs.*, le Christ.

Χρόα, couleur, teint, peau.
νεκρός, mort.
νεκρών, cimetière.
νέκυς, cadavre, mort.
χρώζω, *f.* ώσω, colorer, teindre, agiter.
χρῶμα, couleur.
χρωματίζω—ωτίζω, *f.* ίσω, colorer, teindre.
χρώννυμι, *c.* χρώζω.
χρῶσις, action de colorer.

Χρώς, peau du corps, chair, carnation.
κρέας—ως, chair.
κρεῖον, billot, garde-manger, marmite.

κρεώδης, charnu.

Σάρξ, chair, corps, homme.
σαρκάζω, *f.* άσω, rire en montrant la chair des gencives.
σαρκασμός, rire extrême, sarcasme.
σάρκικος, de chair, charnel.
σαρκίον, caruncule.
σάρκωμα, sarcome, excroissance de chair.
σάρκωσις, incarnation.

* Γράω—αίνω, *f.* άσω—ανῶ, graver, ciseler, manger.
γλάφω, γλύφω, γράφω, *f.* ψω, inciser, graver, sculpter, écrire, creuser, peindre, gratter.

Γλάφυ, antre.
γλαφυρός, ciselé, élégant.
γλύμμα—υφή, gravure.
γλυπτήρ, graveur.
γλύπτης—υφεύς, *id.*
γλύφανον—υφεῖον, burin.
γλυφίς, cran d'une flèche.
γράβδην, en effleurant.
γράμμα, écrit, chose écrite, écriture, livre, tableau, *au plur*, les lettres, littérature, livres.
γραμματεύς, scribe.
γραμματικός, grammatical, littéraire.
γραμμή, ligne, trait, trace, raie, dessin.
γραφεῖον, stylet à écrire, pinceau.
γραφεύς, écrivain, peintre.
γραφή, écriture, écrit, tableau, broderie.
γραφικός, graphique, pittoresque.
γραφίς, dessin, esquisse, stylet, crayon, pinceau.

Γραῖα, γραῦς, vieille femme, *ridée.*
γράσος, odeur des aisselles, suint.

Γεραιός, vieux, respectable.
γεραίρω, *f.* αρῶ, vénérer, récompenser, honorer.
γεράνιον, γέρανος, grue, *oiseau*, *et* grue, *machine.*
γεραρός, respectable, auguste.
γέρας, récompense, privilége, honneur.
γέραστος, *en comp.* récompensé.

γεροντεύω, *f.* εύσω, être sénateur.
γεροντία, âge, sénat.
γεροντιάω, *f.* άσω, devenir vieux, radoter.
γεροντικός, de vieillard, de sénateur.
γερουσία, sénat, ambassade.
γερούσιος, honorable, honorifique, solennel.
γέρων, vieillard, ancien, sénateur.

Γῆρας, vieillesse.
ἀγήραος—ρως, qui ne vieillit pas.
ἀγήρατον, immortelle, *plante.*
γηράσκω, *f.* άσομαι, vieillir.

Γάγγραινα, gangrène.

Γρῶνος, creux, rocher, caverne.

* Κνάω, *f.* ήσω, gratter, chatouiller, piquer, *au fig.*
κναίω, *id.*
ἄκνηστις, l'épine dorsale des bêtes fauves.
κνηθμός, démangeaison, chatouillement.
κνήθω, *f.* σω, gratter.
κνησμός, démangeaison, chatouillement.
κνῆστις, râcloir, grattoir, démangeaison.
κνηστός, gratté, râclé.
κνήφη, démangeaison, picotement.
κνίδη, ortie.
κνίζω, *f.* ίσω, gratter, râcler, rogner, piquer, enflammer, passionner.
κνιπός, chassieux, ladre, pauvre, *qui se gratte.*
κνίσμα, râclure, démangeaison, désir, piqûre.
κνώδων, pointe de fer, épée.

Κνίσσα,—ση, fumet de rôti, fumée de la viande, graisse *des victimes*, odeur de ragoût.
κνισσάω, *f.* ήσω, exhaler l'odeur du rôti.
κνισσός, qui exhale l'odeur de rôti, gras, gourmand.
κνιστός, coupé par morceaux.

Κνήμη, cuisse (*que l'on coupe pour la rôtir et l'offrir en sacrifice*), jambe, rayon de roue.
κνημία, rayon de roue.
κνημίς, cnémide, *jambart.*
κνημός, colline.

Κνίψ, moucheron, *qui pique.*
κνύζα, démangeaison, gale, cuisson.

κνυζάω, *f.* ήσω, pousser des cris de joie comme un chien qu'on caresse.
κνύζημα, cri de joie d'un animal qu'on caresse.
κνύω, gratter doucement.
κνῦμα, } démangeaison.
κνύος }
κνώδαλον, insecte, bête sauvage.
κνωδάξ, pointe de fer, pivot.
κνώψ, *c.* κνώδαλον.

Κνάπτω, } *f.* ψω, peigner, carder.
γνάπτω, }
γνάπτωρ, foulon.
γνάφαλον, bourre de matelas.
γναφεῖον, atelier, boutique de foulon.
γναφεύς, cardeur, foulon.
γναφεύω, *f.* εύσω, carder, fouler.
γνάφος, chardon à fouler.
γνάψις, action de carder.
κνακός, blanc, (*comme une toison foulée*).
κνάσκων, couleur blanche.

Κτείς, peigne, objet dentelé.
κτενίζω, *f.* ίσω, peigner.

Χναύω, *f.* σω, épiler, être friand.
χναυστικός. friand.
χναῦμα, morceau friand.

ΧΊΛΙΟΙ, mille.
χιλιάκις, mille fois.
χιλιάς, un millier.
χιλιοστός, millième.
χιλιοστύς, un millième.

Χιλεύω; *f.* εύσω, engraisser, nourrir, paître.
χιλός, nourriture, pâturage, fourrage.
χλόα—η, gazon, herbe verte.
χλοερός—ηρός, verdoyant, ver.
Χλωρός, *id. et* pâle, tendre, mou.
χλωραίνω, *f.* ανῶ, faire pâlir.
ὠχρός, pâle.
ὤχρα, ocre, (*terre jaune*).
ὠχριάω, pâlir, être pâle.
ὦχρος, vesce, *graine de couleur pâle*, pâleur.

ὠχρότης, pâleur.
ὠχρόω, *f.* ώσω, rendre pâle.

ΧΟΡΔΉ, corde, intestin.
χόρδευμα, *id.*
χορδεύω, *f.* εύσω, envelopper, entortiller.
χορδόω, *f.* ώσω, *id.*

Ψ.

ΨΕΎΔΩ, *f.* εύσω, tromper, frustrer, mentir, *au moy.* fausser, violer.
ψευδαλέος—δής, faux mensonges.
ψεῦδος, mensonge, invention, fable.
ψευδῶς, faussement.
ψεῦσμα, mensonge, tromperie.
ψευστέω, *f.* ήσω, mentir.
ψεύστης, menteur, trompeur.
ψῦθος, *c.* ψεῦδος.
Ψίμμυθος, céruse, fard.
ψιμμυθιόω, *f.* ώσω, se farder.

ΨΌ, fi !

Ψόγος, blâme, reproche.
ψέγμα, *id.*
ψέγω, *f.* ξω, blâmer, réprimander.
ψεκτής, qui blâme, censeur.

Ψόθος—λος—φος, *le* 1*er.* *et le* 2*e.* saleté, fumée, suie, *le* 1*er.* *et le* 3*e.* bruit, vain bruit, jactance.
ψολόεις, enfumé.
ψοφέω, *f.* ήσω, faire du bruit.
ψοφοειδής—ώδης, bruyant.
ψώα, puanteur, infection, dévoiement.

ΨΎΧΩ, *f.* ξω, souffler, respirer, rafraîchir, évaporer, sécher.
ψυγμός, refroidissement, frisson.
ψυχάζω, *f.* άσω, prendre le frais, se rafraîchir.
ψυχή, respiration, souffle, vie, âme.
ψυχικός, de l'âme, vital.
ψῦχος, froid, fraîcheur.
ψυχραίνω, *f.* ανῶ, refroidir, rafraîchir.
ψυχρεύομαι, *f.* εύσομαι, être frais.
ψυχρός, froid, frais, frivole.
ψυχρότης, froid, froideur.
ψυχρῶς, froidement.

Ω.

ὬΣ, à, vers.
ὡς, que ! combien ! comme ! plût au ciel !
ὥς, ainsi, aussitôt, où.
ὡς, comme, comme si, quasi, afin que.
ὡσανεί, comme si, comme.
ὡσαύτως, de même.
ὡσεί, comme, à peu près, comme si.
ὥσπερ, comme, de même que,
ὥστε, *id. et* de sorte que, afin que.
Ἕως, tandis que, jusqu'à ce que, tant que.
ἦμος, tandis que, quand.
τῆμος, alors.

INDEX.

Θ—ΘΑΜ

Π--ΠΑΙ

Ρ—ΡΑΙ

Υ—ΥΔΡ

ERRATA.

Pages.	lignes.	
1	24	άιμασάι, *lisez* αἱμασιά.
24	12	χλοάζω, *lisez* χνοάζω.
32	16	ἀλωπείκς, *lisez* ἀλωπεκίς.
33	25	ἀμεύσμος, *lisez* ἀμεύσιμος,
36	27	conserver, *lisez* converser.
57	40	βῶσις, *lisez* βρῶσις.
74	2	*f.* ἴσω, *lisez* *f.* ἴξω.
92	25	ἀζιόω, *lisez* ἀξιόω.
113	15	αὔχεσις, *lisez* αὔχησις.
122	19	εὐάζω, *lisez* εὐνάζω.
136	42	σκοῖνος, *lisez* σχοῖνος.
160	31	σκῦλλον, *lisez* σκῦλον.
200	9	ὠλισθαίνω, *lisez* ὀλισθαίνω.
228	9	στοαγγίζω, *lisez* στραγγίζω.
241	5	κύϐαλος, *lisez* κόϐαλος.
272	35	ϐούϐαϐος, *lisez* ϐούϐαλος.
314	5	σπήλανον, *lisez* σπήλαιον.
316	1	σφάγισν, *lisez* σφάγιον.

OMISSIONS.

15	44	ἄθλιος, malheureux.
145	24	κοῖλος, creux.
265	34	αἴσυλος, *page* 92.
271	33	ἄχρι, *page* 177.
ib.	34	ἄχρις, *page* 177.
283	9	ἠνορέα, *page* 13.
ib.	10	ἠνορέη, *page* 13.

FIN.

TYP. ET LITH. CH. GALLOT. — SENS, RUE ROYALE, 42.

1847.

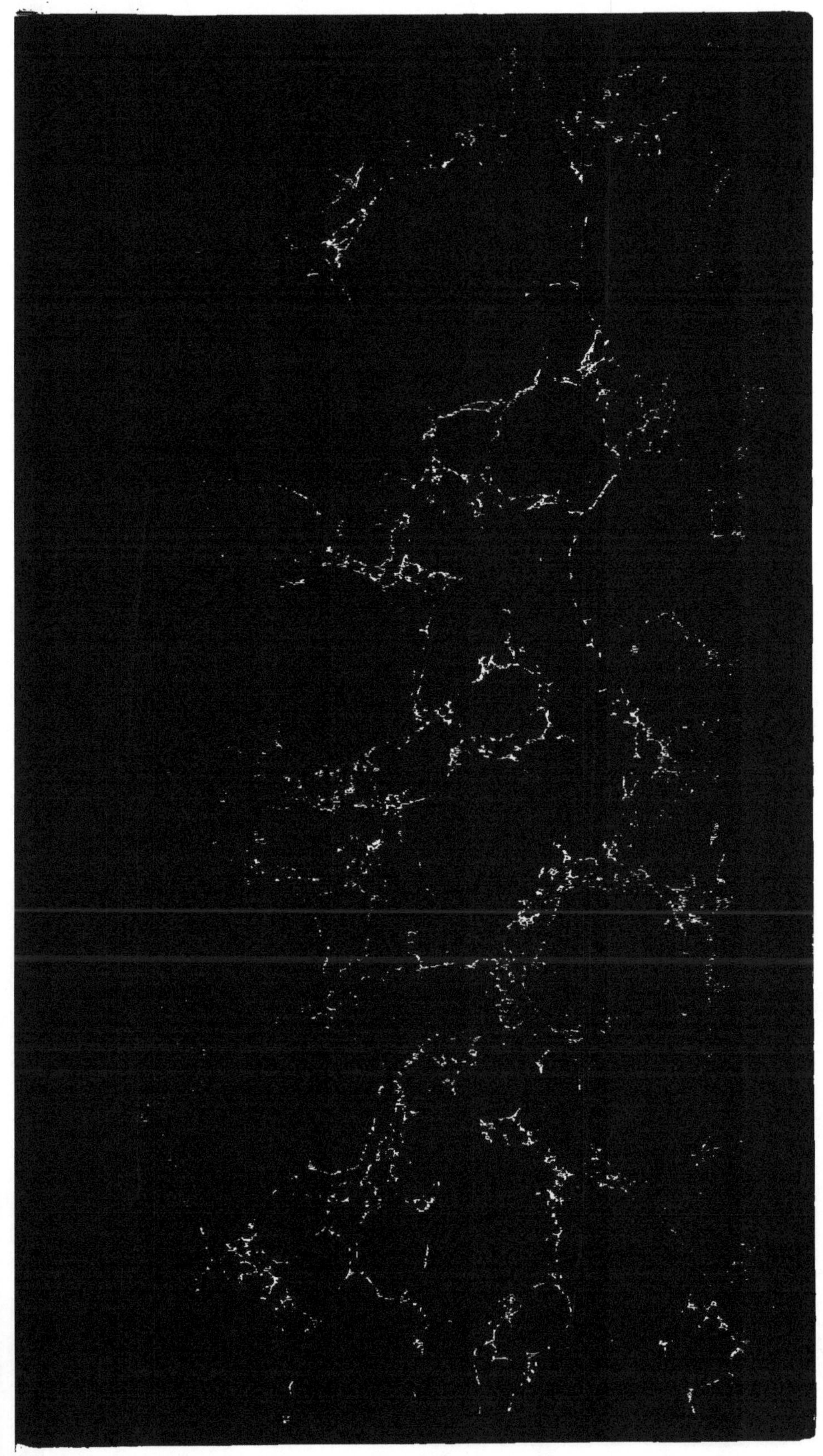